Estrutura das Organizações

Dados Internacionais de Catalogação na Publicação (CIP)
(Câmara Brasileira do Livro, SP, Brasil)

Vasconcellos, Eduardo
 Estrutura das organizações : estruturas tradicionais, estruturas para inovação, estrutura matricial / Eduardo Vasconcellos, James R. Hemsley. - São Paulo : Cengage Learning, 2011.

 5. reimpr. da 4. ed. de 2002.
 ISBN 978-85-221-0063-7

 1. Administração de projetos 2. Organização matricial I. Hemsley, James R. II. Título.

02-0526   CDD-658.402

Índices para catálogo sistemático:

1. Estruturas : organização interna : Administração executiva 658.402
2. Organização matricial : Administração executiva 658.402

Eduardo Vasconcellos
James R. Hemsley

Estrutura das Organizações

Estruturas Tradicionais
Estruturas para Inovação
Estrutura Matricial

4ª Edição Revista

CENGAGE
Learning™

Austrália • Brasil • Japão • Coréia • México • Cingapura • Espanha • Reino Unido • Estados Unidos

CENGAGE Learning

Estrutura das Organizações – 4ª edição revista
Eduardo Vasconcellos e James R. Hemsley

Capa: Jairo Porfírio

© 2002, 1997, 1989, 1986 de Cengage Learning Edições Ltda.

Todos os direitos reservados. Nenhuma parte deste livro poderá ser reproduzida, sejam quais forem os meios empregados, sem a permissão, por escrito, da Editora.
Aos infratores aplicam-se as sanções previstas nos artigos 102, 104, 106 e 107 da Lei nº 9.610, de 19 de fevereiro de 1998.

Para informações sobre nossos produtos, entre em contato pelo telefone **0800 11 19 39**

Para permissão de uso de material desta obra, envie seu pedido para **direitosautorais@cengage.com**

© 2002, 1997, 1989, 1986 Cengage Learning. Todos os direitos reservados.

ISBN: 85-221-0063-2

Cengage Learning
Condomínio E-Business Park
Rua Werner Siemens, 111 – Prédio 20 – Espaço 04
Lapa de Baixo – CEP 05069-900 – São Paulo – SP
Tel.: (11) 3665-9900 – Fax: (11) 3665-9901
SAC: 0800 11 19 39

Para suas soluções de curso e aprendizado, visite
www.cengage.com.br

Impresso no Brasil.
Printed in Brazil.
4 5 6 7 8   06 05 04 03 02

Índice

Prefácio VII

I
Estruturas tradicionais 1
1. Introdução. 2. Conceitos básicos e elementos da estrutura organizacional. 3. Características das estruturas tradicionais. 4. Formas tradicionais de departamentalização. 5. Considerações finais. Referências bibliográficas.

II
Estruturas inovativas 17
1. Introdução. 2. Estruturas inovativas. 3. Características das estruturas inovativas. 4. Estrutura funcional e por projetos; uma abordagem comparativa. 5. Crescimento e desenvolvimento organizacional. 6. Considerações finais. Referências bibliográficas.

III
Estrutura matricial 49
1. Introdução. 2. Descrição da estrutura matricial. 3. Divisão das atividades e da autoridade na estrutura matricial. 4. Comunicação e sistemas. 5. Evolução da estrutura matricial. 6. Vantagens e desvantagens da estrutura matricial. Referências bibliográficas.

IV
O fator humano e a estrutura matricial 91
1. Introdução. 2. Fator humano como uma condicionante da estrutura matricial. 3. Conflitos na estrutura matricial. 4. Cultura organizacional e atitude de colaboração. 5. Procedimentos de seleção, avaliação e promoção de pessoal. 6. Aspectos culturais. Referências bibliográficas.

V
Exemplos de utilização da estrutura matricial 111
1. Introdução. 2. A estrutura matricial em organizações de pesquisa e desenvolvimento. 3. A Matriz na indústria de transformação. 4. A Matriz no setor de serviços. 5. Considerações finais. Referências bibliográficas.

VI
Delineamento e implantação da estrutura matricial 165
1. Etapas para o delineamento da estrutura. 2. Análise das condicionantes da estrutura matricial. 3. Seleção e detalhamento do tipo de Matriz a ser adotado. 4. Implantação e acompanhamento. 5. Considerações finais. Referências bibliográficas.

Prefácio

O termo Matriz está cada vez mais fazendo parte da linguagem usual do administrador. Hoje, já há um corpo suficiente de conhecimentos sobre o assunto que permite a elaboração de um livro adaptado às características da realidade brasileira.

A estrutura matricial existe há muito tempo de forma implícita em muitos tipos de organização. Somente na década de 50 esta forma de estrutura foi formalizada e depois estudada por especialistas em Administração.

Muitas inovações em termos de técnicas gerenciais foram idealizadas por cientistas da Administração e depois foram adaptadas e implantadas no mundo empresarial. Com a Matriz deu-se o inverso, isto é, as empresas passaram a utilizá-la para atender às suas necessidades e mais tarde ela foi descoberta e estudada por pesquisadores da ciência administrativa.

A indústria aeroespacial caracteriza-se por:

— grandes projetos de complexa tecnologia;
— projetos interdisciplinares que necessitam da cooperação de especialistas de diferentes áreas técnicas para realização;
— pressões para cumprimento de prazos, orçamentos e padrões de qualidade.

As estruturas tradicionais não conseguiram responder de forma eficaz às características dos grandes projetos da indústria aeroespacial. Pouco a pouco, começou-se a usar uma forma estrutural que utilizava simultaneamente gerentes de áreas técnicas especializadas e gerentes de projeto responsáveis pelos trabalhos que essas áreas técnicas realizariam para os projetos.

Com o sucesso da Matriz ela passou a ser reproduzida nas diversas empresas do programa espacial, passando mais tarde a ser utilizada em todos os grandes contratos da NASA.

Este tipo de estrutura foi estudado posteriormente por cientistas da Administração com o objetivo de melhor compreender e utilizar seus pontos fortes e ao mesmo tempo procurar reduzir o impacto dos problemas por ela causados. Entre estes, destaca-se o aumento considerável do nível de conflitos como conseqüência da dupla subordinação.

Mais tarde, a Matriz passou a ser utilizada formalmente nos mais variados tipos de organização como universidades, centros de pesquisa tecnológica, bancos, siderurgias, empresas de consultoria, etc...

No Brasil, o uso de Matrizes explícitas tem aumentado muito nesta última década. No desenvolvimento deste livro serão dados vários exemplos práticos de empresas que a utilizam.

Durante algum tempo chegou a ser uma "moda" e, em muitos casos, utilizada onde não devia ou delineada de maneira incorreta por pessoas que não compreendiam seu funcionamento. Isso acontece também com outras técnicas gerenciais como descentralização, divisionalização, etc...

A Matriz é uma forma bastante complexa de estruturas que, embora aumente a eficiência na utilização dos recursos e na obtenção de resultados, aumenta também o nível de conflitos. Assim, deve ser utilizada somente quando absolutamente necessária. Este livro se propõe a fornecer subsídios para responder ou, pelo menos, orientar o leitor quanto às respostas às seguintes questões:

— *O que é a Matriz?* (quais as principais características que a diferenciam das outras formas estruturais?)

— *Como funciona?* (quais são os vários tipos de Matriz e como operam?)

— *Quando deve ser utilizada?* (quais as pré-condições para a utilização da Matriz?)

— *Como deve ser delineada?* (como selecionar, entre os vários tipos de Matriz, aquele mais adequado a uma determinada situação?)

— *Como deve ser implantada?* (como planejar a implantação de forma eficaz minimizando as resistências e maximizando a possibilidade de sucesso? Como preparar as pessoas para a Matriz?)

— *Quais as principais mudanças* a ser feitas nos sistemas gerenciais para assegurar o sucesso da Matriz?

— *Quais as principais falhas* cometidas no delineamento e implantação da Matriz? Como evitá-las?

— *Como avaliar o desempenho da Matriz?* (que fatores considerar para saber se a Matriz está operando a contento ou não?)

O Capítulo I apresenta o conceito de estrutura, as características das estruturas tradicionais de departamentalização. Já o II mostra as diferenças entre estruturas voltadas para inovação e aquelas delineadas para realizar atividades de rotina. Uma comparação entre as estruturas *Funcional* e *Por Projetos* é feita com objetivo de fornecer as bases conceituais para o capítulo seguinte, onde se conceitua a estrutura matricial mostrando os seus vários tipos e como é feita a divisão das atribuições entre os vários cargos, isto é, o que compete aos gerentes de cada um dos eixos da Matriz, aos especialistas técnicos e à Alta Administração. O Capítulo IV focaliza o fator humano na estrutura matricial. Trata-se a seguir das características pessoais que favorecem a operação matricial, das razões para os conflitos e de como desenvolver e treinar os recursos humanos para conviver com a ambigüidade que caracteriza a Matriz. O seguinte, o V, apresenta exemplos de aplicação da forma matricial em institutos de pesquisa, indústrias, setor governamental, setor de saúde e serviços. Vários estudos de caso ilustrando a utilização da Matriz em situações reais são apresentados. E, por fim, o Capítulo VI, com base nos anteriores, fornece ao leitor um conjunto de instrumentos para delinear e implantar a Matriz em uma dada organização.

A ênfase deste trabalho será a utilização da estrutura matricial em organizações voltadas para inovação como empresas de projetos de engenharia, e centros de pesquisa tecnológica, embora os conceitos apresentados possam ser utilizados em qualquer tipo de organização com algumas adaptações.

Este livro é dirigido a gerentes que trabalham ou pretendem trabalhar em organizações que operam matricialmente, de forma explícita ou não. Professores, consultores e pesquisadores na área de Administração, com interesse na estrutura matricial, encontrarão, neste trabalho, conceitos e estudos de caso sobre o assunto, adaptados à realidade brasileira.

Muito deverá ainda ser pesquisado para um melhor conhecimento da forma matricial. Não se tem a pretensão de dar todas as respostas mas, sim, contribuir para que as organizações, hoje operando matricialmente no Brasil, possam fazê-lo de forma mais eficaz, e para que aqueles, que pretendem adotar a Matriz, possam ter subsídios para selecionar, delinear e implantar o tipo de Matriz mais adequado às suas necessidades.

Estruturas Tradicionais

1. Introdução
2. Conceitos básicos e elementos da estrutura organizacional
3. Características das estruturas tradicionais
4. Formas tradicionais de departamentalização
5. Considerações finais
   Referências bibliográficas

1. INTRODUÇÃO

Durante muito tempo, um conjunto de formas estruturais foram utilizadas pelos mais variados tipos de organizações. Estes tipos de estrutura ficaram conhecidos como estruturas tradicionais. Estas formas de organizar serão o alvo deste capítulo.

Inicialmente, será apresentado um conceito de estrutura assim como os elementos que a formam. A seguir serão apresentadas as principais características das estruturas tradicionais: o alto nível de formalização, unidade de comando, especialização, comunicação vertical e uso de formas tradicionais de departamentalização. Finalmente, serão apresentadas sete formas tradicionais de departamentalização: funcional, geográfica, por processo, por clientes, por produtos, por período e por amplitude de controle. Este tópico termina mostrando um quadro comparando os vários tipos de departamentalização em termos das características e vantagens de cada tipo.

2. CONCEITOS BÁSICOS E ELEMENTOS DA ESTRUTURA ORGANIZACIONAL

A estrutura de uma organização pode ser definida como o resultado de um processo através do qual a autoridade é distribuída, as atividades desde os níveis mais baixos até a Alta Administração são especificadas e um sistema de comunicação é delineado permitindo que as pessoas realizem as atividades e exerçam a autoridade que lhes compete para o atingimento dos objetivos organizacionais. Este conceito de estrutura é representado pela Figura I-1.

Para que a estrutura seja delineada é preciso que um conjunto de aspectos sejam definidos, conforme mostra a Figura I-2.

Departamentalização é o processo de agrupar indivíduos em unidades para que possam ser administrados. Essas unidades são a seguir

```
┌─────────────────────────────────────────────────────────────┐
│                    ESTRUTURA ORGANIZACIONAL                 │
│                                                             │
│   ┌──────────────┐      ⇔       ┌──────────────┐           │
│   │ Subsistema de│              │ Subsistema de│           │
│   │  Autoridade  │              │  Comunicação │           │
│   └──────────────┘              └──────────────┘           │
│                       ⇓                                     │
│                ┌──────────────┐                             │
│                │ Subsistema de│                             │
│                │  Atividades  │                             │
│                └──────────────┘                             │
└─────────────────────────────────────────────────────────────┘
```

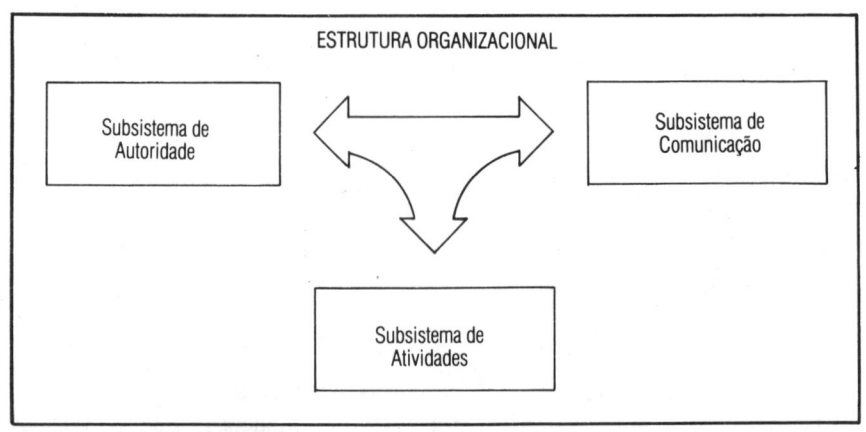

Figura I-1 – Conceito de estrutura

agrupadas em unidades maiores, sucessivamente até o nível mais alto da organização. Há vários critérios que podem ser utilizados para este fim. Os mais comuns, vale repetir, são: funcional, geográfico, por processo, por clientes, por produtos, por período e pela amplitude de controle.

As *áreas de apoio*, como processamento de dados, contabilidade, reprografia, etc... podem ser centralizadas, servindo a todas as unidades, ou podem ser total ou parcialmente descentralizadas.

Assessorias a determinados cargos podem existir. Suas atribuições devem ser definidas e sua localização na estrutura deve ser determinada.

Ligado ao problema da departamentalização temos a questão da *amplitude de controle,* isto é, o número máximo de subordinados que um chefe pode supervisionar eficientemente. A amplitude pode variar de caso para caso dependendo de fatores como natureza da atividade e características pessoais do chefe e seus subordinados. O processo de estruturação deve assegurar que este princípio seja obedecido.

Inversamente relacionado com a amplitude de controle temos os níveis hierárquicos. Quanto maior a amplitude, menor o número de níveis e vice-versa. Esta decisão é importante na estruturação porque a organização pode sofrer pelo excesso ou falta de níveis hierárquicos.

O grau de *descentralização da autoridade* é outra decisão importante no processo de delineamento da estrutura. Quando as decisões estão excessivamente centralizadas no topo da hierarquia temos demora nas decisões e frustrações, sobrecarga da Alta Administração e decisões desvinculadas da realidade. Por outro lado, se as decisões estão excessivamente descentralizadas temos falta de coordenação e dificuldades de controle.

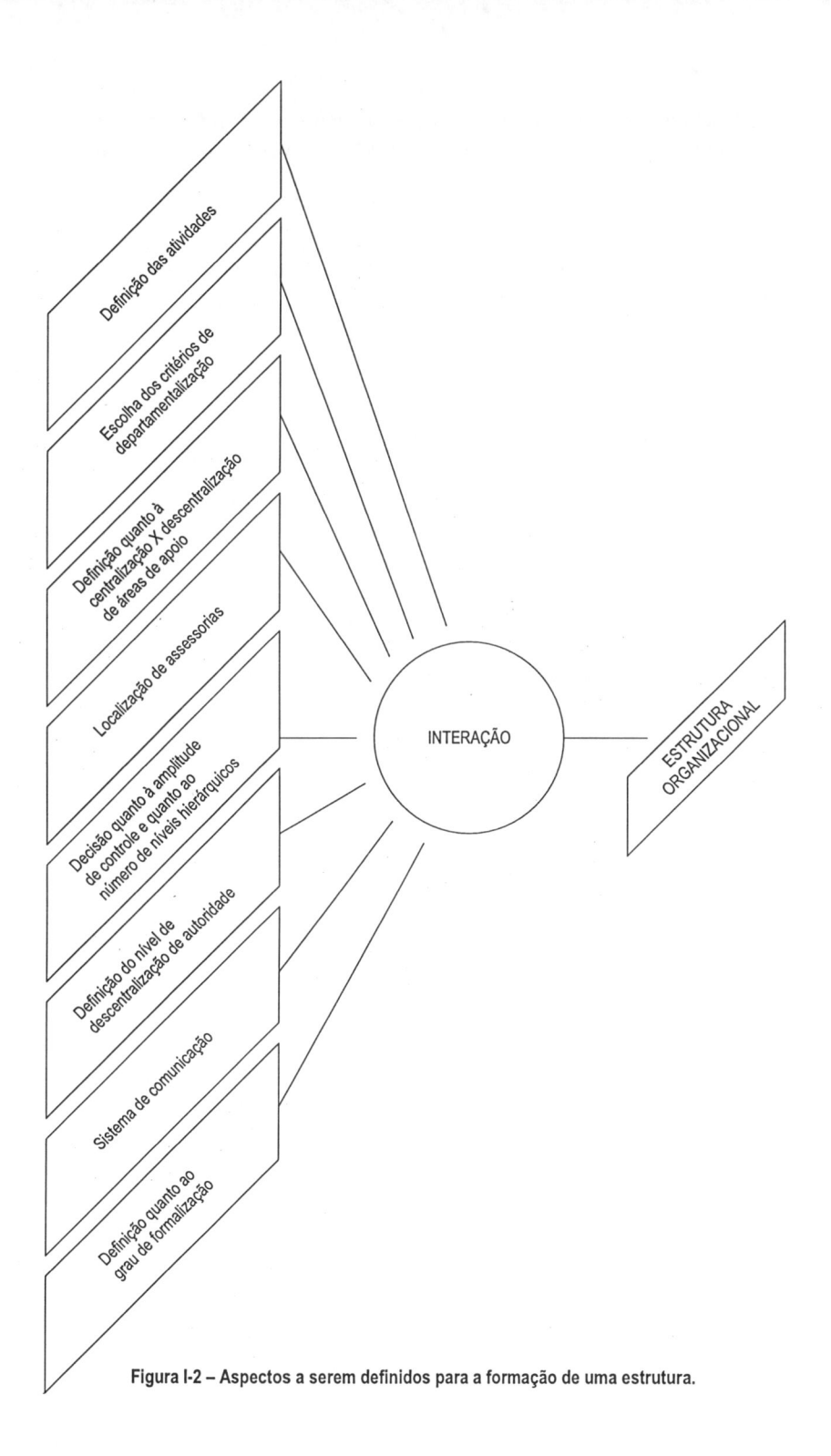

Figura I-2 – Aspectos a serem definidos para a formação de uma estrutura.

- Definição das atividades
- Escolha dos critérios de departamentalização
- Definição quanto à centralização X descentralização de áreas de apoio
- Localização de assessorias
- Decisão quanto à amplitude de controle e quanto ao número de níveis hierárquicos
- Definição do nível de descentralização de autoridade
- Sistema de comunicação
- Definição quanto ao grau de formalização

INTERAÇÃO → ESTRUTURA ORGANIZACIONAL

O *sistema de comunicação* é outro elemento fundamental para o delineamento da estrutura que deve prever através de quais canais será permitida a comunicação.

Finalmente, o *grau de formalização* é outra decisão importante. Se for muito alto produzirá burocratização e falta de agilidade da organização. Por outro lado, se for excessivamente baixo levará a conflitos, ansiedade, duplicações de esforços e ineficiência.

Organogramas e descrição de atribuições são os instrumentos mais utilizados para formalizar uma estrutura.

3. CARACTERÍSTICAS DAS ESTRUTURAS TRADICIONAIS

A estrutura de uma organização deve estar em contínua sintonia com a natureza da atividade e seu ambiente. Atividades repetitivas e ambiente estáveis favorecem as chamadas estruturas tradicionais que possuem as seguintes características:

— Alto nível de formalização;
— Unidade de comando;
— Especialização elevada;
— Comunicação vertical;
— Utilização de formas tradicionais de departamentalização.

3.1. Alto Nível de Formalização

A estrutura formal é aquela explicitada em manuais de organização que descrevem os níveis de autoridades e responsabilidades dos vários departamentos e seções. A representação gráfica da estrutura formal é feita através do organograma.

A escola clássica de Administração achava que as organizações operavam somente através da estrutura formal. Entretanto, vários fatores concorrem para tornar inviável esta premissa:

— é praticamente impossível elaborar um conjunto de normas que cubra todas as possíveis situações;
— há necessidade de soluções rápidas para responder a situações críticas;
— características do fator humano com respeito a liderança e objetivos pessoais influem de maneira intensa na operação da estrutura.

Assim, muitas vezes a organização opera de forma diferente daquela estabelecida, dando origem à estrutura informal. Quando funcionários de diferentes departamentos encontram-se socialmente, eles trocam informações sobre assuntos da empresa sem passar através dos canais formais de comunicação. Quando um subordinado influi sobre a decisão do chefe de forma sistemática devido à sua habilidade no relacionamento pessoal ele está invertendo a estrutura formal.

Assim, a operação "real" de uma organização acontece através da sua estrutura formal e da informal simultaneamente: estrutura real. Para cada organização a composição da estrutura real em termos de formal-informal varia, isto é, em certos casos a operação é realizada muito mais com base no manual de normas e em outros com base na improvisação e interação pessoal.

O conceito de "formal" e "informal" dificilmente pode ser definido de forma rígida se quisermos utilizá-lo na prática. Eles devem ser entendidos como uma escala (nível de formalização) que tenha na extremidade esquerda muito informal e na direita muito formal (Fig. I-3).

Muito Informal	Informal		Intermediário		Formal		Muito Formal
1	2	3	4	5	6	7	8	9	10

Figura I-3 – Níveis de formalização da estrutura.

As estruturas tradicionais tendem a ter um nível de formalização elevado; com descrições detalhadas das atribuições e organogramas atualizados. As decisões são tomadas de acordo com as normas e sempre que possível colocadas por escrito. Os funcionários novos recebem uma cópia do manual de normas e procedimentos no seu primeiro dia de trabalho.

3.2. Unidade de Comando

Um dos princípios da Escola Clássica afirma que cada funcionário deveria ter um único chefe, caso contrário o nível de conflitos aumentaria porque dois ou mais chefes poderiam simultaneamente exigir tarefas do mesmo subordinado.

Se o princípio da unidade do comando for seguido, cada chefe terá um grupo de subordinados sob sua autoridade. As solicitações feitas a subordinados de outros chefes deverão ser feitas através destes chefes que ficariam informados e decidiriam como alocar seus subordinados às várias tarefas de forma a melhor aproveitar suas capacitações.

Nas estruturas tradicionais este princípio é considerado de fundamental importância.

3.3. Especialização Elevada

As formas tradicionais de estruturar tendem a facilitar a especialização.

Os critérios para departamentalizar, analisados no tópico anterior, reforçam este fato. Essa especialização pode acontecer em relação a uma área técnica, região, fase de um processo produtivo ou tipo de cliente. As pessoas tendem a aprender bem suas tarefas e realizá-las de forma contínua, tornando-se cada vez mais conhecedoras dos problemas que podem surgir assim como das respectivas soluções.

Como as formas tradicionais são usadas quando a natureza da atividade muda pouco, esta especialização torna-se um ponto forte, permitindo aumentar o desempenho do sistema.

3.4. Comunicação Vertical

Comunicação é o processo através do qual uma mensagem é transmitida de um ponto chamado emissor para outro denominado receptor, através de um determinado canal (Litterer, 1963). Quando a comunicação é entre chefe e subordinado, isto é, segue a cadeia de autoridade, ela é denominada vertical.

Comunicação horizontal acontece quando dois elementos de unidades diferentes se comunicam diretamente. Neste caso o fluxo de comunicação não passa dos seus respectivos chefes.

A comunicação diagonal acontece quando os elementos estão em unidades e níveis hierárquicos diferentes.

As estruturas tradicionais dão ênfase especial à comunicação vertical. Nessas formas organizacionais o chefe deve estar informado de tudo; assim, o fluxo de informações deverá passar através dele. Isso, na opinião dos defensores da corrente tradicional, evita mal-entendidos, permite melhor coordenação e reforça a autoridade do chefe.

3.5. Utilização de Formas Tradicionais de Departamentalização

Outras características das estruturas tradicionais é a utilização de formas convencionais de departamentalização funcional, por processo, geográfica, etc... Este assunto será tratado com mais profundidade no tópico seguinte.

4. FORMAS TRADICIONAIS DE DEPARTAMENTALIZAÇÃO

Departamentalização, como já foi salientado, é o processo através do qual as unidades são agrupadas em unidades maiores e assim sucessivamente até o topo da organização, dando origem aos diversos níveis hierárquicos. Há vários critérios que podem ser utilizados para departamentalizar.

Os mais tradicionais são:

— Funcional;
— Geográfico;
— Por Processo;
— Por Clientes;
— Por Produtos;
— Por Período;
— Pela Amplitude de Controle.

Discutiremos, a seguir, cada um dos critérios acima. As formas mais inovativas de estruturar como Por Projetos e Matriz serão vistas posteriormente.

4.1. Funcional

A departamentalização funcional tem como critério básico a área do conhecimento necessário para a realização da atividade. Assim, todas as pessoas que se utilizam dos conhecimentos de uma mesma área ficariam juntas na mesma unidade.

Estes conhecimentos podem versar sobre áreas gerenciais: finanças, marketing, recursos humanos ou sobre as funções gerenciais de planejamento, controle e estruturação. A departamentalização funcional pode também ser feita com base em conhecimentos das áreas tecnológicas: departamento de hidráulica, departamento de biologia, departamento de engenharia mecânica, etc...

A grande vantagem da departamentalização funcional é permitir uma especialização nas várias áreas técnicas além de melhor utilizar os recursos humanos e materiais nestas áreas.

```
                    ┌─────────────────┐
                    │ Depto. de Pessoal│
                    └────────┬────────┘
                             │
                             ├──────────────┐
                             │              │
                             │      ┌───────────────┐
                             │      │  Secretaria   │
                             │      └───────────────┘
        ┌────────────┬───────┴───────┬────────────┐
        │            │               │            │
┌───────────────┐ ┌──────────┐ ┌──────────────┐ ┌───────────┐
│Benefícios e Rel.│ │Administração│ │Segurança, Higiene│ │Restaurante│
│  Trabalhistas   │ │ de Pessoal │ │Ind. e Serv. Médicos│ │           │
└───────────────┘ └──────────┘ └──────────────┘ └───────────┘
```

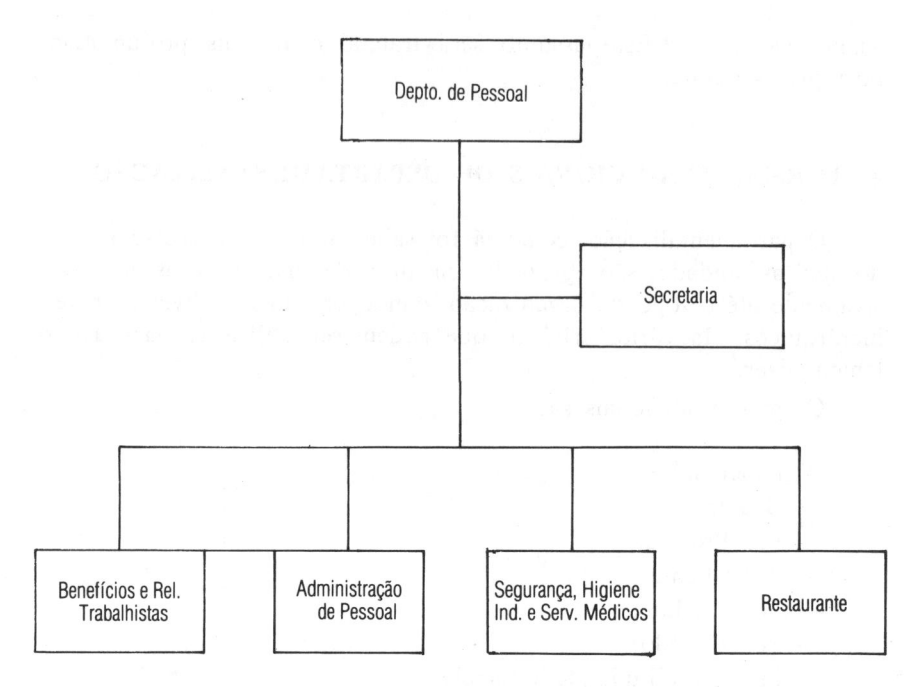

Figura I-4 – Exemplo de departamentalização funcional - Depto. de Pessoal - GM do Brasil, São José dos Campos (Organograma de agosto/1978).

A Figura I-4 mostra um exemplo de departamentalização funcional. Trata-se de organograma parcial do Departamento de Pessoal da Fábrica de São José dos Campos da General Motors do Brasil.

4.2. Geográfica

Quando a organização opera em áreas geográficas diferentes e existe necessidade de tratá-las de forma diferenciada, a departamentalização por área geográfica pode ser adotada. Assim, todas as pessoas e unidades organizacionais que lidam com a área A ficariam em um mesmo departamento.

Este tipo de departamentalização permite conhecer melhor os problemas de cada área e, portanto, atender melhor suas necessidades. É fundamental que haja uma massa crítica de atividades em cada área para justificar esta forma de departamentalização.

A Figura I-5 reproduz parcialmente o organograma da Diretoria Técnica da Empresa de Engenharia Orplan S/A.

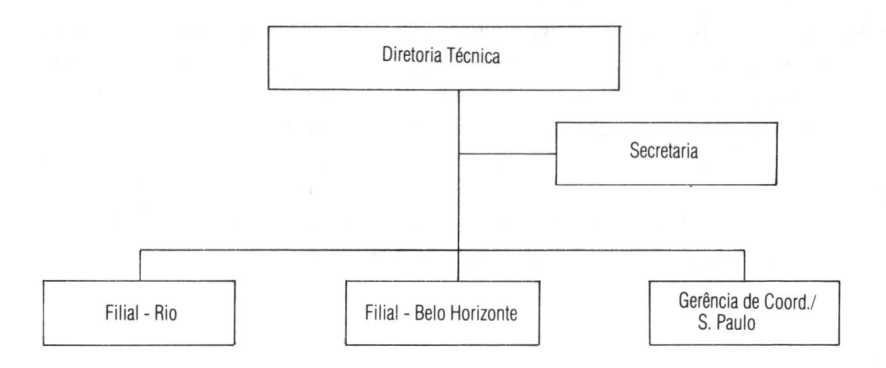

```
                    ┌─────────────────┐
                    │ Diretoria Técnica│
                    └─────────────────┘
                              │
                              ├──────────┐
                              │      ┌───────────┐
                              │      │ Secretaria│
                              │      └───────────┘
         ┌────────────────────┼────────────────────┐
┌─────────────┐    ┌──────────────────┐    ┌──────────────────┐
│ Filial - Rio│    │Filial - Belo Horizonte│ │Gerência de Coord./│
│             │    │                  │    │     S. Paulo     │
└─────────────┘    └──────────────────┘    └──────────────────┘
```

Figura I-5 – Exemplo de departamentalização geográfica. Organograma parcial da diretoria técnica da empresa de engenharia Orplan S/A.

4.3. Por Processo

Muitas vezes as atividades na organização podem ser agrupadas conforme as fases de um processo. Normalmente este critério de departamentalizar é utilizado no setor de produção. Assim, teremos unidades de fundição, usinagem, montagem, pintura, embalagem etc...

Cada uma dessas unidades é um departamento que reúne todo o pessoal envolvido naquela fase específica do processo. Como conseqüência desta estrutura, teremos alto nível de especialização em cada uma das fases. Este tipo de departamentalização é exemplificado pela Figura I-6.

```
                    ┌──────────────┐
                    │  Gerente de  │
                    │  Fabricação  │
                    └──────────────┘
                           │
        ┌──────────┬───────┴───────┬──────────┐
   ┌─────────┐ ┌─────────┐   ┌─────────┐ ┌─────────┐
   │Fundição │ │Usinagem │   │Montagem │ │ Pintura │
   └─────────┘ └─────────┘   └─────────┘ └─────────┘
```

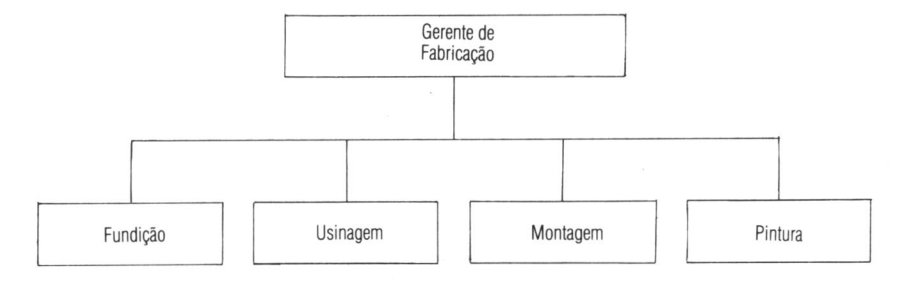

Figura I-6 – Exemplo de departamentalização por processo.

4.4. Por Clientes

Quando a organização trabalha com diferentes tipos de clientes, exigindo tratamento especializado, a departamentalização por clientes pode ser uma solução. São agrupadas, em uma mesma unidade, pessoas que lidam com o mesmo tipo de cliente. Ex.: departamento de vendas para clientes industriais, departamento de vendas para empresas governamentais e departamento de vendas ao consumidor.

Empresas de energia elétrica freqüentemente utilizam este tipo de departamentalização na área comercial, onde há uma unidade para tratar com pessoas jurídicas e outra para lidar com particulares. Esta estrutura permite conhecer melhor as necessidades e o modo de tratar cada tipo de cliente e permite especializar pessoas nestes conhecimentos.

4.5. Por Produtos (ou Serviços)

Quando os produtos são muito diversificados, uma solução adequada é a departamentalização por Produtos ou Serviços. A departamentalização Por Produtos agrupa na mesma unidade as pessoas que lidam com um mesmo produto ou linha de produtos. Com o tempo haverá alta especialização com cada produto.

Cada unidade não só conhecerá bem os aspectos de fabricação do seu produto (ou produção de seu serviço) mas também aqueles relacionados com a comercialização. Cada unidade será quase como uma pequena empresa auto-suficiente onde tudo gira em torno de um produto ou linha de produtos ou serviços. Haverá alto nível de integração entre as pessoas que lidam com o mesmo produto.

A Figura I-7 mostra de forma condensada o organograma do Grupo SAFRA, cuja departamentalização é Por Produtos (ou Por Serviços).

4.6. Por Período

Organizações que operam 24 horas por dia são obrigadas a criar unidades cuja única diferença é o período no qual suas equipes trabalham. A natureza da atividade permanece a mesma.

Destilarias de álcool, por exemplo, têm duas equipes encarregadas da "seção destilação". Cada equipe tem um chefe que responde ao gerente industrial. Essas equipes fazem a mesma atividade em turnos diferentes. O mesmo acontece para equipes de descarregamento, moenda, etc...

4.7. Pela Amplitude de Controle

Há casos em que a necessidade de departamentalização é conseqüência somente do limite do chefe para comandar. Neste caso, as

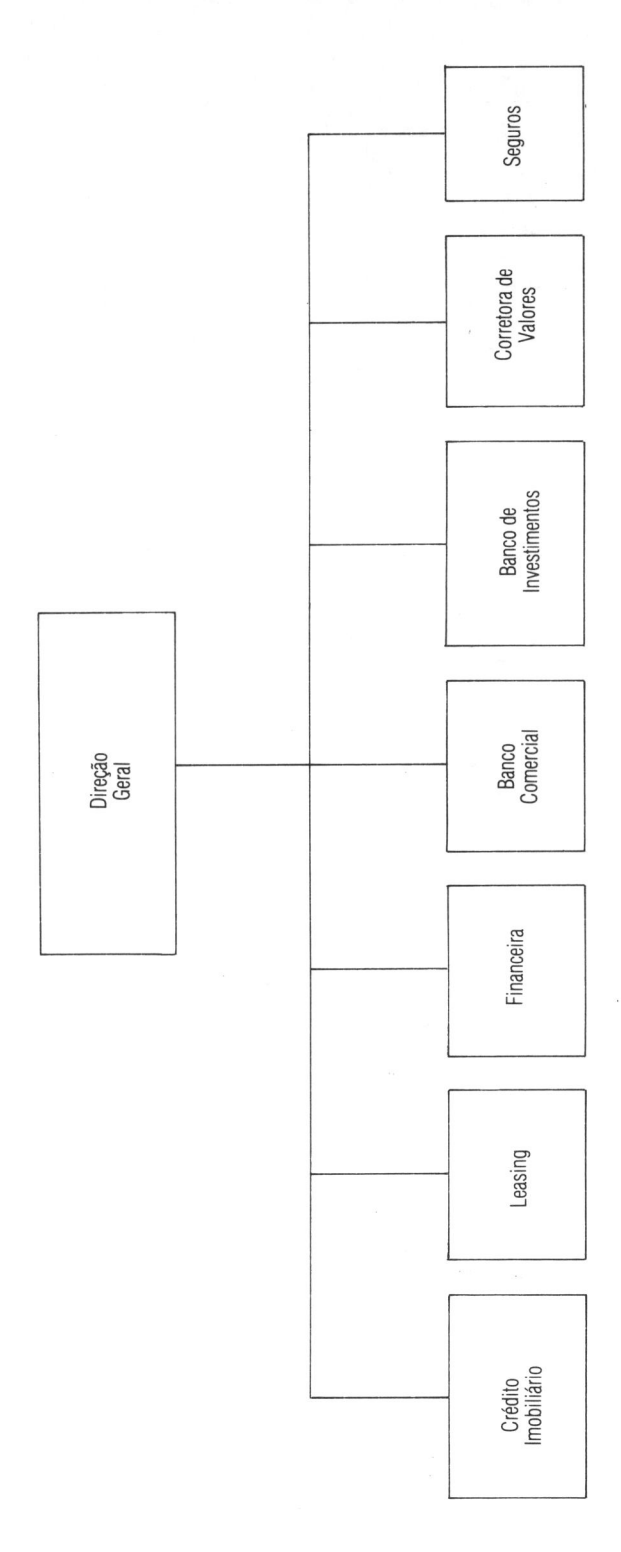

```
                        ┌──────────────┐
                        │   Direção    │
                        │    Geral     │
                        └──────┬───────┘
     ┌──────┬──────┬───────┬───┴───┬───────────┬──────────┬──────┐
┌────┴────┐┌┴────┐┌┴────┐┌┴────┐┌─┴────┐┌──────┴──┐┌─────┴───┐
│ Crédito ││Leas-││Finan││Banco││Banco ││Corretora││ Seguros │
│Imobili- ││ ing ││ceira││Comer││  de  ││    de   ││         │
│  ário   ││     ││     ││cial ││Inves-││ Valores ││         │
│         ││     ││     ││     ││timen-││         ││         │
│         ││     ││     ││     ││ tos  ││         ││         │
└─────────┘└─────┘└─────┘└─────┘└──────┘└─────────┘└─────────┘
```

Figura I-7 – Organograma parcial do Grupo Safra. Exemplo de departamentalização por produtos (ou *serviços*) 1981.

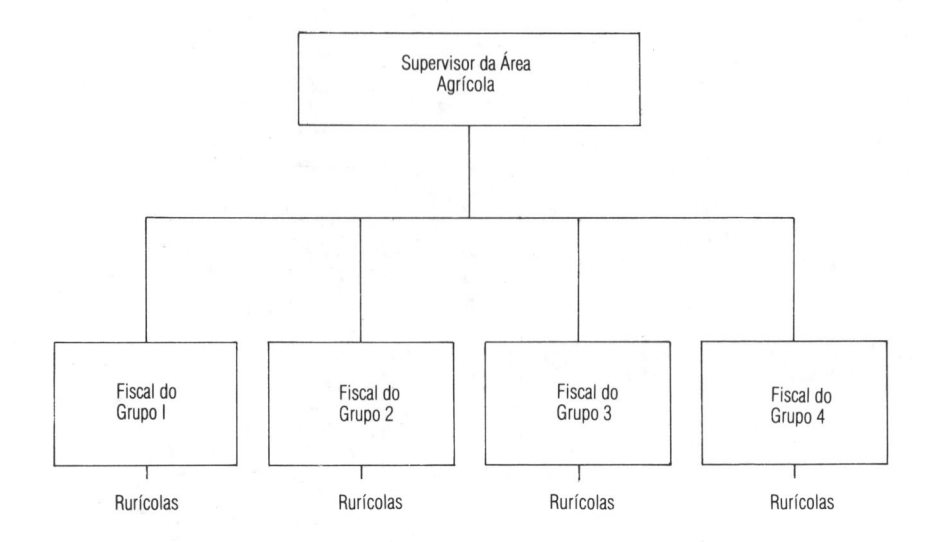

```
                    ┌─────────────────────┐
                    │ Supervisor da Área  │
                    │      Agrícola       │
                    └──────────┬──────────┘
         ┌────────────┬────────┴────────┬────────────┐
    ┌────┴────┐  ┌────┴────┐      ┌────┴────┐  ┌────┴────┐
    │Fiscal do│  │Fiscal do│      │Fiscal do│  │Fiscal do│
    │ Grupo 1 │  │ Grupo 2 │      │ Grupo 3 │  │ Grupo 4 │
    └────┬────┘  └────┬────┘      └────┬────┘  └────┬────┘
      Rurícolas    Rurícolas        Rurícolas    Rurícolas
```

Figura I-8 – Exemplo de departamentalização por amplitude de controle. No caso, trata-se de cortador de cana operando em uma determinada área agrícola.

unidades são formadas levando-se em conta o número máximo de pessoas que o chefe pode coordenar eficientemente. Cortadores de cana são agrupados em equipes, de acordo com este critério conforme mostra a Figura I-8.

A Figura I-9 apresenta, de forma resumida, os tipos tradicionais de departamentalização, conceituando e exemplificando cada um deles, e apontando condições favoráveis para sua utilização assim como as vantagens decorrentes.

Na prática, dificilmente encontramos um único tipo de departamentalização, exceto em empresas muito pequenas. A solução mais freqüente é combinar diversos tipos de acordo com as necessidades de cada setor ou de cada nível hierárquico. A escolha desta combinação é um dos aspectos-chave do delineamento da estrutura organizacional.

5. CONSIDERAÇÕES FINAIS

Durante muito tempo as organizações utilizaram um conjunto de formas estruturais conhecidas sob o título de estruturas tradicionais. Este

TIPOS DE DEPARTAMENTALIZAÇÃO	CONCEITO	EXEMPLO	CONDIÇÕES FAVORÁVEIS PARA UTILIZAÇÃO	VANTAGENS
FUNCIONAL	São agrupadas na mesma unidade pessoas que realizam atividades dentro de uma mesma área técnica.	• Depto. de Finanças • Depto. de Marketing • Depto. de Hidráulica • Depto. de Planejamento • Depto. de Organização e Métodos	• Necessidade de especialização na área técnica. Pouca variedade de produtos.	• Especialização na área técnica. • Eficiente utilização dos recursos em cada área técnica.
GEOGRÁFICA	São agrupadas na mesma unidade pessoas que realizam atividades relacionadas com uma mesma área geográfica.	• Setor de Vendas para a capital • Setor de Vendas para a zona sul do Estado • Setor de Vendas para a zona oeste do Estado	• Elevada diferenciação entre as áreas geográficas exigindo tratamento especializado. • Áreas geográficas distantes entre si e da Matriz • Atividades nas áreas em volume suficiente para justificar a existência dos departamentos. • Pouca flutuação nas atividades das áreas.	• Especialização na área geográfica permite lidar melhor com os problemas de cada área. • Elevada integração entre pessoas que lidam com a mesma área geográfica.
POR PROCESSO	São agrupadas na mesma unidade pessoas que realizam atividades relacionadas com uma fase de um processo produtivo.	• Depto. de Fundição • Depto. de Usinagem • Depto. de Montagem • Depto. de Pintura	• Alta diferenciação entre as fases do processo, necessidade de técnicas da mesma fase ficarem juntas para permitir ajuda mútua, troca de experiências e aprimoramento técnico.	• Especialização nas várias fases do processo. • Elevada integração entre pessoas que trabalham numa determinada fase.
POR CLIENTES	São agrupadas na mesma unidade pessoas que estão relacionadas com o mesmo tipo de cliente.	• Depto. de Vendas para Clientes Industriais • Depto. de Vendas para Empresas Governamentais • Depto. de Vendas ao Consumidor	• Elevada diferenciação entre clientes exigindo conhecimento especializado. • Atividades com cada tipo de cliente em volume suficiente para justificar existência dos departamentos.	• Especialização no tratamento de cada tipo de cliente. • Elevada integração entre as pessoas que lidam com um mesmo tipo de cliente
POR PRODUTOS	São agrupadas na mesma unidade pessoas que estão relacionadas com o mesmo produto ou linha de produtos.	• Depto. de Carros de Passeio • Depto de Caminhões • Depto. de Equipamentos Agrupados.	• Elevada diferenciação entre os produtos. • Atividade com cada produto em volume suficiente para justificar existência do departamento.	• Especialização nos diversos produtos. • Elevada integração entre pessoas que lidam com um mesmo produto.
POR PERÍODO	São agrupadas na mesma unidade pessoas que trabalham no mesmo período.	• Seção de destilação-período diurno • Seção de destilação-período noturno.	• Mesma atividade é realizada por mais de um turno de trabalho.	Neste caso não cabe discutir vantagens deste tipo de departamentalização visto que não há alternativa.
PELA AMPLITUDE DE CONTROLE	São agrupadas na mesma unidade o número máximo de pessoas que o chefe pode supervisionar eficientemente. Os demais formarão outra unidade e assim sucessivamente.	• Unidade de Corte I • Unidade de Corte II • Unidade de Corte III	• Grande número de pessoas que realizam a mesma atividade. As unidades são constituídas considerando o limite do chefe para supervisionar.	Neste caso não cabe discutir vantagens deste tipo de departamentalização visto que não há alternativa.

capítulo trata basicamente destes tipos de estrutura, mostrando seu conceito, suas características e vantagens e desvantagens dos tipos principais. Essas formas de organizar estão amplamente cobertas pela literatura; por esta razão, receberam neste livro um tratamento menos profundo. Devido ao fracasso destes tipos de estrutura para lidar com certas condições especiais, novas formas de organizar foram idealizadas. Os próximos capítulos tratarão destes tipos de estrutura com mais profundidade.

Referências Bibliográficas

ASHKENAS, Ron; ULRICH, Dave; JICK, Todd. *The Boundaryless Organization*: Breaking the Chains of Organizational Structure, Jossey-Bass Inc., Publishers, setembro, 1998.

CECERE, Marc. *Drawing the lines,* Harvard Business Review, Boston, Nov 2001, Vol. 79, 10.ed., p. 24.

CLIFFE, Sarah. *Knowledge management:* The well-connected business, Harvard Business Review, Boston, jul/ago1998, V. 76, I. 4, pp. 17-21.

FRITZ, Robert. *Corporate Tides:* The Inescapable Laws of Organizational Structure, Berrett-Koehler Publishers, abril, 1996.

GALBRAITH, Jay R. *Organization Design.* Califórnia: Addison-Wesley Publishing Company, 1977.

GIBSON, James L.; IVANCEVICH, John M. *Organizations:* Behavior, Structure, Processes, McGraw-Hill Higher Education, Julho 1999.

HALL, Richard H. *Organizations:* Structures, Processes and Outcome, Prentice Hall PTR, Julho 1998.

OLIVEIRA, Djalma de Pinho Rebouças de. *Como resolver a estrutura organizacional de forma interativa, Congresso Nacional do Gerenciamento da Imagem e Informação, 14 1989* São Paulo; Congresso Brasileiro de Organização, Sistemas e Métodos, 6 1989 São Paulo; p. 127-131.

RAYNOR, Michael E.; BOWER, Joseph L. *Lead from the center:* How to manage divisions dynamically, Harvard Business Review, Boston, maio 2001, Vol. 79, 5. ed., pp. 92-100.

SOUZA, Mariella C. F.; TOLEDO, José Carlos de. *Gestão do desenvolvimento de produto:* estudo de casos na indústria brasileira de autopeças, Revista de Administração da USP, V. 36, N. 3, Julho/Setembro 2001.

SOUZA, Mariella Consoni Florenzano. *O Processo de Descentralização de Recursos Humanos em uma Empresa de Transporte Urbano,* Caderno de Pesquisas em Administração, FEA/USP, nº 07, 2º Trimestre de 1998.

LITTERER, Joseph A. Análise das Organizações, Editora Atlas, 1970.

II
Estruturas Inovativas

1. Introdução
2. Estruturas inovativas
3. Características das estruturas inovativas
4. Estrutura funcional e por projetos; uma abordagem comparativa
5. Crescimento e desenvolvimento organizacional
6. Considerações finais
   Referências bibliográficas

1. INTRODUÇÃO

A velocidade elevada com que as mudanças ocorrem atualmente representa um desafio para a capacidade do homem de se organizar. Este desafio torna-se ainda maior quando consideramos as grandes dimensões das organizações. As estruturas tradicionais já demonstraram sua insuficiência para lidar com a taxa elevada de mudança do mundo em que vivemos.

Nas últimas décadas, várias tentativas têm sido feitas para delinear formas estruturais que possam operar com a flexibilidade necessária.

Neste capítulo veremos as razões para a utilização das estruturas inovativas, suas características e como se comparam as estruturas tradicionais. Um destaque será dado à estrutura por projetos e uma comparação com a forma funcional será feita, assim como, por final, um tópico sobre o crescimento da organização e os problemas observados nas várias etapas.

2. ESTRUTURAS INOVATIVAS

As estruturas tradicionais em muitos casos não resistiram ao impacto das mudanças ocorridas nas últimas décadas. O ambiente organizacional tornou-se mais complexo, apresentando, entre outras, as seguintes características:

— tornou-se mais turbulento e incerto apesar do imenso esforço despendido para prevê-lo e controlá-lo;
— mudanças tecnológicas continuaram a acontecer de forma intensa se bem que na opinião de alguns seu ritmo tem sido menor;
— aumento do grau de internacionalização dos negócios;
— aumento da defasagem entre países desenvolvidos e menos desenvolvidos;

- aumento do número de escolas de Administração e conseqüente aumento do número de administradores profissionais;
- aumento do papel do governo na economia;
- aumento do tamanho e complexidade das organizações chegando a limites não igualados por qualquer organização similar do passado;
- evolução do sindicalismo, preocupações com a ecologia, com a substituição de fontes de energia e o aparecimento de organizações de proteção ao consumidor tornam ainda mais complexa a rede de restrições dentro das quais o administrador deve operar.

Ao tratarmos das estruturas tradicionais mencionamos que as condições ideais para seu funcionamento são atividades repetitivas e ambientes estáveis. Estas estruturas caracterizam-se por alto nível de formalização, obediência ao princípio da unidade de comando, utilização das formas tradicionais de departamentalização, especialização elevada e comunicação vertical.

Com o aumento do grau de turbulência no ambiente, as condições ideais para a operação das estruturas tradicionais desapareceram em muitos setores produtivos, assim essas estruturas tornaram-se inadequadas às novas condições. Diversos fatores contribuíram para isso:

- observou-se uma tendência à burocratização e à estagnação com redução na eficiência e eficácia à medida que as dimensões da organização aumentavam;
- o crescimento tornou mais difícil responder de forma eficaz às necessidades do mercado;
- o aumento do nível de educação dos trabalhadores tornou mais difícil sua satisfação com atividades de rotina.

Toffler (1970) utilizou o termo "ad-hocracy" para caracterizar o novo comportamento organizacional emergente. O termo burocracia, tão externamente tratado por Weber, passou a ter uma conotação pejorativa.

Lawrence e Lorsch (1970) realizaram pesquisa mostrando que organizações em ambientes sujeitos a diferentes níveis de turbulência tinham estruturas diferentes. Essas diferenças aconteceram dentro de uma mesma organização, desde que os ambientes das suas várias unidades assim como a natureza da atividade fossem diferentes.

Em um estudo famoso sobre empresas da indústria eletrônica na Escócia, Burns e Stalker (1961) propuseram duas categorias de organizações: "mecanicistas" e "orgânicas".

As organizações "mecanicistas" apresentavam, entre outras, as seguintes características:

— alto nível de especialização;
— a preocupação com aperfeiçoamento dos meios é maior do que a preocupação com o atingimento dos fins;
— definição precisa de direitos e obrigações dos membros da organização traduzidas em funções bem delineadas;
— estrutura hierárquica de controle, autoridade e comunicação;
— a interação mais freqüente é a vertical;
— insistência quanto à lealdade e obediência;
— prestígio maior associado com conhecimento interno da empresa em relação a conhecimentos gerais.

Por outro lado, as organizações do tipo "orgânico" apresentam as seguintes características:

— a tarefa individual muda constantemente como resultado da interação com demais membros da organização;
— o sistema de controle é menos baseado no contrato de trabalho feito entre o indivíduo e a organização representada pelo seu chefe e mais baseado no consenso do que é bom para o grupo;
— a autoridade pode mudar dependendo de quem é mais capaz para realizar a tarefa;
— comunicação lateral além de vertical;
— o conteúdo da comunicação na organização tende a ter mais informação e conselho ao invés de instruções e decisões.

O grau de inovação, crescimento e satisfação das pessoas foi muito maior nas organizações do tipo orgânico quando elas estavam envolvidas com inovação. Por outro lado, as organizações voltadas para produção em massa e com ambientes estáveis eram mais bem sucedidas quando apresentavam características do tipo mecanicista.

A Figura II-1 extrída de Hayes e Radosevich (1971) compara as organizações "mecanicistas" com as "orgânicas". As primeiras foram denominadas "unidades de operação" e as últimas "unidades inovativas".

ATRIBUTOS	UNIDADES INOVATIVAS	UNIDADES DE OPERAÇÃO
1. Orientação para resolução de problemas.	Voltada para o ambiente externo e para o longo prazo.	Interna e curto prazo.
2. Características da atividade.	Não repetitiva e criativa.	Repetitiva, programável e especificada nos mínimos detalhes.
3. Características das pessoas e equipamentos.	Profissionais altamente capacitados.	Fator humano menos habilitado, processos automatizados.
4. Base do sistema de recompensa.	Auto-realização, curiosidade intelectual, autonomia.	Econômica, status associado com posição e títulos.
5. Estilo gerencial.	Participativo, decisões conjuntas.	Dependência da autoridade formal.
6. Processo de tomada de decisão.	Intuitivo, com eventuais estudos analíticos.	Uso de modelos quantitativos.
7. Atitude para com o risco.	Assume riscos, tolera falhas.	Risco reduzido ao mínimo.
8. Sistema de avaliação de desempenho.	Auto-avaliação e avaliação pelos pares.	Sistemas formais utilizando padrões definidos por critérios pré-determinados.
9. Tecnologia utilizada.	Complexa, próxima às fronteiras do conhecimento.	Relativamente simples, transferida e adaptada de grupos inovativos de dentro ou de fora da organização.
10. Base da coordenação.	Comunicação nos dois sentidos e verbal.	Comunicação em um único sentido, diretiva e geralmente através de memos.

Figura II-1 – Comparação entre unidades inovativas e de operação

Fonte: Hayes e Radosevich (1971).

3. CARACTERÍSTICAS DAS ESTRUTURAS INOVATIVAS

As diversas abordagens mostraram que, com o aumento da complexidade do ambiente observado nas últimas décadas, tornou-se necessária, em certos setores, a existência de organizações inovativas que pudessem responder de forma eficaz a essas mudanças. As características estruturais dessas organizações são inversas àquelas apresentadas pelas organizações tradicionais:

— Baixo Nível de Formalização;
— Utilização de Formas Avançadas de Departamentalização;
— Multiplicidade de Comando;
— Diversificação Elevada;
— Comunicação Horizontal e Diagonal.

Passaremos a desenvolver cada uma das características acima.

3.1. Baixo Nível de Formalização

Dada a repetitividade e estabilidade com que opera a estrutura tradicional pode dar-se ao luxo de detalhar as atividades de cada função especificando os níveis de autoridade para exercê-la. Ambientes dinâmicos trazem tantos aspectos novos que tornam inviável fazer o mesmo para a estrutura inovativa onde um grau elevado de formalização pode até tornar-se negativo tirando a flexibilidade ou mesmo "bitolando" as ações do gerente. Assim, organizações inovativas tendem a ter nível mais baixo de formalização.

3.2. Utilização de Formas Avançadas de Departamentalização

A solução dos problemas causados pelas estruturas tradicionais frente ao ambiente em mudança trouxe novas alternativas de estruturas. Entre elas temos: Departamentalização por Centros de Lucro, Por Projetos, Matricial, Celular e "Novos Empreendimentos". Passaremos a descrever cada um dos tipos acima.

3.2.1. *Departamentalização por Centros de Lucro.* — Este tipo de departamentalização utiliza os critérios tradicionais com uma diferença: divide a empresa em "centros de lucro", ou seja, em unidades com elevado grau de autonomia, cujos responsáveis agem como se fossem presidentes de empresas isoladas. A descentralização não é total porque o sistema financeiro, as decisões estratégicas e as políticas físicas permanecem centralizadas. No início de cada período o "centro de lucro" chamado também de Divisão recebe metas pela Alta Administração em termos de expansão e contribuição ao lucro da corporação. Cabe a cada dirigente, dentro dos recursos disponíveis, procurar o atingimento dessas metas. Ao final do período ele será avaliado pelos seus resultados.

Com freqüência, a Divisionalização é feita em termos de Produto; entretanto, o conceito também é válido para outros critérios tradicionais.

Esta estrutura permite alta especialização nas várias linhas de produtos e é altamente eficaz quando os produtos são muito diferenciados, necessitando atenção especial. Neste caso, a separação das unidades por produto acarreta pouca perda de sinergia porque as diferenças entre eles são grandes.

Este tipo de departamentalização se presta muito bem a grandes conglomerados, envolvidos em linhas de atividade de natureza diversificada.

3.2.2. *Departamentalização Por Projetos.* — Neste tipo de departamentalização agrupamos as pessoas utilizando como critério o projeto no qual estão envolvidos naquele determinado instante. Cada projeto é como se fosse um "departamento temporário" cujo chefe é o gerente do projeto, cuja equipe é a equipe do projeto e que existe enquanto o projeto não termina.

Muitas vezes um especialista trabalha em dois ou mais projetos simultaneamente, prestando serviços dentro da sua especialidade. Na estruturação por projetos as pessoas tendem a desenvolver aptidões mais diversificadas.

Este tipo de estrutura apresenta muita flexibilidade e alta eficácia quanto a respostas a mudanças ambientais. Uma nova necessidade é imediatamente transformada em um projeto através da rápida formação de uma equipe. Se um contrato é terminado bruscamente, os especialistas podem ser distribuídos pelos outros projetos reduzindo o impacto sobre a organização.

Em tópico posterior trataremos deste tipo de estrutura com mais profundidade.

3.2.3. *Departamentalização Matricial.* — É a utilização simultânea de dois ou mais tipos de departamentalização sobre o *mesmo grupo* de pessoas. Geralmente é a combinação entre os tipos Funcional e Por Projetos ou Por Produtos; entretanto, outras combinações são possíveis.

Um exemplo pode ser visto na Figura II-2. Trata-se da ENGEVIX, conhecida empresa de engenharia, com sede no Rio de Janeiro.

3.2.4. *Estrutura Celular.* — É uma forma organizacional idealizada por Shannon e que tem como características a quase total ausência de estrutura e alta flexibilidade. É uma forma estrutural em que a informalidade é muito elevada. Sua existência só é viável em organizações pequenas com clima humano favorável.

Excepcionalmente, a Divisão de Sistemas e Análise Econômica do Midwest Research Institute (E.U.A.) chegou a ter 60 pessoas com este tipo de estrutura. Não havia chefes de departamentos e de setores, mas somente um grupo pouco estruturado que se dividia em subgrupos para realizar as tarefas. O tamanho dos subgrupos variava e o líder de equipe era determinado pelas características da tarefa.

Qualquer pessoa falava diretamente com o Diretor da Divisão, entretanto havia uma classificação dos pesquisadores, conforme sua experiência auxiliar de pesquisador, Sênior A, pesquisador Sênior B e etc... Assim, em geral, um auxiliar de pesquisador, quando tinha um problema, falava com um dos pesquisadores Sênior, embora tivesse acesso ao Diretor.

Esta foi uma das divisões mais bem sucedidas do M.R.I. Seu Diretor tornou-se presidente da organização.

3.2.5. *Estrutura para "Novos Empreendimentos".* — Atividades de inovação deveriam ser separadas de atividades de rotina. Assim, novos empreendimentos deveriam ter uma estrutura própria. Quando a inovação for aceita e a nova fábrica estiver em operação, o empreendimento deverá passar para a área operacional e o grupo de novos empreendimentos passará a se preocupar com a próxima inovação.

A Acesita em Minas Gerais utilizou um sistema semelhante ao criar o Grupo de Expansão encarregado de planejar a expansão das instalações. Este grupo realiza todas as etapas desde o plano inicial das novas instalações até a primeira corrida de aço. Se o sistema for aprovado, a área de operações assume o controle.

Empresas de telecomunicações como a Telesp são freqüentemente estruturadas separando o grupo de desenvolvimento de novas instalações do grupo de operações, encarregado de operar e manter as redes existentes.

Empresas do setor de energia elétrica como a CESP e CHESF fazem a mesma separação entre desenvolvimento e operação.

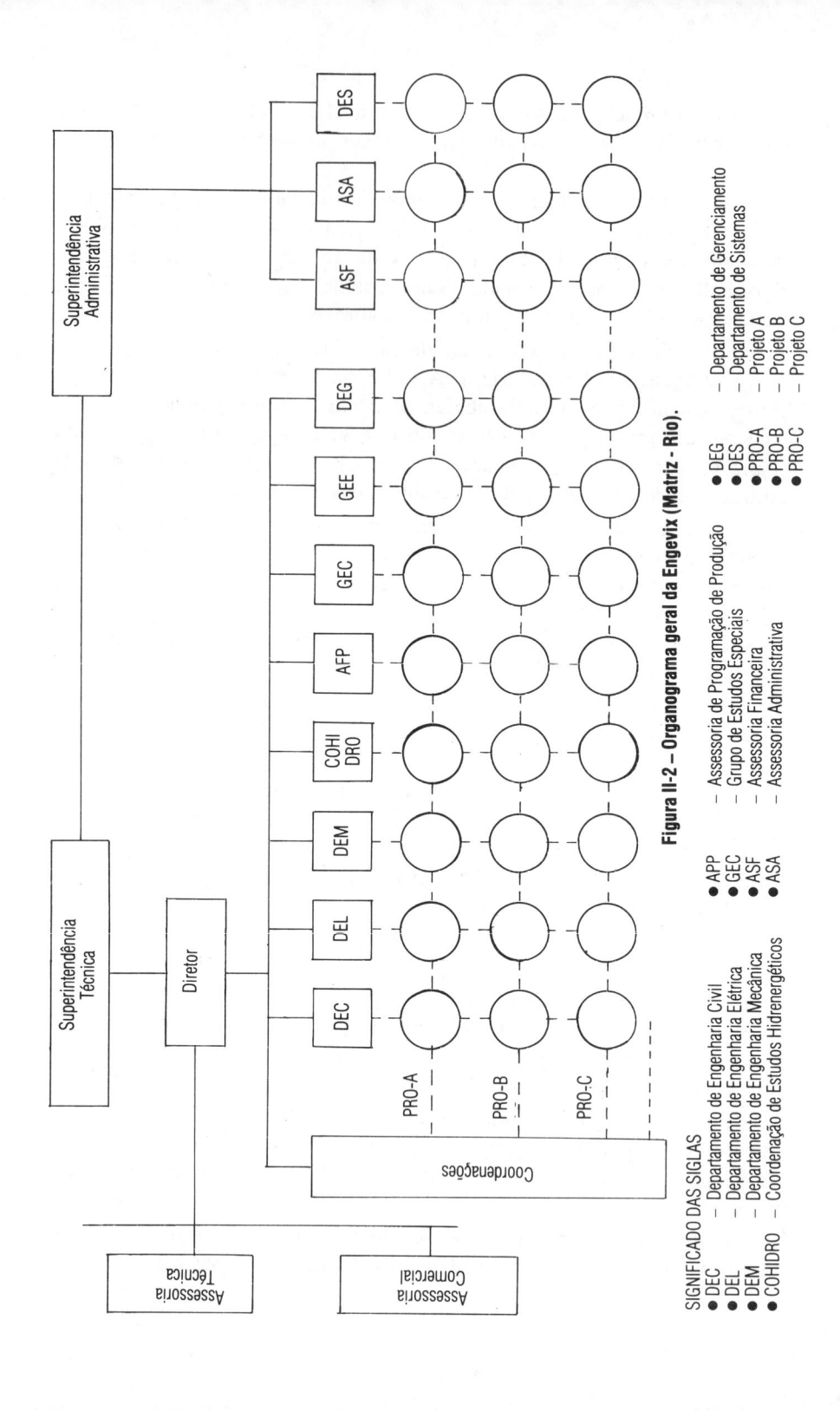

Figura II-2 – Organograma geral da Engevix (Matriz - Rio).

SIGNIFICADO DAS SIGLAS
- DEC — Departamento de Engenharia Civil
- DEL — Departamento de Engenharia Elétrica
- DEM — Departamento de Engenharia Mecânica
- COHIDRO — Coordenação de Estudos Hidrenergéticos
- APP — Assessoria de Programação de Produção
- GEC — Grupo de Estudos Especiais
- ASF — Assessoria Financeira
- ASA — Assessoria Administrativa
- DEG — Departamento de Gerenciamento
- DES — Departamento de Sistemas
- PRO-A — Projeto A
- PRO-B — Projeto B
- PRO-C — Projeto C

3.3. Multiplicidade de Comando

Ao apresentarmos os vários tipos de departamentalização voltados para a inovação, vimos que nem sempre é possível a manutenção de princípio da unidade de comando preconizada pelas estruturas tradicionais.

Na estrutura matricial há dupla ou mesmo múltipla subordinação. Um profissional trabalha ao mesmo tempo em dois ou mais projetos, ficando subordinado aos seus respectivos gerentes. Ao mesmo tempo ele continua vinculado à sua área técnica, permanecendo subordinado ao chefe desta área.

Esta é uma forma de conseguir desenvolver um projeto integrado, isto é, que envolve especialistas de várias áreas e, ao mesmo tempo, manter estes especialistas vinculados às suas áreas técnicas de tal forma a assegurarmos a manutenção da capacitação técnica da Instituição.

3.4. Diversificação Elevada

A repetitividade e o ambiente estável permitem alto nível de especialização nas estruturas tradicionais. Isso não é viável nas estruturas inovativas. A alta taxa de mudança dificulta a especialização. O profissional adequado para uma estrutura inovativa é aquele que conhece um número maior de áreas técnicas, embora não seja tão especializado em cada uma. É fundamental que ele conheça a inter-relação entre sua área e as demais.

3.5. Comunicação Horizontal e Diagonal

Na estrutura tradicional a comunicação sempre acompanha a cadeia de comando. Assim, se um especialista precisa comunicar-se com outro de outra área ele deve fazê-lo através do seu chefe que passará a informação ao chefe do outro especialista.

Em ambientes dinâmicos este processo pode levar a organização ao fracasso porque:

— a freqüência com que essas comunicações são necessárias é muito maior, levando a uma sobrecarga da Alta Administração, que se transformará em uma rede de canais de comunicações;

- quanto maior a organização, maior o número de níveis através dos quais a comunicação passará, aumentando o nível de distorção da mesma;
- quanto maior a organização, maior o tempo gasto para que a comunicação seja completada.

Assim, estruturas inovativas tendem a se utilizar da comunicação horizontal, onde os especialistas de áreas diferentes discutem problemas sem que a comunicação passe através dos níveis hierárquicos superiores. O que pode ser discutido, quando o chefe deve ser consultado, quando o chefe deve ser informado, varia de caso para caso, dependendo das necessidades e características de cada organização.

Podemos notar a importância da habilidade humana dos especialistas em interpretar cada situação e decidir se e quando o chefe deve ser consultado. Por causa da falta de habilidade, muitas vezes uma estrutura mais avançada fracassa totalmente mesmo que seja a mais adequada para uma determinada organização.

O problema torna-se ainda mais complexo quando a comunicação é diagonal. Neste caso, um especialista comunica-se diretamente com um gerente de outra área, que pode ter nível hierárquico superior ao dele e mesmo superior ao nível do seu próprio chefe.

Galbraith (1971) propõe diversos mecanismos para aumentar o nível de comunicação horizontal:

- contato direto;
- estabelecimento de "funções de ligação" entre dois departamentos;
- criação de forças-tarefa;
- instituição de grupos permanentes formados por elementos dos dois departamentos para lidar com problemas repetitivos.

A Figura II-3 resume o que foi visto em termos das características estruturais das organizações inovativas e tradicionais.

Vimos, até agora, as características das estruturas tradicionais e as estruturas inovativas como formas organizacionais adequadas para lidar com ambiente em mudança e atividades incertas e inovadoras. Como o foco deste livro é a estrutura matricial, passaremos a descrever os dois tipos principais de departamentalização que geralmente formam a Matriz: Departamentalização Funcional e Por Projetos.

CARACTERÍSTICAS ESTRUTURAIS \ TIPO DE ORGANIZAÇÃO	ESTRUTURAS TRADICIONAIS	ESTRUTURAS INOVATIVAS
FORMALIZAÇÃO	Elevada. Autoridade e responsabilidade bem definidas. Organogramas e manuais de procedimentos.	Baixa. Dinamismo do ambiente impede muita formalização.
DEPARTAMENTALIZAÇÃO	Critérios tradicionais: funcional, por processo, por cliente, geográfica e por produto.	Por projeto, matricial, por centros de lucro, celular e "novos empreendimentos".
UNIDADE DE COMANDO	Princípio da unidade de comando é obedecido.	Unidade de comando não é necessariamente obedecida.
ESPECIALIZAÇÃO	Relativamente mais elevada.	Relativamente mais baixa.
PADRÃO DE COMUNICAÇÃO	Vertical.	Vertical, horizontal e diagonal.

Figura II-3 – Comparação entre organizações tradicionais e inovativas quanto às características estruturais.

4. ESTRUTURA FUNCIONAL E POR PROJETOS: UMA ABORDAGEM COMPARATIVA

Um dos tipos mais comuns de estrutura matricial resulta da fusão dessas duas formas estruturais; assim, o estudo destes tipos extremos, mostrando suas vantagens e desvantagens, constitui fundamento indispensável para a compreensão da forma matricial.

Uma empresa de consultoria em engenharia, por exemplo, pode ser estruturada de duas formas básicas. A primeira alternativa consiste em agrupar os técnicos conforme sua área de especialização. Assim, teremos departamentos de eletricidade, hidráulica, concreto, materiais etc... Se um contrato envolve mais de uma área de conhecimentos, este contrato é "repartido" entre as diversas áreas, de forma que cada equipe trabalha dentro da sua especialidade. A este tipo de organização chamaremos de funcional e os chefes dos departamentos serão denominados gerentes funcionais.

A Estrutura Por Projetos seria outra alternativa para organizar esta empresa. Cada empreendimento seria considerado um projeto e o seu responsável seria denominado gerente do projeto. A equipe seria reunida especificamente para desenvolver o projeto e seria diluída quando este terminasse. Os técnicos de uma especialidade trabalhariam em conjunto com técnicos de outras especialidades e subordinados ao gerente do projeto. A Figura II-6 ilustra estes dois tipos de estrutura.

Passaremos, a seguir, a comentar sobre as vantagens de cada uma destas formas estruturais em relação a outra. As vantagens de uma serão as desvantagens da outra e vice-versa. Partiremos da premissa de que os projetos são interdisciplinares, isto é, necessitam de especialistas de diferentes áreas do conhecimento para sua realização.

4.1. Vantagens da Estrutura Funcional

A Estrutura Funcional quando comparada com a Estrutura Por Projetos apresenta as seguintes vantagens:

— Maior especialização;
— Aumento da capacitação técnica pela troca de experiências e formação de uma memória técnica;
— Maior preocupação com o aperfeiçoamento dos técnicos;
— Melhor qualidade técnica dos trabalhos;
— Maior satisfação dos técnicos por estarem junto com elementos da mesma área;

Figura II-4 – Estrutura funcional e estrutura por projetos.

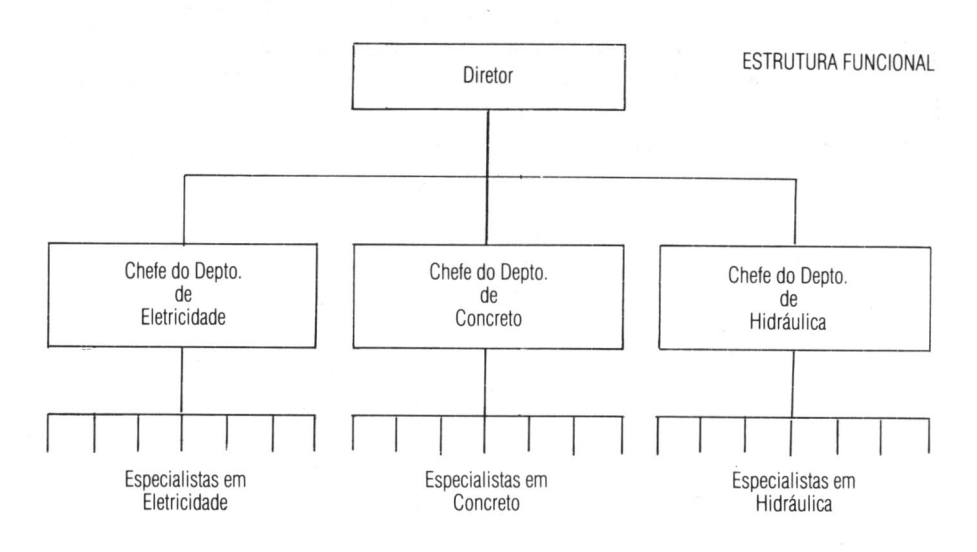

ESTRUTURA FUNCIONAL

```
                        Diretor
         ┌─────────────────┼─────────────────┐
   Chefe do Depto.   Chefe do Depto.   Chefe do Depto.
         de                de                de
    Eletricidade         Concreto         Hidráulica
```

Especialistas em Eletricidade   Especialistas em Concreto   Especialistas em Hidráulica

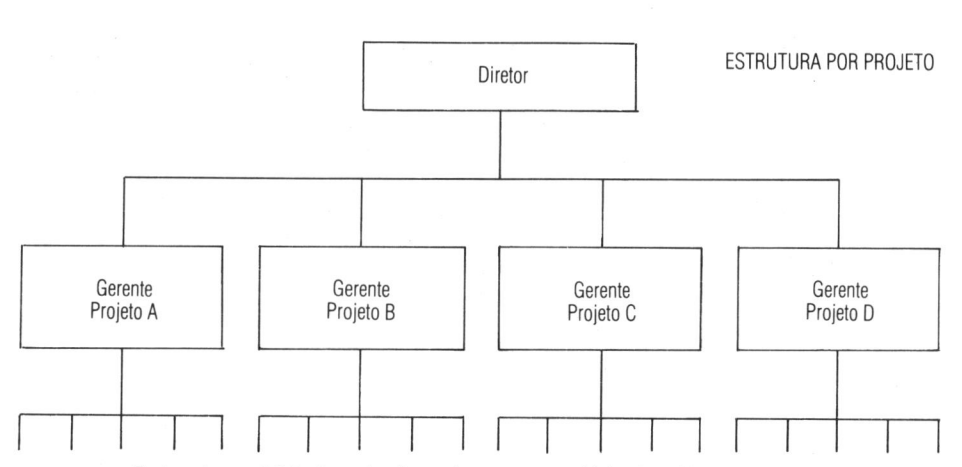

ESTRUTURA POR PROJETO

```
                        Diretor
         ┌─────────┬─────────┼─────────┬─────────┐
     Gerente    Gerente    Gerente    Gerente
    Projeto A  Projeto B  Projeto C  Projeto D
```

Equipes de especialistas formados de acordo com as necessidades dos vários projetos.

— Maior satisfação dos técnicos advinda da maior estabilidade do grupo;
— Maior satisfação dos técnicos por sentirem maior preocupação da organização para com o seu desenvolvimento;
— Maior satisfação dos técnicos por serem avaliados por especialistas na sua área;
— Maior satisfação dos técnicos devido a uma melhor definição da carreira;
— Melhor utilização de recursos humanos;
— Melhor utilização de recursos materiais;
— Existência de um único indivíduo responsável por grupo de técnicos da mesma especialidade;
— Mais fácil e eficiente a administração em cada área funcional.

Passaremos a descrever cada uma das vantagens acima listadas:

4.1.1. *Maior Especialização.* — Na Estrutura Funcional, o gerente funcional distribui as tarefas entre os diversos técnicos conforme as diferentes capacidades e interesses de cada um. Isso possibilita aos técnicos um aprofundamento cada vez maior em determinadas áreas. À medida em que a organização cresce, mais áreas de especialização são criadas.

Na Estrutura Por Projetos, isso acontece com menos intensidade. O projeto não tem condições de operar com elevado número de especialistas porque a capacidade ociosa seria grande. Os indivíduos na Estrutura Por Projetos tendem a ter qualificações técnicas mais diversificadas.

4.1.2. *Aumento da Capacitação Técnica Pela Troca de Experiências e a Formação de uma Memória Técnica.* — Na Estrutura Funcional, os técnicos de uma mesma especialidade trabalham juntos sob um mesmo chefe — o gerente funcional daquela área. Isso permite troca de experiências entre os técnicos, levando a um crescente aperfeiçoamento da equipe e evitando duplicações. Na Estrutura Por Projeto, os técnicos de uma determinada especialidade estão espalhados pelos vários projetos, de forma que, muitas vezes, recursos são gastos para resolver um problema já solucionado pelo técnico de outro projeto. Outro aspecto-chave é o estabelecimento de uma memória técnica sobre os projetos passados e informações tecnológicas provenientes do ambiente.

4.1.3. *Maior Preocupação com o Aperfeiçoamento dos Técnicos.* — Na Estrutura Funcional, existem indivíduos (gerentes funcionais) que têm, como uma das funções primordiais, desenvolver tecnicamente sua equipe. Na Estrutura Por Projetos, o gerente de projeto tem menos motivação para investir no aperfeiçoamento do técnico porque, no próximo projeto, ele poderá ter que formar uma equipe diferente. Desta forma, o treinamento é limitado a objetivos de curto prazo e quando pode haver um benefício direto para o projeto.

Enquanto o gerente funcional é direta ou indiretamente avaliado pelos superiores quanto à sua habilidade em desenvolver uma equipe tecnicamente capaz, o gerente de projeto é avaliado somente pelos resultados do seu projeto. Esta é uma razão adicional para uma maior atenção ao desenvolvimento do técnico em Estruturas Funcionais.

4.1.4. *Melhor Qualidade Técnica dos Trabalhos.* — A maior especialização, a troca de experiências e a maior preocupação com treinamento fazem com que a qualidade técnica dos trabalhos seja superior na Estrutura Funcional.

Outra razão para a maior qualidade técnica das atividades em uma Estrutura Funcional é a possibilidade de contar com alguns especialistas de altíssimo nível que orientam vários projetos. Uma Estrutura Por Projetos não teria condições de contar com pessoal de tão elevado nível em *cada um* dos projetos.

Analogamente, na Estrutura Funcional, os equipamentos podem ser de maior precisão e contar com manutenção especializada porque tendem a ser mais intensamente utilizados.

Pesquisa realizada por Marquis (1965), em 38 empresas, mostrou que, nas Estruturas Funcionais, 70% dos projetos tinham qualidade igual ou superior a um padrão-médio previamente especificado, ao passo que, nas empresas estruturadas Por Projetos, somente 35% atingiram este nível.

Adiletta confirmou este resultado, comparando estes dois tipos de estrutura. Os resultados de sua pesquisa permitiram concluir que, na Estrutura Por Projeto, o número de erros nas tarefas era 36% maior do que o número de erros observados na Estrutura Funcional

4.1.5. *Maior Satisfação dos Técnicos por Estarem Junto com Elementos da Mesma Área.* — Na Estrutura Funcional, os técnicos da mesma especialidade estão sempre juntos. Este fato é razão de satisfação, porque o técnico está em permanente contato com elementos de interesses similares. Na Estrutura Por Projetos, os técnicos da mesma especialidade acham-se distribuídos pelos diversos projetos, tornando-se mais difícil o contato entre eles.

4.1.6. *Maior Satisfação dos Técnicos Advinda da Maior Estabilidade do Grupo.* — A Estrutura Funcional permite o desenvolvimento de um grupo social mais permanente e estável. Na Estrutura Por Projeto, o técnico trabalha cada vez com um grupo diferente, dependendo das características do projeto. Esta situação de contínua adaptação a novos grupos produz elevado nível de ansiedade e frustração em indivíduos com preferência por maior continuidade no relacionamento.

4.1.7 *Maior Satisfação dos Técnicos por Sentirem Maior Preocupação da Organização com o seu Desenvolvimento.* — A maior atenção para o treinamento dos técnicos nas Estruturas Funcionais, mencionada no item 3, produz um efeito positivo sobre o nível de satisfação do técnico. Com freqüência, observamos em nossas organizações técnicos especializados que preferem permanecer na Instituição, apesar dos salários mais baixos, devido à possibilidade de um melhor desenvolvimento profissional.

4.1.8. *Maior Satisfação dos Técnicos por Serem Avaliados por Especialistas na sua Área.* — Na Estrutura Funcional, o técnico é avaliado pelo gerente funcional que, se não é o melhor na sua área técnica, é, pelo menos, um indivíduo competente nela. Na Estrutura Por Projeto, o gerente de projeto nunca pode ser especialista em todas as disciplinas abrangidas pelo projeto. Desta forma, muitas vezes o técnico é avaliado por alguém com especialidade totalmente diferente da sua.

4.1.9. *Maior Satisfação dos Técnicos Devido a uma Melhor Definição da Carreira.* — Na Estrutura Funcional, os vários degraus hierárquicos que compõem a carreira do técnico são muito melhor definidos e estáveis, quando comparados com a Estrutura Por Projeto. A própria natureza do projeto faz com que seja difícil encontrar um sistema uniforme para todos os projetos. A duração determinada dos projetos e o tempo de espera entre um projeto e outro influem de forma marcante na carreira do técnico.

"Houve praticamente unanimidade quanto à concordância de administradores e engenheiros de que a Estrutura Por Projetos oferece caminhos mais curtos para salários mais altos e para funções de mais prestígio do que o progresso mais metódico oferecido pela Estrutura Funcional. Entretanto, fica claro, nas entrevistas com gerentes de projeto, que eles estavam expressando seus próprios sentimentos de insegurança ao enfatizarem o retardamento na carreira, que parecia ser inerente à Estrutura Por Projetos" (Reeser, 1969).

Nas Instituições de Pesquisa, que pertencem ao Governo do Estado, este problema é particularmente importante porque o cargo de gerente de projeto, por exemplo, não existe. A carreira sempre foi delineada tendo em vista a Estrutura Funcional. A implantação da carreira do pesquisador abre algumas possibilidades neste sentido.

4.1.10. *Melhor Utilização de Recursos Humanos.* — Na Estrutura Funcional, os técnicos de uma mesma especialidade estão subordinados a um mesmo gerente funcional, através do qual passam todas as ordens de serviço referentes aos vários projetos em andamento. Este gerente tem condições de dividir o trabalho entre seus técnicos, de forma a maximizar a utilização de seu tempo e considerando as capacidades individuais. Os picos de trabalho são resolvidos retirando técnicos de projetos com folga e alocando-os aos projetos com cronogramas atrasados. As baixas de demanda pelo tempo dos técnicos são usadas para programas de treinamento e projetos de pesquisa dentro da própria seção.

Na Estrutura Por Projeto, o gerente de projetos não tem essa flexibilidade. Em períodos de pouca atividade para certas técnicas, a tendência é haver capacidade ociosa, visto que o gerente de projeto, como já foi mencionado, não tem motivação nem tempo para cuidar do treinamento dos técnicos ou orientá-los em pesquisas individuais. Em períodos de muita atividade, ele não tem a quem recorrer, o que causa atrasos no projeto ou queda na qualidade.

O problema não seria tão grave, ou até deixaria de existir, se houvesse um mecanismo eficiente para "empréstimo" de técnicos de um gerente de projeto para outro. Na prática, entretanto, isso acontece com pouca freqüência. Devido à imprevisibilidade característica de projetos, nunca se sabe exatamente quando o gerente de projeto precisará da "devolução" do técnico. Esta imprevisibilidade também faz com que, muitas vezes, o empréstimo por duas semanas seja insuficiente e o gerente do outro projeto se recuse a devolver o técnico na data prometida.

Nas empresas onde o gerente de projeto é avaliado, entre outros fatores, pelo desempenho financeiro do seu projeto, este mecanismo de troca existe com mais freqüência porque quando o técnico está emprestado a outro projeto este absorve o seu salário durante o período de empréstimo.

Entretanto, muitas vezes o gerente prefere "inventar" algum trabalho para o técnico, a fim de disfarçar sua capacidade ociosa, ao invés de emprestá-lo para outro projeto, devido ao medo de perdê-lo ou não recebê-lo de volta quando precisar dele. Pesquisa mostrou que, na Estrutura Por Projeto, os técnicos ficam mais frustrados ao perceber que estão realizando "tarefas inventadas" do que técnicos de Estruturas Funcionais (Reeser, 1969).

4.1.11. *Melhor Utilização de Recursos Materiais.* — As mesmas razões que levam a um melhor uso dos recursos humanos são válidas para os recursos materiais, equipamentos, laboratórios, etc. Na Estrutura Funcional, cabe ao gerente funcional manter atualizada a organização quanto aos equipamentos de apoio às atividades de pesquisa, assim como programar o seu uso de forma mais eficiente.

4.1.12. *Existência de um Único Indivíduo Responsável por Grupo de Técnicos da Mesma Especialidade.* — A Estrutura Funcional agrupa os técnicos, conforme sua especialidade, em áreas administradas por um gerente funcional, com responsabilidade e autoridade sobre sua área. A existência deste indivíduo permite integrar os elementos da área, evitar duplicações, desenvolver tecnicamente o grupo e realizar todas as tarefas administrativas que levem a um maior desempenho.

4.1.13. *Mais Fácil e Eficiente a Administração em Cada Área Funcional.* — Como conseqüência dos pontos já mencionados, é mais fácil e eficiente a administração em cada uma das áreas técnicas. O gerente funcional tem condições de melhor utilizar os recursos, melhor desenvolvê-los e mantê-los. Ele é um especialista em uma determinada área do conhecimento, à qual pertencem seus subordinados. Ele conhece os pontos fortes e fracos de cada um dos técnicos, sabendo como repartir as tarefas entre eles, de forma a maximizar a qualidade do resultado, assim como a utilização dos recursos. Ele fala a linguagem deles e, portanto, compreende seus problemas e ansiedades.

Cada área tende a solidificar seus conhecimentos acumulando experiências, aperfeiçoando seus técnicos e contribuindo para a capacitação da organização como um todo.

Passaremos, agora, a apontar as vantagens da Estrutura por Projetos.

4.2. Vantagens da Estrutura por Projetos

Infelizmente, as vantagens da Estrutura Funcional foram insuficientes para lidar com projetos envolvendo várias áreas funcionais. Enquanto os projetos eram executados dentro de cada área específica, o sucesso da estrutura era total e as vantagens descritas no item anterior eram confirmadas pela experiência prática. Quando os projetos envolviam várias áreas do conhecimento, uma série de problemas graves apareciam, chegando, muitas vezes, a tornar inviável a Estrutura Funcional.

Passaremos, agora, a apontar as vantagens do outro extremo do contínuo — a Estrutura Por Projetos — e, simultaneamente, mostraremos os problemas da Estrutura Funcional.

As vantagens da Estrutura Por Projetos em relação à Funcional podem ser resumidas na lista abaixo:

— Maior diversificação dos técnicos;
— Maior satisfação dos técnicos por terem uma visão de conjunto do projeto;
— Maior satisfação dos técnicos por terem a oportunidade de interagir com maior variedade de pessoas e situações;
— Maior integração entre as áreas técnicas do projeto;
— Melhor atendimento a prazos;
— Melhor atendimento ao cliente;
— Alivia a Alta Administração que teria de fazer a integração;
— Existência de um único responsável com autoridade e responsabilidade sobre o projeto como um todo;
— Mais fácil e eficiente a administração dos projetos integrados.

4.2.1. *Maior Diversificação dos Técnicos.* — A Estrutura Por Projetos não tem condições de ter muitos técnicos em cada área do conhecimento, cada um altamente especializado. A capacidade ociosa resultante seria proibitiva, visto que seria difícil mantê-los continuamente ocupados. Este tipo de estrutura exige menor número de técnicos, porém mais diversificados do que os técnicos da Estrutura Funcional.

Desta forma, na Estrutura Funcional, os técnicos são mais especializados, ao passo que, na Estrutura Por Projetos, eles são mais diversificados. Na primeira, eles trocam experiências com técnicos da mesma área, tendendo a se especializar. Isso é muito bom quando os projetos são dentro de uma área funcional e desenvolvidos por uma equipe de técnicos desta mesma área. Na segunda, trocam experiências com técnicos de áreas afins, tendendo a conhecer melhor as inter-relações entre a sua área e as demais. Isso é vantajoso, quando o projeto necessita de uma equipe multidisciplinar, isto é, formada por técnicos de diversas áreas funcionais inter-relacionadas. Este é um dos pontos fracos da Estrutura Funcional. Os técnicos ficam cada vez mais especializados e acostumados a interagir com elementos da mesma área criando obstáculos para a cooperação com elementos de outras especialidades.

4.2.2. *Maior Satisfação dos Técnicos por Terem uma Visão de Conjunto do Projeto.* — Em projetos integrados desenvolvidos em Estruturas Funcionais, o técnico, muitas vezes, executa pequenas parcelas do trabalho total sem ter conhecimento do produto final. Isso leva a um menor grau de envolvimento emocional com o processo. O trabalho é mais impessoal. Vários técnicos executam pequenas parcelas do projeto.

Por outro lado, na Estrutura Por Projetos, o técnico faz parte da equipe acompanhando o desenvolvimento do projeto do início ao fim e com maior freqüência do que na Estrutura Funcional. Isso lhe dá uma satisfação maior por sentir mais de perto a intensidade e importância da sua contribuição.

4.2.3. *Maior Satisfação dos Técnicos por Terem a Oportunidade de Interagir com Maior Variedade de Pessoas e Situações.* — Na Estrutura Por Projetos, o técnico trabalha com uma nova equipe cada vez que o projeto muda. Suas atividades são mais variadas e ele interage com maior número de técnicos de diferentes áreas, quando comparado a um técnico da Estrutura Funcional.

Como as pessoas são diferentes, o que para uns representa uma ameaça, para outros é uma oportunidade de aprimoramento e uma razão de satisfação. Desta forma, as características de personalidade podem fazer com que técnicos bem adaptados à Estrutura Funcional se sintam infelizes e ansiosos na Estrutura Por Projetos e vice-versa.

4.2.4. *Maior Integração Entre as Áreas Técnicas do Projeto.* — Uma das maiores desvantagens da Estrutura Funcional é a separação entre áreas funcionais. Pouco a pouco, a especialização tende a formar compartimentos estanques e qualquer tentativa de trabalho conjunto torna-se uma intervenção na soberania da área. A Estrutura Por Projetos coloca a equipe multidisciplinar trabalhando em conjunto e interagindo intensamente pela duração do projeto.

4.2.5. *Melhor Atendimento a Prazos.* — Na Estrutura Funcional os projetos são coordenados através de reuniões dos gerentes funcionais, que estão ocupados com as diversas atividades técnicas e administrativas das áreas. A imprevisibilidade dos projetos de inovação agrava o problema, exigindo um maior número de reuniões com objetivo de ajustar os cronogramas. Observa-se uma acentuada tendência dos gerentes funcionais para tratar com prioridade aqueles projetos exclusivos da área ou aqueles de maior interesse, segundo sua percepção. Esta foi uma das importantes causas do fracasso da Estrutura Funcional no desenvolvimento de projetos integrados.

Na Estrutura Por Projetos, há uma equipe sob a coordenação de um único indivíduo: o gerente de projeto, que será avaliado pelo desempenho do seu projeto. As mudanças no projeto são rapidamente analisadas e decisões são tomadas e comunicadas à equipe sem ter que esperar por reuniões de gerentes funcionais ocupados com diversas atividades. A comunicação entre técnicos de diferentes especialidades é direta, não tendo que passar através dos gerentes funcionais, como na Estrutura Funcional, o que acarreta demora e distorções.

4.2.6. *Melhor Atendimento ao Cliente*. — No caso de Projetos Integrados contratados com clientes externos e executados em Estruturas Funcionais, o contratante se vê em dificuldades por não ter, para tratar de seus interesses, uma pessoa que tenha a visão completa de seu projeto. Se o cliente busca uma justificativa e solução para o atraso no projeto por ele encomendado, seu primeiro passo é dirigir-se ao diretor da empresa que, devido às múltiplas atribuições, não está bem informado sobre seu projeto. Ao falar com o gerente funcional 1, recebe a informação de que o atraso se deve ao fato de o gerente funcional 2 não ter entregue os dados em tempo hábil. O gerente funcional 2 menciona que ele já recebeu o projeto com atraso, do gerente funcional 3. O gerente funcional 3 justifica-se pela sobrecarga do seu Departamento, etc... O cliente sai da empresa sem ter uma resposta clara do problema e muito menos uma solução.

Na Estrutura Por Projetos, todo o contato é feito com o gerente de projeto, que está informado dos vários estágios e problemas do mesmo. Neste caso, o cliente sai com uma justificativa para o atraso e uma solução para o problema.

4.2.7. *Alivia a Alta Administração que Teria de Fazer a Integração*. — Na Estrutura Funcional, a integração entre as áreas é feita pelos gerentes funcionais, limitando o número de projetos integrados que podem ser feitos e sobrecarregando estes indivíduos. Na Estrutura Por Projetos, cada projeto tem um gerente encarregado de todos os aspectos do projeto, incluindo a integração entre os técnicos de especialidades diversas.

4.2.8. *Existência de um Único Responsável com Autoridade e Responsabilidade Sobre o Projeto como um Todo*. — Este fato assegura uma contínua atenção a todos os aspectos de um projeto integrado. Na Estrutura Por Projetos, cada projeto integrado tem o seu gerente, o que não acontece na Estrutura Funcional.

4.2.9. *Mais fácil e Eficiente a Administração dos Projetos Integrados*. — A maior facilidade de administrar os projetos na Estrutura Por Projetos é uma decorrência natural dos pontos já mencionados. O planejamento, a execução e o controle do projeto são realizados por uma equipe subordinada a um único indivíduo — o gerente do projeto.

FATORES DE COMPARAÇÃO	VANTAGENS DOS TIPOS EXTREMOS DE ESTRUTURA	VANTAGENS DA ESTRUTURA FUNCIONAL PURA	VANTAGENS DA ESTRUTURA POR PROJETOS PURA
ABRANGÊNCIA		• Técnicos mais especializados.	• Técnicos mais diversificados.
CAPACITAÇÃO TÉCNICA DA INSTITUIÇÃO		• Troca de experiências entre os técnicos da área evita duplicação de esforços e aumenta a capacitação técnica da Instituição. • A maior preocupação com aperfeiçoamento dos técnicos tende a aumentar ainda mais a capacitação técnica. • Mais fácil organizar a "memória técnica".	• Contato contínuo com técnico de outras áreas mostra ao indivíduo as inter-relações entre sua especialidade e as outras, aumentando a capacidade da Instituição para desenvolver projetos integrados.
QUALIDADE DOS PROJETOS		• Qualidade técnica dos trabalhos é superior.	
CUMPRIMENTO DOS PRAZOS DOS PROJETOS			• Melhor cumprimento do prazo dos projetos.
SATISFAÇÃO DO TÉCNICO		É maior: • por estar sempre em contato com técnicos da mesma especialidade. • por causa da estabilidade do grupo de trabalho. • por sentir uma maior preocupação do chefe com o seu desenvolvimento. • por ser avaliado por um técnico competente da sua própria especialidade. • pelo fato da carreira ser melhor definida.	É maior: • por ter a oportunidade de interagir com elemento de outras áreas e aprender as inter-relações entre as diversas especialidades. • por poder interagir com maior variedade de pessoas e situações diferentes.
ATENDIMENTO AO CLIENTE			• É melhor por existir um único indivíduo que cuida do projeto como um todo.
USO DE RECURSOS		• Utilização mais eficiente de recursos humanos e materiais.	
EXISTÊNCIA DE UM PRINCIPAL RESPONSÁVEL		• Existe um responsável para cada grupo de indivíduos de uma mesma especialidade: o gerente funcional.	• Existe um responsável por e para cada projeto integrado.
ADMINISTRAÇÃO (demais aspectos)		• Mais fácil e mais eficiente, a nível das áreas funcionais.	• Mais fácil e mais eficiente, a nível dos projetos integrados.

Figura II-5 – Comparação entre a estrutura funcional pura e a estrutura por projetos pura.

Fonte: Vasconcellos (1977).

Marquis (1963), comparando a Estrutura Funcional com a Por Projetos, ressalta: "Verificamos que pessoal técnico estruturado funcionalmente produz com maior nível de qualidade, mas, geralmente, resulta em atrasos e excessos de custo."

A Figura II-5 resume a comparação entre a Estrutura Funcional e a Estrutura Por Projetos. As sobreposições, que podemos observar, são devidas ao alto grau de repetição, ao invés de omitirmos aspectos que julgamos relevantes.

5. CRESCIMENTO E DESENVOLVIMENTO ORGANIZACIONAL

Pequenas organizações bem sucedidas tendem a crescer. Este crescimento traz consigo uma maior burocratização e redução na flexibilidade organizacional. A experiência tem demonstrado que a sobrevivência, continuidade do crescimento e sucesso dependem do quanto a organização consegue beneficiar-se das vantagens do tamanho mantendo alguns de seus pontos fortes da época em que era pequena.

No processo de crescer, a organização passa por diferentes tipos de crises. Segundo Greiner (1967) para uma empresa industrial há 5 fases conforme mostra a Figura II-6.

Fase 1: Criatividade. O nascimento e o desenvolvimento inicial de uma organização caracterizam-se pela ênfase em criar um produto e um mercado com os seguintes aspectos principais:

- os fundadores da empresa são geralmente muito orientados para a tecnologia e para o mercado, mas pouco orientados para a atividade gerencial;
- a comunicação entre empregados e a Alta Administração é freqüente e informal;
- o trabalho intenso é recompensado por baixos salários e promessa de participação nos resultados da empresa;
- o controle das atividades é feito com base na receptividade do cliente ao produto.

Esta fase de desenvolvimento inicial da empresa contém as sementes de uma crise de liderança. Quando o número de empregados aumentar será muito difícil manter o mesmo estilo informal de administração. Com freqüência, este problema é solucionado pela adoção de um estilo mais autoritário de gerência apoiado por normas e procedimentos.

Fase 2: Direção. O estilo gerencial emergente da Fase 1 geralmente leva a organização a um período de crescimento e evolução com as seguintes características.

- utilização de uma departamentalização funcional separando as atividades de produção das atividades de marketing. Os cargos tornam-se mais especializados;
- sistemas de contabilidade para compras e controle de estoques são implantados;
- sistemas de incentivos e orçamentos são adotados;
- comunicação torna-se mais formal à medida que aumenta o número de níveis hierárquicos e cargos de chefia;
- a direção é efetuada pelo gerente geral e seus subordinados diretos. Os níveis abaixo tomam poucas decisões.

Estes aspectos tendem a levar a empresa a uma crise de autonomia. Os gerentes dos níveis inferiores tornam-se cada vez mais especializados e conhecedores das particularidades das suas funções, entretanto têm baixo poder de decisão. Isso acarreta demora na tomada de decisões e muitas vezes decisões erradas, tomadas por níveis superiores que desconhecem os aspectos operacionais da empresa. A solução para isso é delegar e descentralizar.

Fase 3: Delegação e Descentralização. Nesta fase observam-se as seguintes características:

- maior autoridade e responsabilidade é delegada aos gerentes de níveis hierárquicos mais baixos;
- centros de lucro e prêmios são utilizados para estimular a motivação;
- a Alta Administração limita-se a gerenciar por exceção baseando-se em relatórios periódicos das unidades operativas;
- a Alta Administração concentra seus esforços em novos empreendimentos.

Esta fase resulta em uma considerável expansão. Os gerentes de níveis intermediários, com mais autoridade, têm condições de conseguir rápida e eficaz penetração em novos mercados, ajustar as linhas de produtos e aumentar os níveis de produção. Entretanto, com o tempo esta autonomia tende a acarretar nível alto de diversificação, e crescimento em direções diferentes sem que haja um eficaz aproveitamento

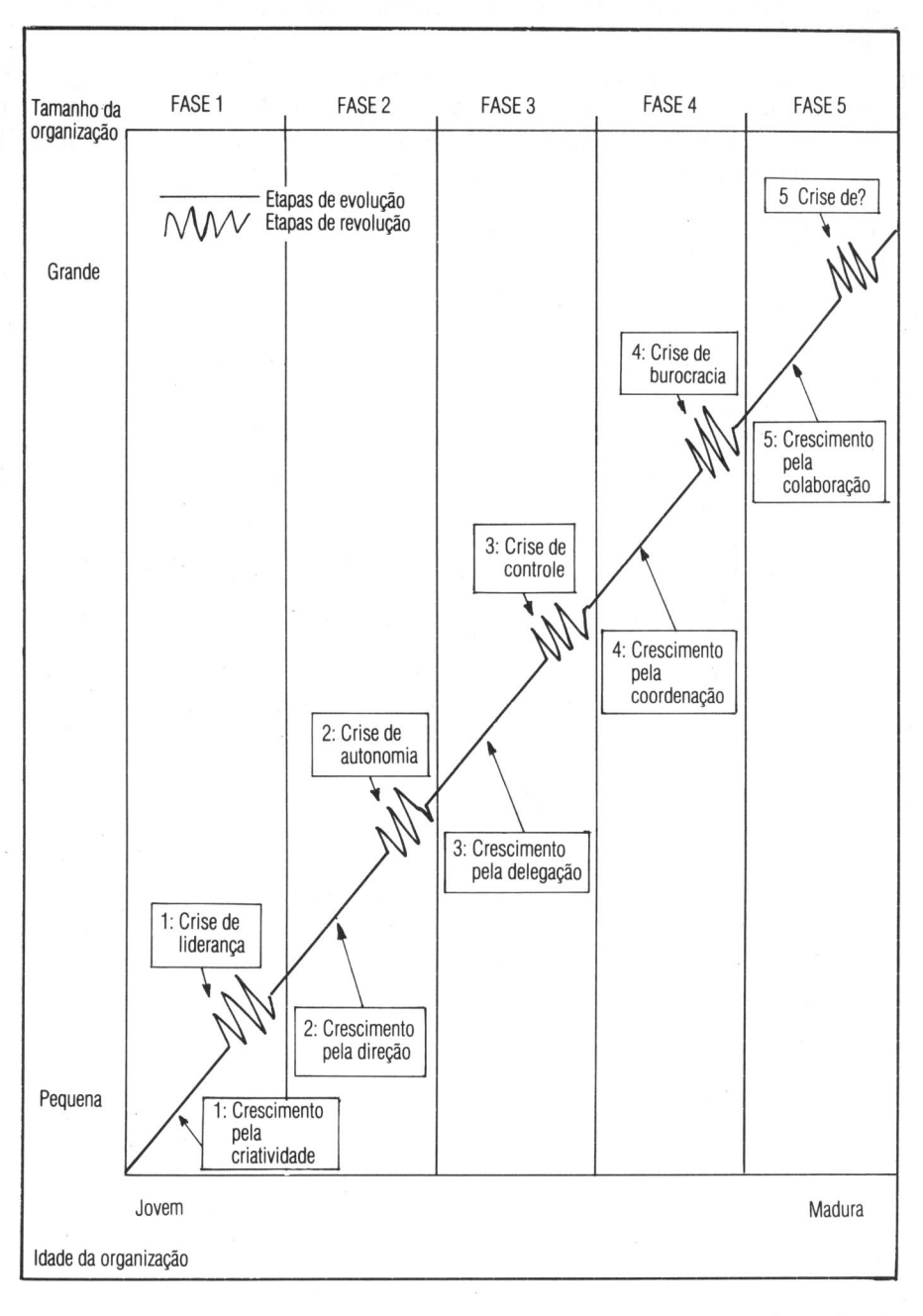

Figura II-6 – As cinco fases do crescimento.

Fonte: Greiner (1969).

dos pontos fortes da empresa. As unidades tornaram-se independentes demais.

A crise do controle acontece quando a Alta Administração toma ciência do que está acontecendo e começa a realizar esforços para reassumir o controle e integrar as várias unidades da empresa levando ao início da Fase de Coordenação.

Fase 4: Coordenação. As principais características desta fase são:

- reestruturação, integrando as unidades organizacionais em Grupos de Produtos;
- estabelecimento de procedimentos formais de planejamento;
- assessorias de planejamento e controle constituídas a nível da Alta Administração;
- investimentos de capital cuidadosamente alocados aos vários grupos de produtos tendo como um dos critérios básicos o retorno sobre o investimento;
- centralização de certas funções como relações públicas e setor jurídico.

Como conseqüência, temos um crescimento mais ordenado, dentro de uma estratégia global para a empresa. Os gerentes de níveis hierárquicos mais baixos continuam com muita autoridade, embora sendo bastante acompanhados pela Alta Administração.

Após um certo estágio de crescimento, a organização fica grande demais para poder ser controlada por este sistema, e uma "crise de burocracia" ameaça sua existência. A obediência a normas e procedimentos torna-se mais importante que a inovação e a iniciativa. Conflitos aumentam em freqüência e intensidade. De acordo com Greiner a solução para este "status quo" é a colaboração entre as várias unidades organizacionais.

Fase 5: Colaboração. A fase final é baseada em um comportamento mais livre e flexível, enfatizando o controle social e a autodisciplina. Suas principais características são:

- problemas solucionados por equipes formadas por elementos das várias áreas da empresa;
- a estrutura matricial é utilizada com freqüência;
- assessores da Alta Administração são reduzidos em número e passam a ter um papel mais consultivo ao invés de diretivo;

- sistemas formais simplificados;
- reuniões da Alta Administração acontecem com mais freqüência;
- programas de treinamento realizados para treinar os gerentes em técnicas comportamentais, comunicação interpessoal, resolução de conflitos e trabalho em equipe;
- experimentação de novos procedimentos encorajada.

Esta fase, como as outras, contém as sementes da próxima crise. Segundo Greiner, poucas empresas entraram na Fase 5 a relativamente pouco tempo; portanto, não há evidência suficiente sobre isso. Caso a próxima crise seja algum tipo de "saturação psicológica", a solução poderá ser a realização de programas especiais que visem a aliviar as tensões dos executivos.

5. CONSIDERAÇÕES FINAIS

A Figura II-7 resume a essência do pensamento de Greiner. Deve ser considerado que este modelo é uma simplificação da realidade. Assim, não necessariamente, toda empresa que cresce deverá passar por todas as fases, entretanto, a experiência tem demonstrado que muito do que acontece em empresas em evolução pode ser explicado por estes conceitos.

Pode-se notar que no modelo de Greiner a estrutura matricial aparece somente na última fase. Deve-se lembrar que o foco do seu trabalho é uma empresa industrial. Organizações que desenvolvem projetos, por exemplo, necessitam de uma estrutura matricial muito antes, desde que os projetos sejam interdisciplinares, isto é, para sua realização necessitam da integração de equipes de diferentes áreas do conhecimento.

Categoria	FASE 1	FASE 2	FASE 3	FASE 4	FASE 5
Ênfase da Administração	Fazer e Vender	Eficiência das Operações	Expansão do Mercado	Consolidação da Organização	Resolução de Problemas e Inovação
Estrutura Organizacional	Informal	Centralizada e Funcional	Descentralizada e Geográfica	Linha/Assessoria e "Grupos de Produto"	Estrutura Matricial
Estilo da Alta Administração	Individualista e Empreendedor	Diretivo	Delegação	Vigilante	Participativa
Sistema de Controle	Resultados de Mercado	Centros de Custo	Relatórios e Centros de Lucro	Controle Rígido	Estabelecimento de Metas em Conjunto
Ênfase no Sistema de Recompensa	Participação na Propriedade ou nos Lucros	Aumentos de Salário	Prêmios Individuais	Participação nos Lucros e Direito a Subscrição de Ações	Prêmios para a Equipe

Figura II-7 – Características organizacionais das várias fases de crescimento da empresa.

Fonte: Greiner (1967).

Referências Bibliográficas

PETERS, Tom. *Liberation Management:* Necessary Disorganization for the Nanosecond Nineties. Londres: Pan Books, 1993.

AMABILE, Tereza M. *How to kill creativity,* Harvard Business Review, Boston, set/out, 1998, V. 76,5. ed., pp 76-87.

BIRKINSHAW, Julian; HOOD, Neil. *Unleash innovation in foreign subsidiaries,* Harvard Business Review, Boston, Mar 2001, Vol. 79,3.ed., pp. 131-137.

PAIVA, Aerton. *Organizações Empresariais Celulares.* São Paulo: Makron Books, 1999.

SCIULLI, Lisa M.; BRUCHEY, Stuart (Editor). *Innovations in the Retail Banking Industry:* The Impact of Organizational Structure and Environment on the Adoption Process, Garland Publishing, Incorporated, dezembro, 1998.

YAZBEK Jr., João; SERIO, Luiz Carlos Di. *Estruturas Organizacionais, Inovação Tecnológica e Terceirização em Ambientes Dinâmicos,* XXV ENANPAD, 2001.

ZELL, Deone. *Changing by Design:* organizational innovation at Hewlett-Packard. Nova York: Cornell University Press, 1997.

III
Estrutura Matricial

1. Introdução
2. Descrição da estrutura matricial
3. Divisão das atividades e da autoridade na estrutura matricial
4. Comunicação e sistemas
5. Evolução da estrutura matricial
6. Vantagens e desvantagens da estrutura matricial
   Referências bibliográficas

1. INTRODUÇÃO

A estrutura matricial possui características marcantes que a diferenciam das demais. Assim, neste capítulo estudaremos estes aspectos com o objetivo de nos aprofundarmos neste tipo de estrutura construindo uma base para o desenvolvimento dos próximos capítulos.

A forma matricial apareceu como uma solução devido à inadequação da estrutura funcional para as atividades integradas, isto é, aquelas que para serem realizadas exigem interação entre as áreas funcionais. A Matriz é uma forma de manter as unidades funcionais criando relações horizontais entre elas.

Como conseqüência de sua forma híbrida, este tipo de estrutura tem sido definido de várias maneiras. A Matriz é "... ao mesmo tempo uma hierarquia tradicional e uma entidade solucionadora de problemas" (Katz e Kahn, 1966). Kast e Rosenzweig (1970) a conceituaram como "...um esquema conceitual para analisar as múltiplas relações que existem entre uma unidade tarefa (unidade responsável pela conversão de "inputs" em "outputs" especificados) e o sistema administrativo (estrutura secundária que coordena as unidades-tarefas) entre as várias unidades-tarefas e entre os membros das unidades-tarefas". Este conceito pode ser matematicamente representado pela Figura III-1. Podemos assim perceber a origem do nome estrutura "matricial".

A Matriz é uma forma de estruturar recursos provenientes de várias fontes com objetivo de desenvolver atividades comuns: projetos ou produtos. Cada célula X_{yj} representa um determinado recurso alocado ao desenvolvimento de um determinado projeto ou produto.

De acordo com Vasconcellos (1982), "quando duas ou mais formas de estrutura são utilizadas simultaneamente sobre os mesmos membros de uma organização, a estrutura resultante chama-se matricial". Para fins deste livro, utilizaremos este último conceito.

Um aspecto particular da estrutura matricial é a dupla ou múltipla subordinação. Um determinado especialista responde simultaneamente

RECURSOS HUMANOS

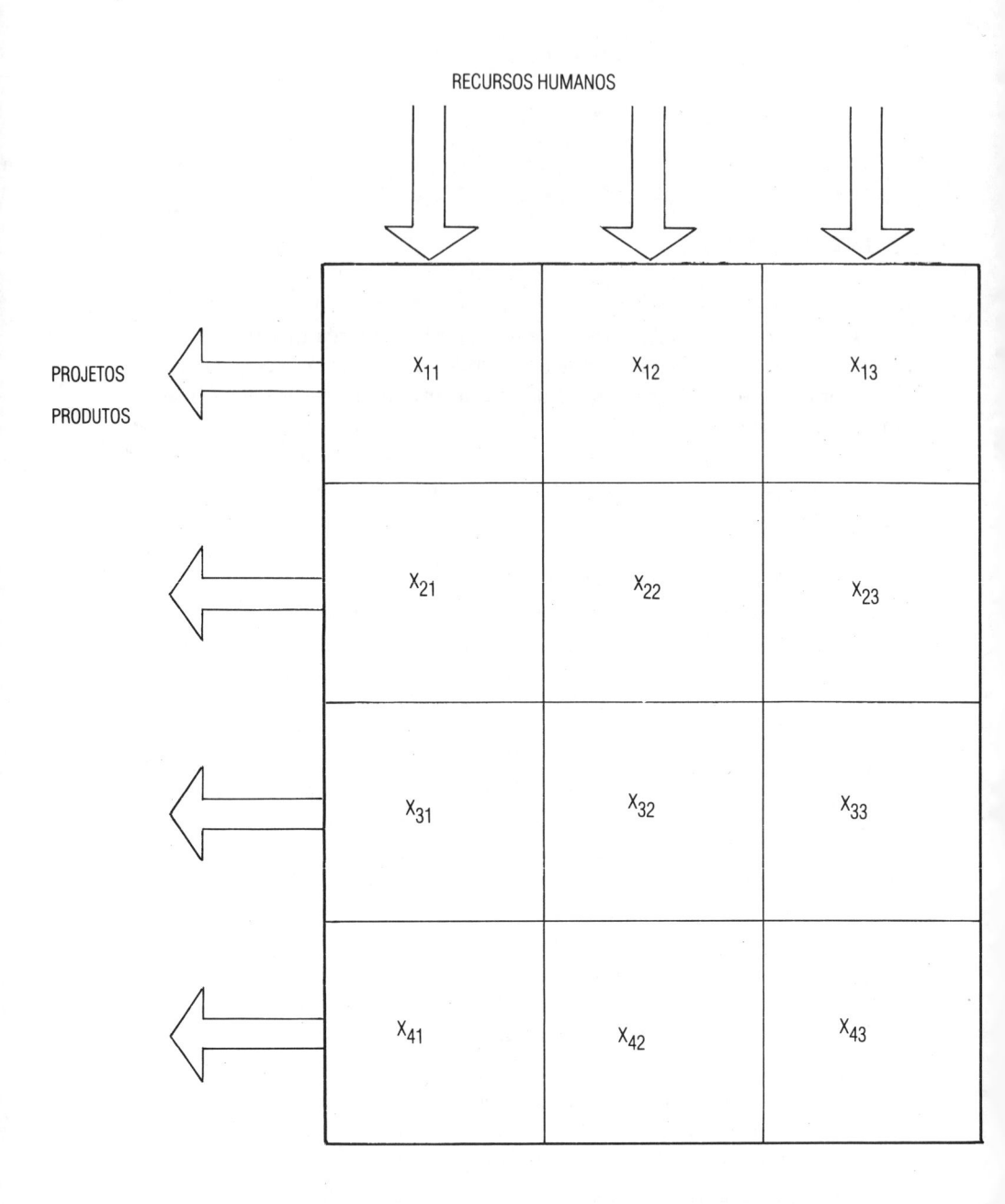

X_{11}	X_{12}	X_{13}
X_{21}	X_{22}	X_{23}
X_{31}	X_{32}	X_{33}
X_{41}	X_{42}	X_{43}

PROJETOS
PRODUTOS

Figura III-1 – Representação matemática da estrutura matricial.

ao gerente funcional da área técnica, à qual está alocado, e ao gerente do projeto para o qual está prestando serviços. Esta situação tende a aumentar o nível de conflitos, principalmente quando o especialista presta serviços a mais de um projeto simultaneamente. O próximo capítulo tratará de aspectos comportamentais enfatizando os conflitos na Matriz e suas causas.

Neste capítulo, apresentaremos inicialmente as várias formas de Matriz. A seguir discorreremos sobre as atribuições dos principais cargos deste tipo de estrutura. Mostraremos também as várias alternativas de comunicação e aspectos da evolução da Matriz. Finalmente, faremos uma comparação entre a forma matricial e as estruturas Por Projeto e Funcional.

2. DESCRIÇÃO DA ESTRUTURA MATRICIAL

2.1. Introdução

A Matriz é uma combinação de estruturas, assim, há uma grande variedade de estruturas matriciais dependendo da dosagem com que cada tipo de estrutura participa nessa combinação. Iniciaremos este tópico descrevendo a Matriz "balanceada", ou seja, aquela em que a dosagem das estruturas que a formam é aproximadamente igual. A seguir, mostraremos as possíveis variações alterando este balanceamento, dando origem às estruturas matricial funcional e matricial projetos. Finalmente, discutiremos formas mais complexas de Matriz. Restringiremos a discussão à Matriz formada pelas estruturas Funcional e Por Projetos, entretanto, outros tipos de Matriz serão também abordados, principalmente a Funcional-Produto.

2.2. A Matriz Balanceada

De acordo com Galbraith (1973), que a denominou "Matriz pura", este tipo de estrutura matricial é aquela que divide igualmente a autoridade entre os gerentes de projetos e os gerentes funcionais. Isso não significa que ambos decidem sobre qualquer assunto com mesmo poder de decisão, mas sim que a área de decisões de um é igual à do outro. É claro que isso pode ser concebido teoricamente porque seria muito difícil medir quando essas áreas de decisão são exatamente iguais.

Conforme será discutido em mais profundidade no tópico 4 deste capítulo, Vasconcellos (1977) apresenta um índice de matricialidade que, além de autoridade, apresenta duas outras variáveis a ser consideradas: a forma de comunicação entre o gerente do projeto e a equipe do projeto e a porcentagem de gerentes de projeto que não acumulam cargos funcionais.

Assim, definiremos como Matriz balanceada aquela estrutura matricial que apresenta as seguintes características:

— os gerentes de projeto e gerentes funcionais têm o mesmo nível hierárquico e graus de autoridade semelhantes, embora em áreas diferentes;
— todos os gerentes de projetos interdisciplinares somente gerenciam projetos, não ocupando simultaneamente cargos funcionais;
— a comunicação entre o gerente de projeto e a equipe técnica do projeto é sempre direta, sem passar através dos gerentes funcionais.

Posteriormente, quando for apresentado o conceito de índice de matricialidade, essas características serão discutidas com mais profundidade.

A Figura III-2 mostra um organograma de uma estrutura matricial balanceada. O termo "balanceada" não deve ser confundido com "qualidade" da Matriz. Conforme veremos no capítulo sobre "Delineamento da Estrutura Matricial", não há uma estrutura melhor, mas sim uma melhor estrutura para cada caso.

2.3. Variações num Tema

2.3.1. *Índice de Matricialidade.* — A Matriz balanceada ocupa uma posição intermediária entre uma Estrutura Funcional e uma Estrutura Por Projetos. Galbraith (1973) desenvolveu um modelo conceitual exposto na Figura III-3 que se baseia na autoridade relativa dos gerentes de projeto e funcional.

O esquema conceitual de Galbraith (1975), descrito anteriormente, facilita o entendimento da estrutura matricial, possuindo, entretanto, a limitação de considerar uma única variável para mostrar a diferença entre vários tipos de Matriz: autoridade.

Vasconcellos (1978) desenvolveu um Índice de Matricialidade que considera duas variáveis adicionais:

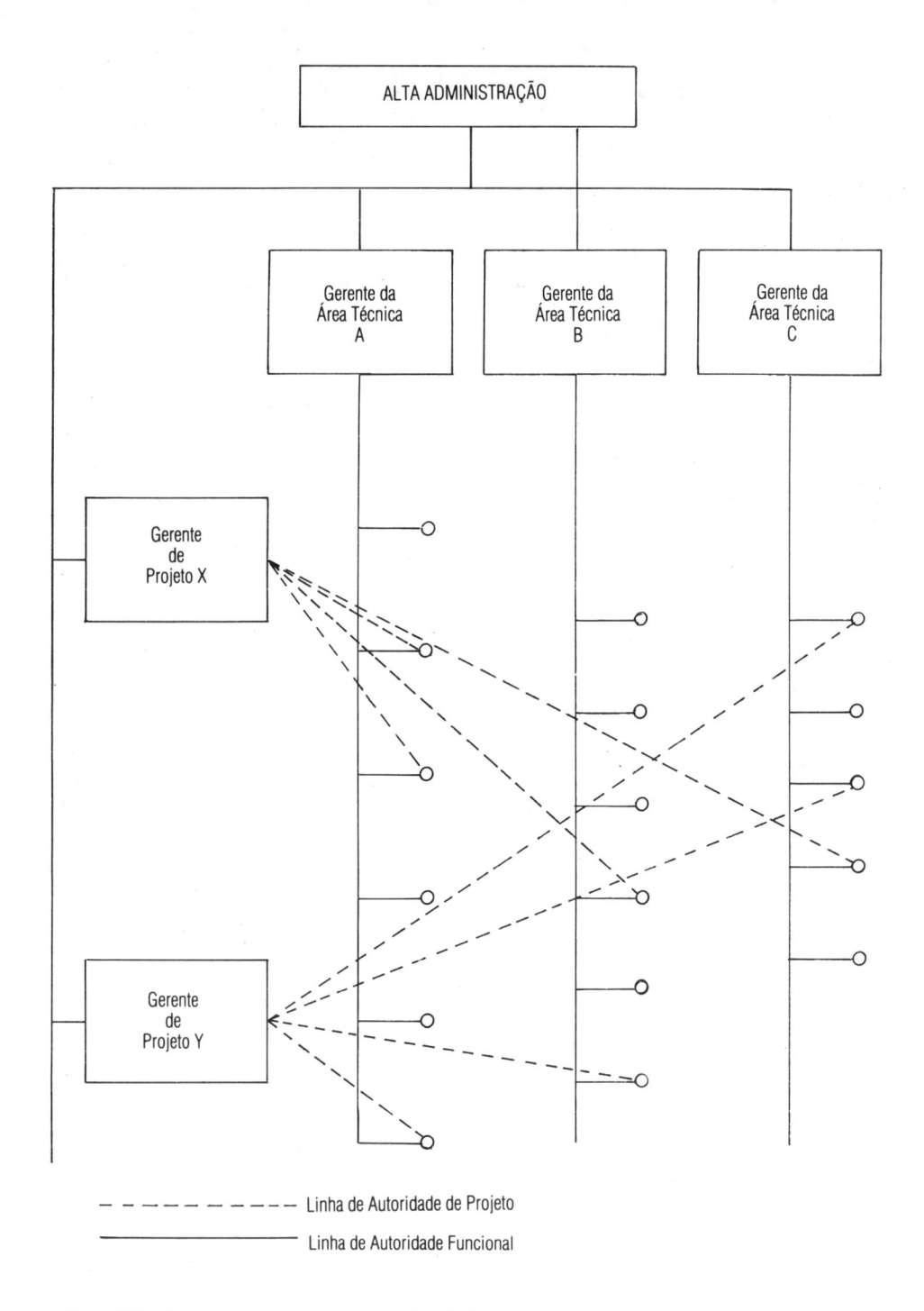

Figura III-2 – Exemplo de uma estrutura matricial balanceada.

— — — — — Linha de Autoridade de Projeto
——————— Linha de Autoridade Funcional

Figura III-3 – A organização matricial: uma combinação de organizações funcional e por produto/projeto*.

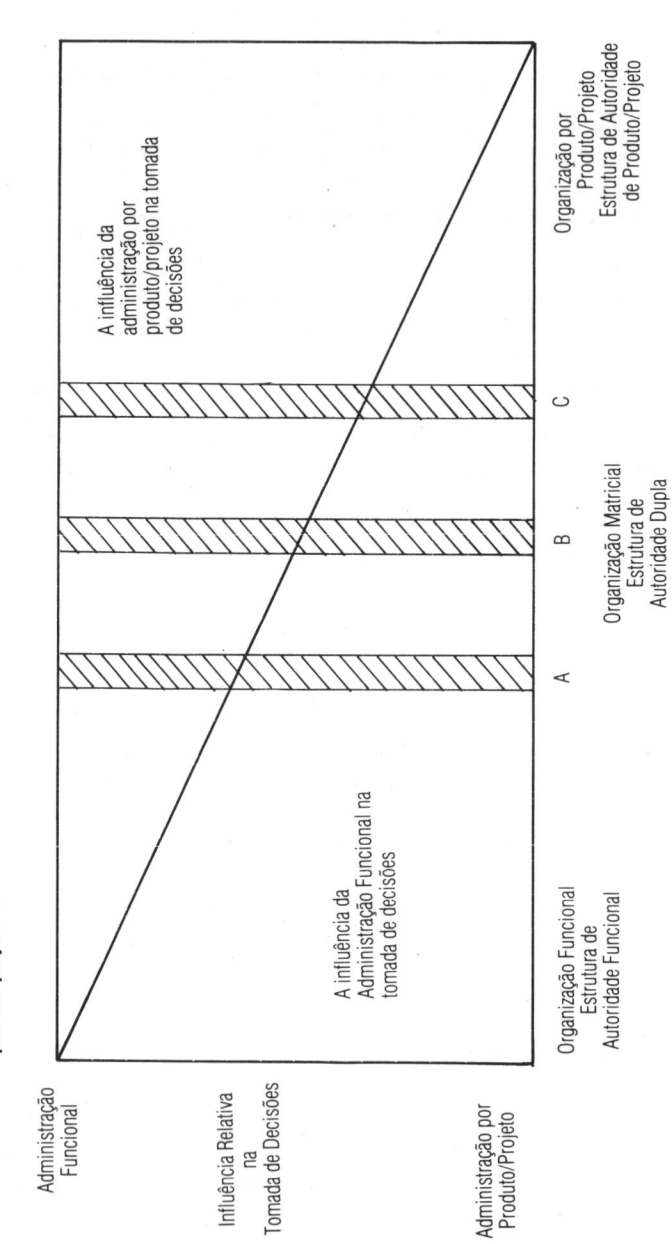

Administração Funcional			
Influência Relativa na Tomada de Decisões	A influência da Administração Funcional na tomada de decisões		A influência da administração por produto/projeto na tomada de decisões
Administração por Produto/Projeto			
	A	B	C
	Organização Funcional Estrutura de Autoridade Funcional	Organização Matricial Estrutura de Autoridade Dupla	Organização por Produto/Projeto Estrutura de Autoridade de Produto/Projeto

— *Padrão de Comunicação entre o gerente de projeto e a equipe de trabalho.* — Esta variável foi considerada porque duas estruturas matriciais são diferentes se o gerente de projeto se comunicar com mais intensidade de forma direta com a equipe na estrutura A comparando com a B. Se a distribuição de autoridade é a mesma no esquema de Galbraith, estas estruturas pareceriam iguais.

— *Diferenciação de cargos de gerente de projeto e gerente funcional.* — Quanto mais os gerentes de projeto não acumulam cargos de gerentes funcionais, mais "matricial" é a estrutura, porque temos de forma mais nítida os dois eixos da Matriz e a dupla ou múltipla subordinação acontecendo com mais intensidade. O esquema de Galbraith também não considera este aspecto.

Com base nas considerações acima, Vasconcellos (1979) desenvolveu um Índice de Matricialidade com base em três variáveis: autoridade, padrão de comunicação e diferenciação de cargos. Este conceito é ilustrado pela Figura onde:

IM = Índice de Matricialidade;
A = Autoridade do gerente de projeto medida pela % de decisões que ele pode tomar;
B = Padrão de Comunicação entre o gerente do projeto e a equipe do projeto, medida pela % de vezes em que a comunicação entre o gerente e a equipe é direta, isto é, sem passar pelo chefe funcional;
C = Diferenciação de cargos, medida pela % de gerentes de projeto que não ocupam cargos funcionais.

A Figura III-4 tem três eixos, um para cada variável. O triângulo do meio representa uma estrutura matricial em que:

A = 30% — significa que 30% dos casos os gerentes de projeto decidem;
B = 60% — em 60% das situações a comunicação entre os gerentes de projeto e a equipe é direta, isto é, sem passar pelos gerentes funcionais;
C = 30% — isto significa que 30% dos gerentes de projeto não ocupam cargos funcionais.

Autoridade
Relativa do
Gerente de
Projeto

A 100%

A' = 30%

0

B = 60%

B
100%

% de Comunicação Direta
entre o Gerente do Projeto e
a Equipe do Projeto

Estrutura
Funcional Pura

Exemplo de
Estrutura
Matricial

Estrutura
por Projetos
Pura

C
100%

% de Gerentes de Projeto
que não Acumulam Cargos
Funcionais

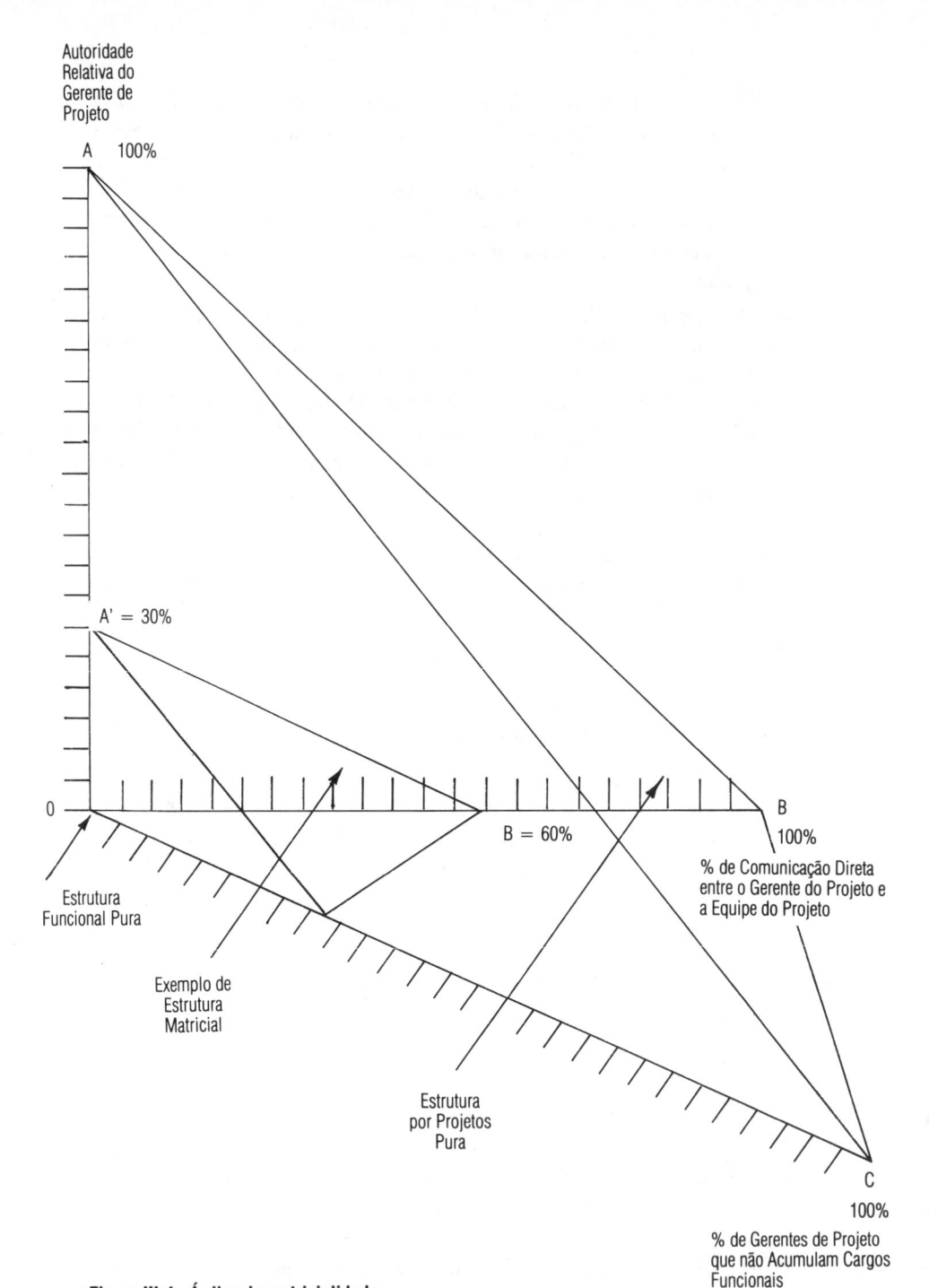

Figura III-4 – Índice de matricialidade.

Fonte: Vasconcellos (1979).

O índice de matricialidade é um instrumento que futuramente poderá auxiliar o delineamento da estrutura matricial. Até o presente momento foi usado como uma técnica para melhor entender as diferenças entre os vários tipos de Matriz e como instrumento de pesquisa. A realização de pesquisas sobre estrutura matricial depende de se conhecer os tipos de Matriz com os quais o pesquisador está trabalhando. Se este cuidado não é tomado, as conclusões e generalizações correm o risco de ficar seriamente distorcidas. Esta técnica foi usada pela primeira vez em pesquisa sobre estruturas matriciais do Instituto de Pesquisa e Desenvolvimento mostrando que as organizações pesquisadas tinham em média uma estrutura matricial mais próxima à Matriz Funcional do que os outros tipos de Matriz.

Com base no índice de matricialidade podemos definir outros dois tipos de Matriz que serão descritos a seguir:

— Estrutura Matricial Funcional;
— Estrutura Matricial Projetos.

2.3.2. *Estrutura Matricial Funcional.* — Chamaremos de Estrutura Matricial Funcional à Matriz na qual o nível hierárquico do gerente de projetos é inferior ao do gerente funcional. Ele está subordinado a um dos gerentes funcionais. Este tipo de Matriz é muito usado em organizações com poucos projetos interdisciplinares e com baixo grau de prioridade. A Figura III-5 mostra Instituição de Pesquisa na área de tecnologia de alimentos que opera com este tipo de estrutura.

O gerente de projetos está alocado geralmente à área técnica que tem mais afinidade com a natureza do projeto.

É interessante notar que muitas vezes o organograma não reflete este tipo de estrutura, parecendo a de uma estrutura funcional tradicional, entretanto, a operação real é a de uma Matriz Funcional. Este tipo de estrutura é a mais comum, conforme mostra estudo de Vasconcellos (1977). A razão fundamental para isso é que a grande maioria das organizações tem uma estrutura funcional e a mudança para a forma matricial que é a mais natural e menos ameaçante para os gerentes funcionais é exatamente a estrutura Matriz Funcional porque os gerentes de projetos têm nível hierárquico inferior.

2.3.3. *Estrutura Matricial Projetos.* — É aquela em que os gerentes têm nível hierárquico superior aos gerentes funcionais. Geralmente, é utilizada quando os projetos interdisciplinares têm prioridade para o sucesso da organização. Nessas situações muitas vezes os especialistas são transferidos fisicamente para o local próprio do projeto que se

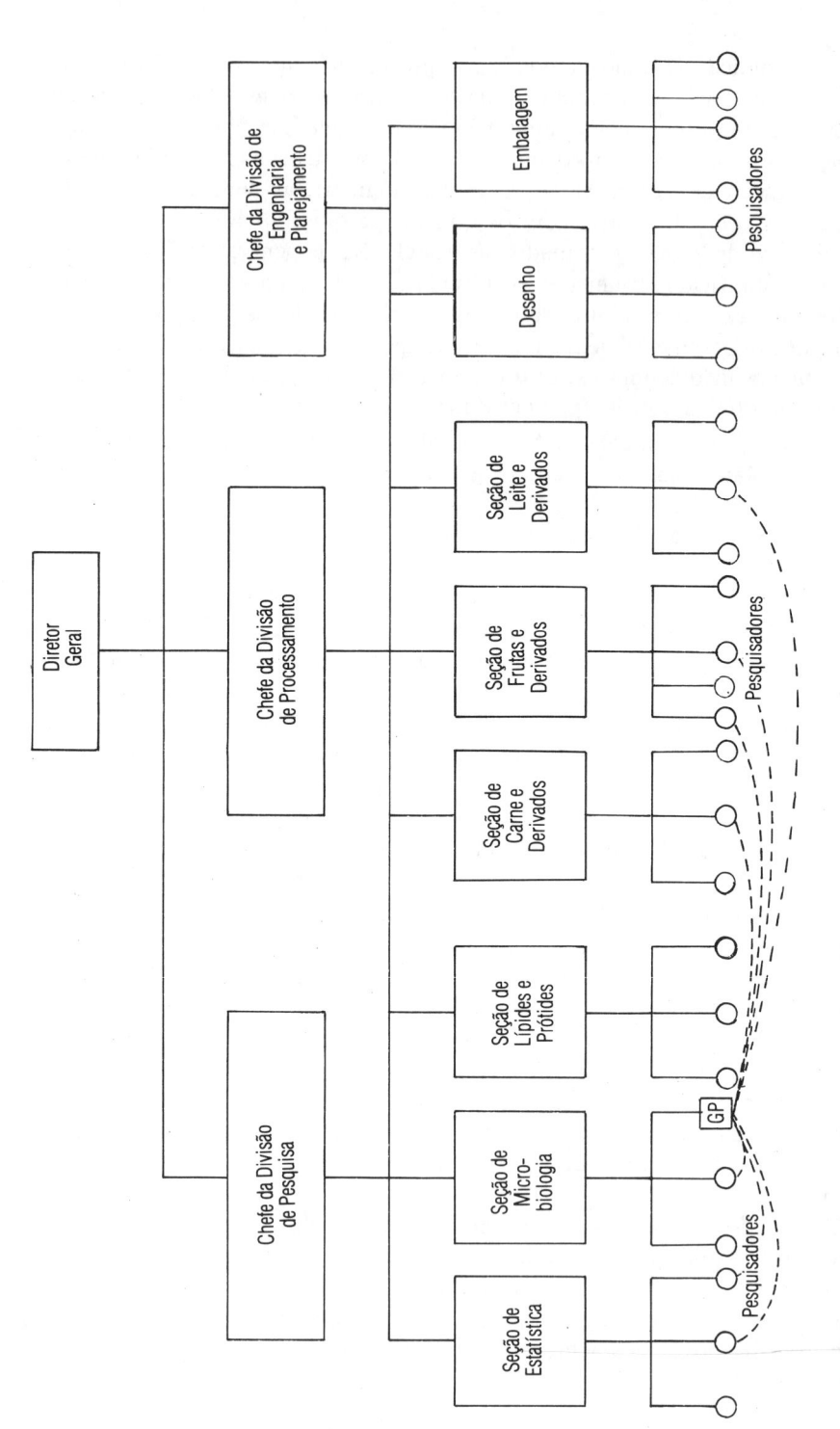

Figura III-5 – Exemplo de uma instituição de pesquisa na área de tecnologia de alimentos com estrutura tipo matricial-funcional.

Fonte: Vasconcellos (1983).

caracteriza por elevada dimensão de recursos e prazo relativamente longo. Este tipo de Matriz é relativamente raro. A Figura III-6 mostra a configuração de uma Matriz Projetos.

Na Lockheed Georgia Co. projetos estratégicos para a empresa eram gerenciados por vice-presidentes, com nível hierárquico superior aos gerentes funcionais (Corey & Star, 1971).

A Figura III-7 mostra uma gama de estruturas organizacionais desde a Estrutura Funcional até a Por Projetos, passando por vários tipos de Matriz. Para cada estrutura é apresentado o organograma, suas características, as condições que favorecem a utilização e as conseqüências desta utilização (Vasconcellos, 1983).

2.3.4. *Produtos ao Invés de Projetos.* — A Matriz pode ser utilizada também em organizações que vendem produtos ao invés de projetos. Essa necessidade é mais forte quando há muitos produtos diferentes, tornando-se necessário um gerente para cada produto ou grupo de produtos. Neste caso, cabe ao gerente tornar seu produto ou linha de produtos um sucesso. Para isso, ele interage com as várias unidades funcionais da empresa que se relacionam com seu produto: vendas, propaganda, fabricações, setor de crédito, etc...

Neste caso há também três tipos básicos de Matriz: funcional, produto e balanceada. Os mesmos conceitos são aplicáveis com as devidas adaptações.

O gerente de produto tem atividades diferentes daquelas exercidas pelo gerente de projeto que deve produzir um certo resultado dentro de prazos, custos e padrões de qualidade predeterminados. O gerente do produto procura fazer com que seu produto seja lucrativo pelo maior espaço de tempo possível. Assim, um gerente de produto, de acordo com Kotler (1972), tem entre outras as seguintes atribuições:

— desenvolver uma estratégia de marketing para o seu produto;
— preparar um plano anual de marketing;
— desenvolver juntamente com agências de propaganda e outras áreas da empresa um conjunto de atividades de promoção para o seu produto;
— estimular inovações no produto com objetivo de fazer face à concorrência.

A realização de tarefas como esta é mais fácil com a utilização de algum tipo de Matriz que permita agilizar as comunicações e o processo decisório.

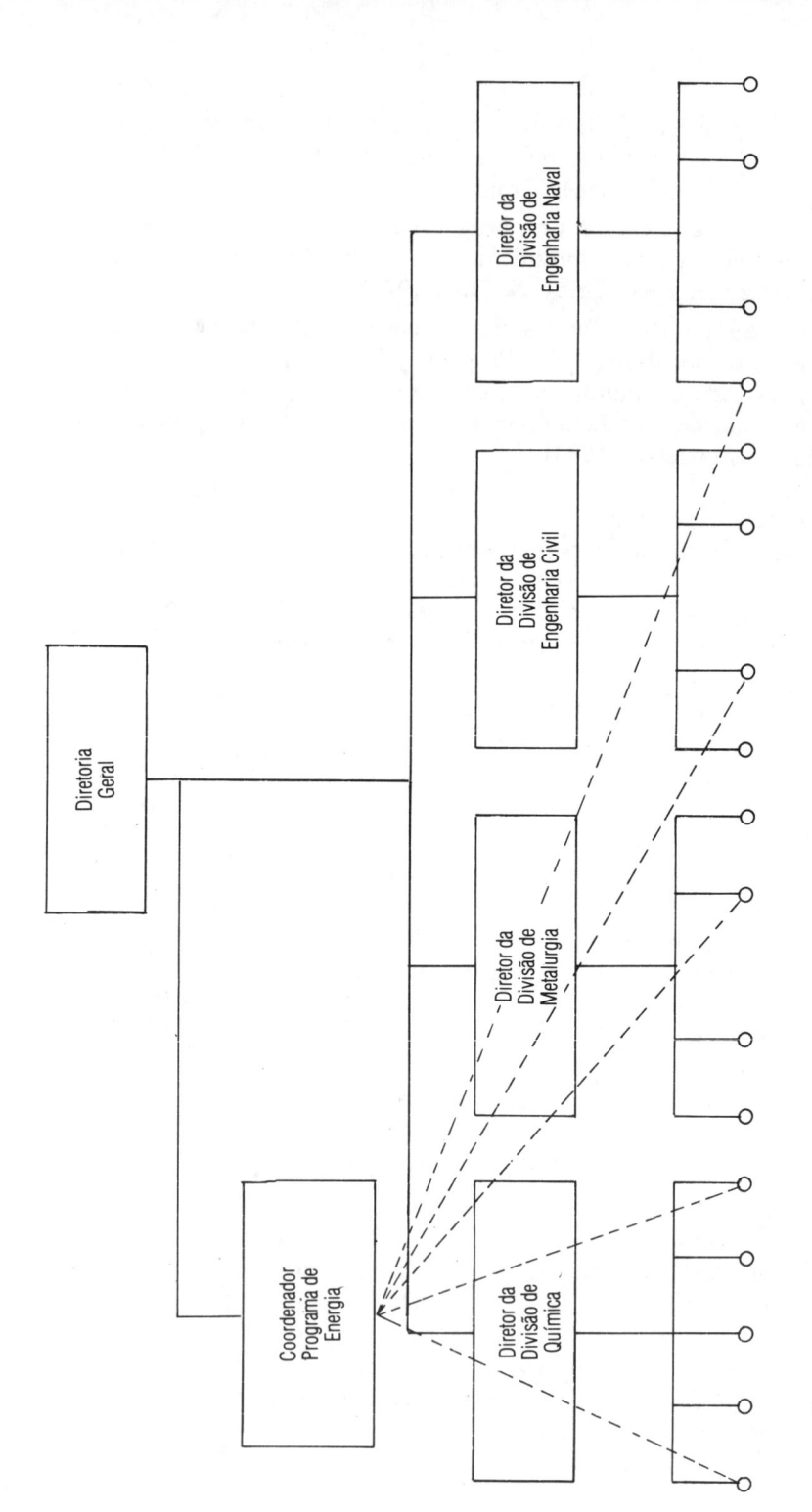

Figura III-6 – Organograma de uma instituição de pesquisa operando com estrutura matricial-projetos.

Fonte: Vasconcellos (1983).

TIPO	ORGANOGRAMA	CARACTERÍSTICA	CONDIÇÕES QUE FAVORECEM A UTILIZAÇÃO	CONSEQÜÊNCIAS DA UTILIZAÇÃO
FUNCIONAL PURA	Diretor → Gerente da Área A, Gerente da Área B, Gerente da Área C → PESQUISADORES	Pesquisadores agrupados em áreas técnicas, conforme a especialidade.	• Pesquisa básica. • Recursos orçamentários ou contratos a fundo perdido. • Pesquisas individuais ou realizadas em grupos de 2 ou 3. • Pesquisas unidisciplinares, isto é, envolvem pesquisadores de uma mesma área de especialização. • Existência de pesquisadores de várias especialidades.	• Formação de capacitação científica. • Especialização. • Bom aproveitamento de recursos humanos e materiais. • Com o tempo forma unidades estanques dificultando trabalhos integrados.
FUNCIONAL/PROJETO	Diretor → Gerente da Área A (→ Gerente Projeto 1, Gerente Projeto 2), Gerente da Área B, Gerente da Área C → PESQUISADORES	Abaixo do Gerente de cada área de especialização técnica, há Gerentes de Projetos que coordenam equipes de pesquisadores.	• Pesquisa básica ou aplicada. • Projetos contratados externamente havendo necessidade de controle de prazos e custos. • Pesquisas realizadas em equipes. • Pesquisas interdisciplinares. • Existência de pesquisadores de várias especialidades. • Existência de capacitação para gerenciar projetos. • Existência de capacitação para o trabalho em equipe.	• Formação de capacitação científica e tecnológica. • Formação de capacitação na área de gerência de projetos. • Conduz à eficiente integração de pesquisadores da mesma área para obtenção de um mesmo produto. • Boa utilização de recursos humanos e materiais. • Com o tempo torna um deles estanque dificultando trabalhos integrados.

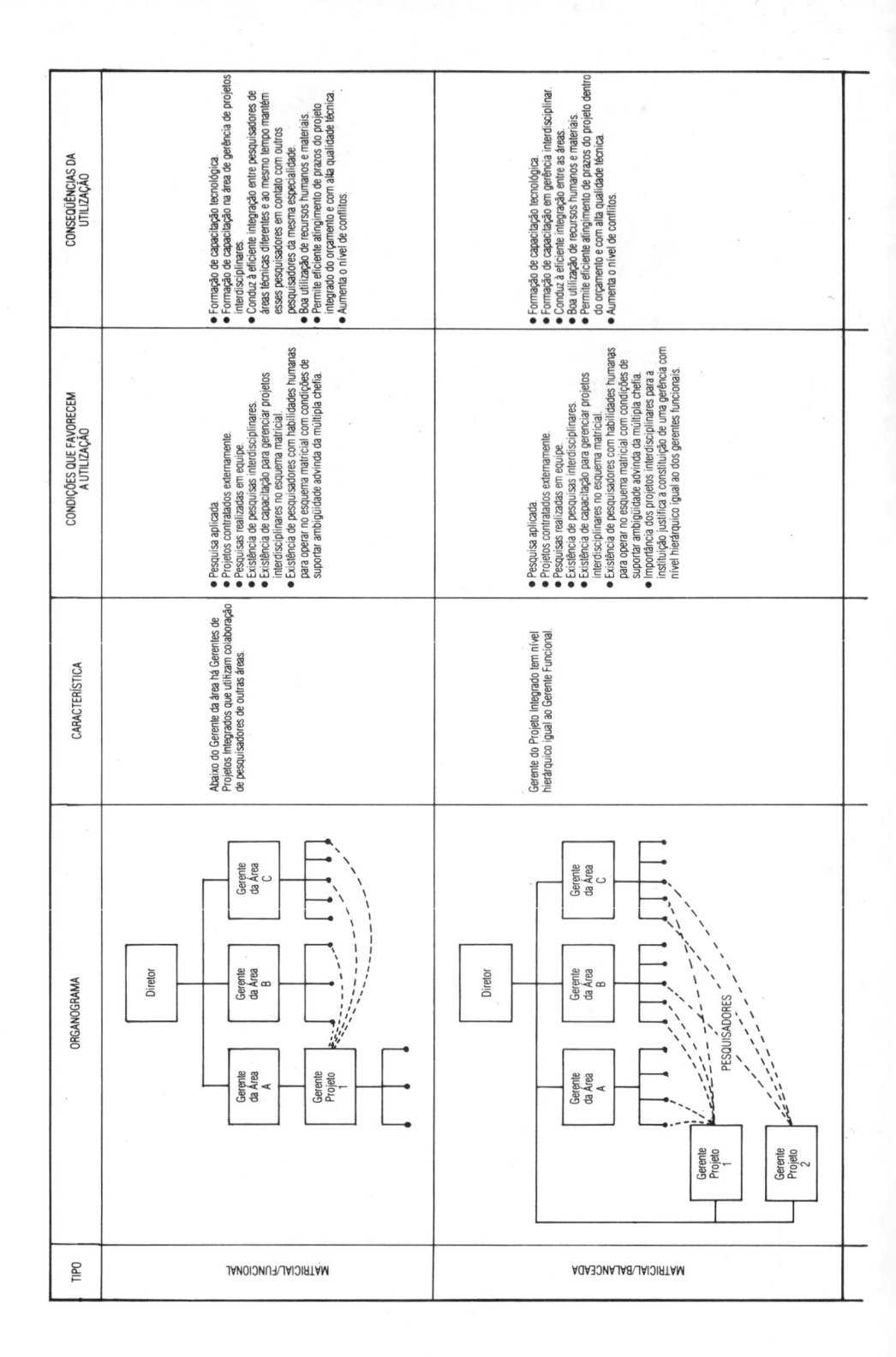

TIPO	ORGANOGRAMA	CARACTERÍSTICA	CONDIÇÕES QUE FAVORECEM A UTILIZAÇÃO	CONSEQUÊNCIAS DA UTILIZAÇÃO
MATRICIAL/FUNCIONAL		Abaixo do Gerente da área há Gerentes de Projetos Integrados que utilizam colaboração de pesquisadores de outras áreas.	• Pesquisa aplicada. • Projetos contratados externamente. • Pesquisas realizadas em equipe. • Existência de pesquisas interdisciplinares. • Existência de capacitação para gerenciar projetos interdisciplinares no esquema matricial. • Existência de pesquisadores com habilidades humanas para operar no esquema matricial com condições de suportar ambiguidade advinda da múltipla chefia.	• Formação de capacitação tecnológica. • Formação de capacitação na área de gerência de projetos interdisciplinares. • Conduz à eficiente integração entre pesquisadores de áreas técnicas diferentes e ao mesmo tempo mantém esses pesquisadores em contato com outros pesquisadores da mesma especialidade. • Boa utilização de recursos humanos e materiais. • Permite eficiente atingimento de prazos do projeto integrado do orçamento e com alta qualidade técnica. • Aumenta o nível de conflitos.
MATRICIAL/BALANCEADA		Gerente do Projeto Integrado tem nível hierárquico igual ao Gerente Funcional.	• Pesquisa aplicada. • Projetos contratados externamente. • Pesquisas realizadas em equipe. • Existência de pesquisas interdisciplinares. • Existência de capacitação para gerenciar projetos interdisciplinares no esquema matricial. • Existência de pesquisadores com habilidades humanas para operar no esquema matricial com condições de suportar ambiguidade advinda da múltipla chefia. • Importância dos projetos interdisciplinares para a instituição justifica a constituição de uma gerência com nível hierárquico igual ao dos gerentes funcionais.	• Formação de capacitação tecnológica. • Formação de capacitação em gerência interdisciplinar. • Conduz à eficiente integração entre as áreas. • Boa utilização de recursos humanos e materiais. • Permite eficiente atingimento de prazos do projeto dentro do orçamento e com alta qualidade técnica. • Aumenta o nível de conflitos.

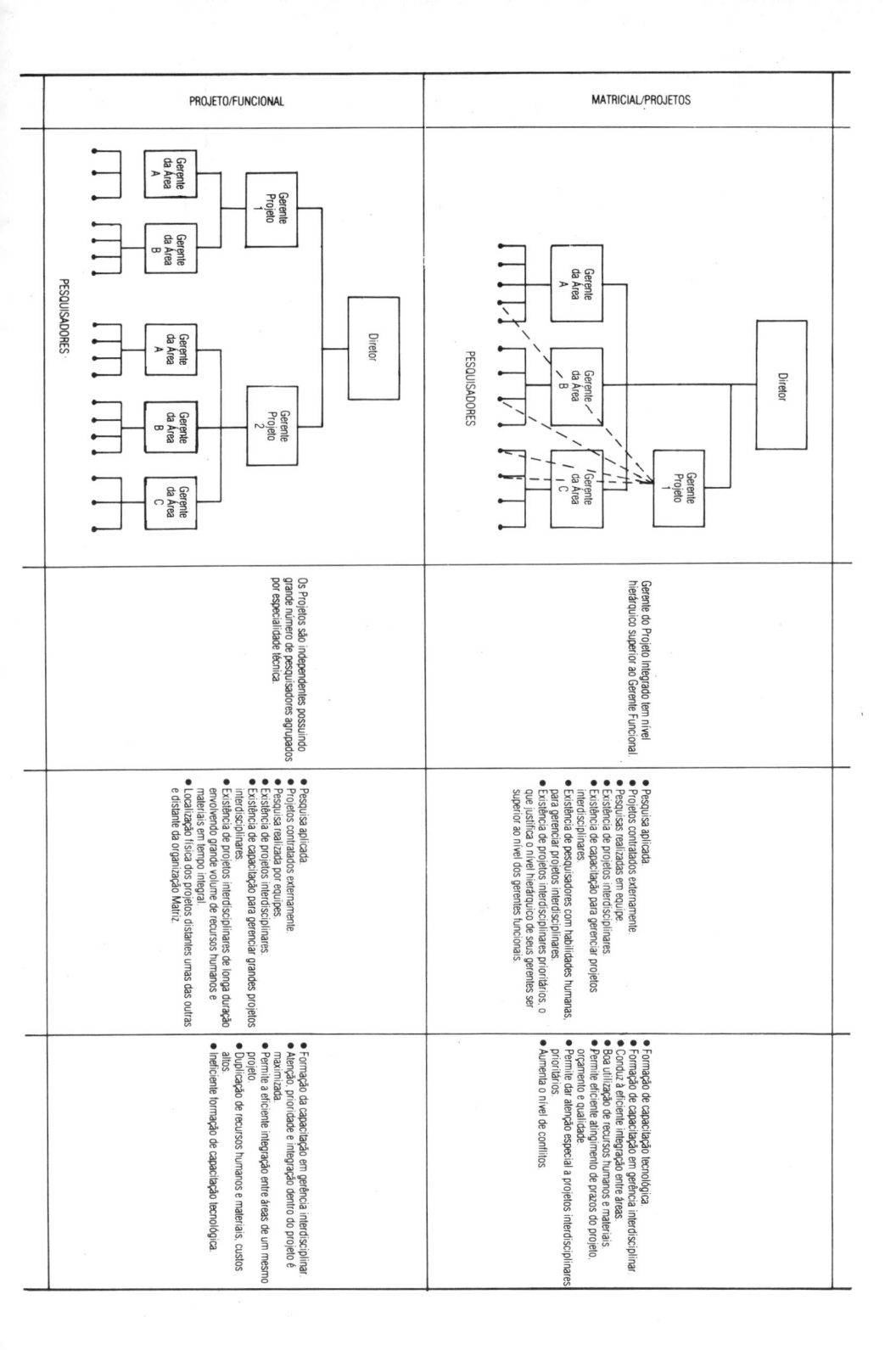

PROJETO/FUNCIONAL	MATRICIAL/PROJETOS
[Organizational chart: Diretor → Gerente Projeto 1 and Gerente Projeto 2; each project manager connects to Gerente da Área A, B, C, with PESQUISADORES below each area]	*[Organizational chart: Diretor → Gerente da Área A, B, C and Gerente Projeto 1; dashed lines from Gerente Projeto 1 to researchers across areas; PESQUISADORES below each area]*
Os Projetos são independentes possuindo grande número de pesquisadores agrupados por especialidade técnica	Gerente do Projeto Integrado tem nível hierárquico superior ao Gerente Funcional. ● Pesquisa aplicada. ● Projetos contratados externamente. ● Pesquisas realizadas em equipe. ● Existência de projetos interdisciplinares. ● Existência de capacitação para gerenciar projetos interdisciplinares. ● Existência de pesquisadores com habilidades humanas, para gerenciar projetos interdisciplinares. ● Existência de projetos interdisciplinares prioritários, o que justifica o nível hierárquico de seus gerentes ser superior ao nível dos gerentes funcionais.
● Pesquisa aplicada. ● Projetos contratados por equipes. ● Existência de projetos interdisciplinares. ● Existência de capacitação para gerenciar grandes projetos interdisciplinares. ● Existência de projetos interdisciplinares de longa duração envolvendo grande volume de recursos humanos e materiais em tempo integral. ● Localização física dos projetos distantes umas das outras e distante da organização Matriz.	● Formação de capacitação tecnológica. ● Formação de capacitação em gerência interdisciplinar. ● Conduz à eficiente integração entre áreas. ● Boa utilização de recursos humanos e materiais. ● Permite eficiente alinhamento de prazos de execução, orçamento e qualidade. ● Permite dar atenção especial a projetos interdisciplinares prioritários. ● Aumenta o nível de conflitos.
● Formação da capacitação em gerência interdisciplinar ● Atenção, prioridade e integração dentro do projeto é maximizada. ● Permite a eficiente integração entre áreas de um mesmo projeto ● Duplicação de recursos humanos e materiais, custos altos ● Ineficiente formação de capacitação tecnológica	

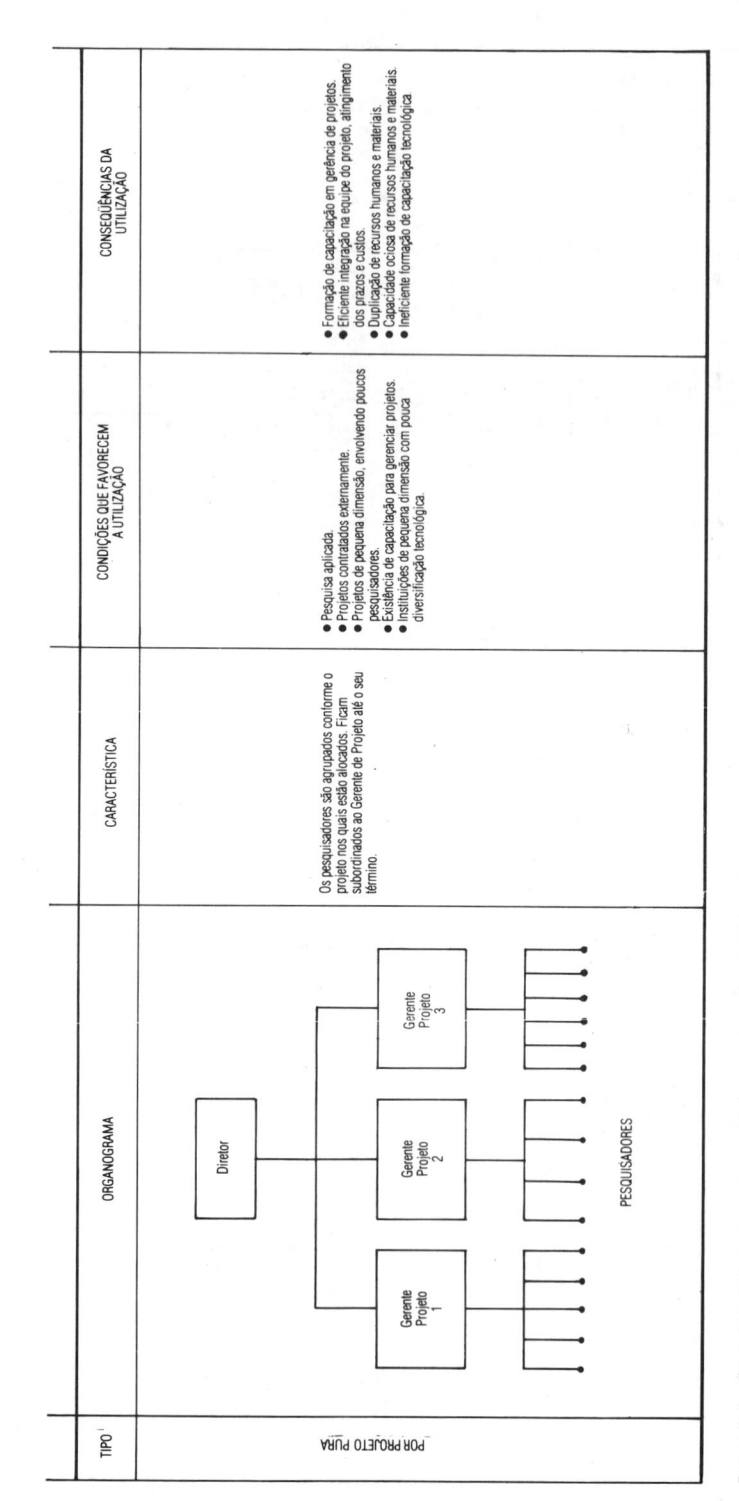

TIPO	ORGANOGRAMA	CARACTERÍSTICA	CONDIÇÕES QUE FAVORECEM A UTILIZAÇÃO	CONSEQÜÊNCIAS DA UTILIZAÇÃO
POR PROJETO PURA	Diretor → Gerente Projeto 1, Gerente Projeto 2, Gerente Projeto 3 → PESQUISADORES	Os pesquisadores são agrupados conforme o projeto nos quais estão alocados. Ficam subordinados ao Gerente de Projeto até o seu término.	• Pesquisa aplicada. • Projetos contratados externamente. • Projetos de pequena dimensão, envolvendo poucos pesquisadores. • Existência de capacitação para gerenciar projetos. • Instituições de pequena dimensão com pouca diversificação tecnológica.	• Formação de capacitação em gerência de projetos. • Eficiente integração na equipe do projeto, atingimento dos prazos e custos. • Duplicação de recursos humanos e materiais. • Capacidade ociosa de recursos humanos e materiais. • Ineficiente formação de capacitação tecnológica

Figura III-7 – Tipos de estrutura para organização de pesquisa e desenvolvimento.

2.3.5. *Estruturas Matriciais Complexas.* — O grau de complexidade da Matriz aumenta consideravelmente quando acontecem uma ou mais das condições abaixo:

— o número de eixos da Matriz é maior que dois: Matrizes multidimensionais;
— mais de uma organização está envolvida: Matrizes multiorganizacionais;
— mais de um país está envolvido: Matrizes multinacionais.

Matrizes multidimensionais acontecem quando há no mínimo três eixos como, por exemplo, áreas geográficas. Neste caso teríamos gerentes de projeto, gerentes funcionais e gerentes de escritórios regionais. A operação deste tipo de Matriz é muito complexa devido à tripla subordinação; entretanto, é viável.

No Brasil, uma grande empresa de projetos de engenharia tinha um tipo de estrutura com três eixos: projetos, áreas de mercado, controladores de qualidade. Este último cargo tinha por atribuição assegurar a qualidade das várias atividades técnicas e delinear programas de aprimoramento. Esta estrutura está apresentada na Figura III-8.

Matrizes multiorganizacionais são mais comuns. Geralmente se verificam em grandes empreendimentos na área de construção civil, aeronáutica, naval, etc... Este tipo de estrutura foi muito utilizado para desenvolvimento dos programas da NASA e do Departamento de Defesa dos Estados Unidos. Grandes empreendimentos como o Proálcool e o Programa Nuclear são exemplos deste tipo de estrutura.

A principal dificuldade é a operação matricial entre organizações com características, objetivos, tipos de pessoa, natureza da atividade, natureza jurídica, muito diferentes. Apesar da freqüência de utilização, este tema é pouco abordado na literatura em Administração.

As Matrizes multinacionais representam um passo além em termos de complexidade quando comparadas às multiorganizacionais. Neste caso, além das diferenças acima mencionadas há diferenças culturais, distâncias maiores, barreiras impostas pelas diferentes burocracias governamentais, sistemas econômicos e políticos diferentes.

Há outras formas complexas de Matriz; entretanto, os exemplos acima demonstram que, embora mais complexa que a estrutura funcional tradicional, a Matriz de dois eixos está longe de ser o mais complexo tipo de estrutura.

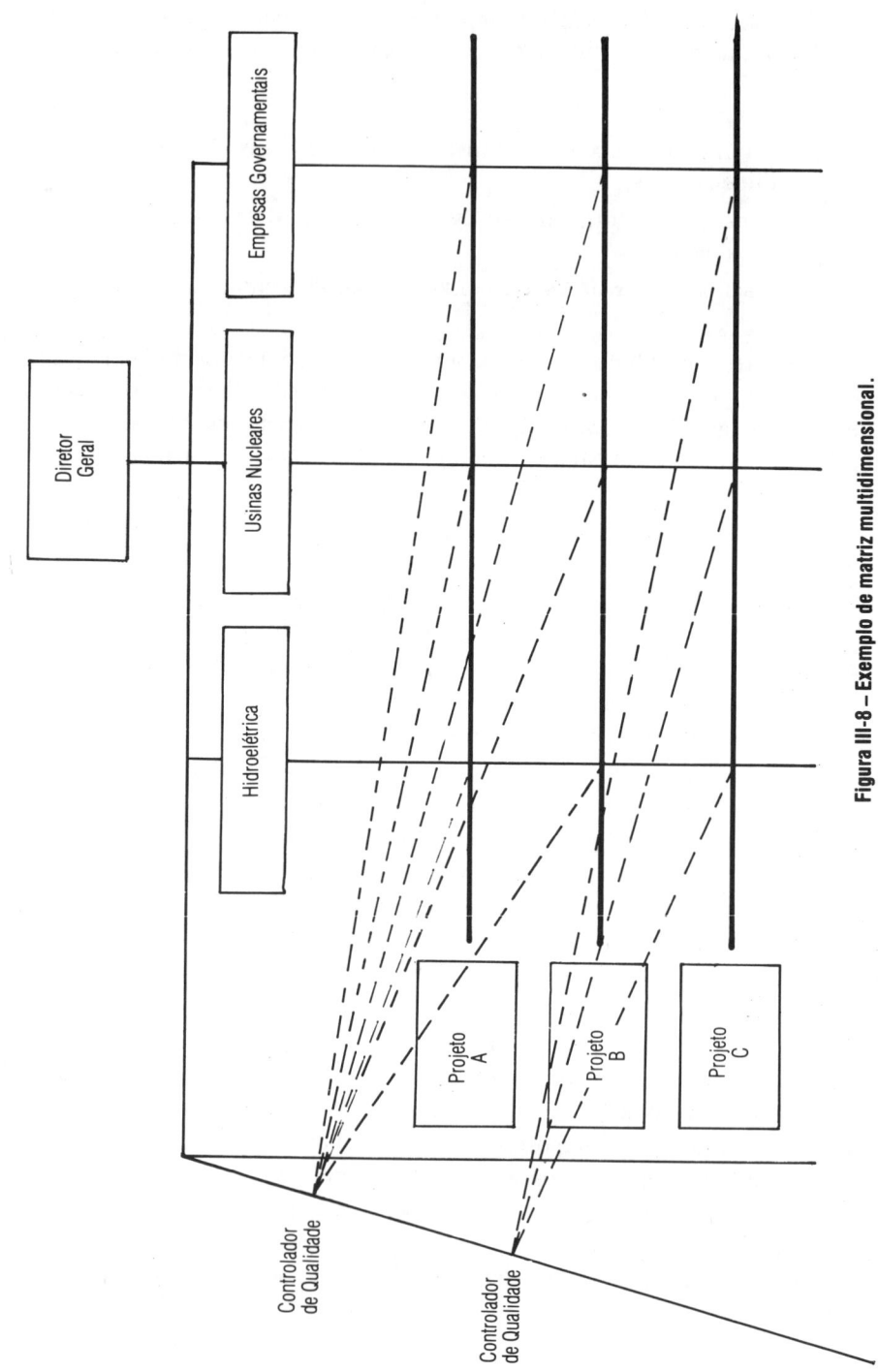

Figura III-8 – Exemplo de matriz multidimensional.

3. DIVISÃO DAS ATIVIDADES E DA AUTORIDADE NA ESTRUTURA MATRICIAL

3.1. Introdução

Devido à existência de vários tipos de Matriz, a divisão de autoridade e atividade será diferente para cada um; mesmo assim, comentários sobre perfis de autoridade-atividade nos tipos principais de Matriz serão feitos. Entretanto, deverá ser esclarecido que, dependendo das condições da organização, ajustes terão que ser realizados. O capítulo sobre o delineamento da estrutura tratará deste assunto com mais profundidade.

Alguns autores argumentam contra a tentativa de se esclarecer as atribuições dos vários cargos da Matriz devido à natureza ambígua desta estrutura. De acordo com Janger (1979) as empresas européias preocupam-se muito menos com a especificação da autoridade-atividades do que as americanas. No Japão, baixo nível de especificação de atribuições é uma constante em qualquer tipo de estrutura.

A experiência com a Matriz no Brasil tem demonstrado a necessidade de maior grau de especificação da divisão de autoridade-atividades. Serão apresentadas a seguir as principais atribuições dos cargos-chaves da Matriz.

3.2. Atribuições do Gerente de Projeto

Cabe ao gerente do projeto assegurar que o cliente receba o projeto terminado dentro do prazo, especificações técnicas e orçamento estipulados. Entretanto, ele nunca tem completa autoridade sobre os recursos humanos e materiais do projeto; assim, os resultados dependerão muito de sua habilidade pessoal em lidar com vários gerentes funcionais e a equipe técnica. De certa forma, ele tem responsabilidade maior do que a autoridade. Este é o grande drama de gerentes de projeto em estruturas matriciais.

O gerente do projeto, na Matriz balanceada, tem, entre outras, as seguintes atribuições:

— centralizar o contato com o cliente em todas as fases do projeto, passando a ser um representante do cliente na organização;
— manter a integração entre os vários especialistas das diversas áreas funcionais;
— avaliar os especialistas que trabalharam no seu projeto e realizar as atividades tradicionais de planejamento, estruturação e con-

trole do seu projeto, em termos físicos e financeiros (prazos e custos);
— autorizar despesas para a realização do projeto desde que dentro dos limites do orçamento estabelecido.

Na Matriz funcional, onde o gerente de projeto ocupa um nível hierárquico inferior, algumas das atribuições mencionadas são desempenhadas pelo gerente funcional. O contato com o cliente, por exemplo, muitas vezes é realizado pelo seu chefe funcional, principalmente quando o projeto é de elevada importância para a organização. A avaliação dos especialistas, autoridade sobre orçamento e as ordens diretas para a equipe de trabalho são outras atribuições que nem sempre são realizadas pelo gerente do projeto neste tipo de Matriz.

Por outro lado, na Matriz Projetos, o gerente de projetos tem nível hierárquico superior ao gerente funcional. Ele tem equipe sob suas ordens diretas, autoriza despesas, contrata especialistas quando não existem na área funcional, chegando muitas vezes a ter equipamentos próprios adquiridos com recursos do projeto e mantidos em espaço físico próprio do projeto.

A Figura III-9 apresenta de forma sintética as atribuições principais do gerente de projeto nos três tipos de Matriz.

3.3. Atribuições do Gerente Funcional

De maneira genérica cabe ao gerente funcional alocar da forma mais eficiente possível os recursos humanos e materiais aos vários projetos, assegurar a qualidade dos trabalhos e desenvolver a capacitação técnica de sua unidade. Na estrutura matricial balanceada, as principais atribuições do gerente funcional são:

— decidir sobre contratação de especialistas;
— decidir sobre alocação dos especialistas aos vários projetos interdisciplinares e aos projetos unidisciplinares de sua área técnica;
— treinamento dos recursos humanos;
— manutenção dos equipamentos e alocação dos mesmos aos vários projetos;
— aprovação da qualidade técnica dos trabalhos da sua área;
— avaliação de desempenho dos especialistas da sua área;
— formação de uma memória técnica da área;
— tarefas gerenciais tradicionais de planejamento, estruturação e controle da sua área técnica;

ATRIBUIÇÕES	MATRIZ FUNCIONAL	MATRIZ BALANCEADA	MATRIZ PROJETOS
• Centralizar contato com o cliente.	F	F	F
• Manter integração entre especialistas das várias áreas funcinais	S	S	S
• Avaliar especialistas que trabalham no seu projeto.	O	O	O
• Planejar o projeto	S	S	S
• Autorizar despezas para a realização do projeto.	O	F	S
• Contratar especialistas adicionais se necessários para a realização do projeto.	O	O	F
• Dar ordens diretamente à esquipe de trabalho sem passar pelo gerente funcional.	F	S	S

F - freqüentemente
S - sempre
O - ocasionalmente

Figura III-9 – Atribuições principais do gerente de projetos.

— orientar sua equipe quando necessário quanto aos métodos de trabalho a serem adotados.

A lista acima não tem pretensão de ser completa e nem de esgotar todas as possibilidades.

A realização eficaz dessas atribuições depende de um alto nível de cooperação com os gerentes de projeto.

Na Matriz funcional o gerente de projetos é subordinado ao gerente funcional. Neste tipo de estrutura o gerente funcional se sente bastante à vontade, dada a semelhança com a estrutura funcional. Com freqüência, os contatos com os clientes dos projetos prioritários são feitos por ele e não pelo gerente do projeto.

Por outro lado, na Matriz Projetos o gerente funcional tem atribuições mais reduzidas, visto que, neste caso, o gerente de projetos tem autoridade até para contratar recursos humanos e comprar determinados tipos de equipamentos com os recursos do projeto. Na Matriz Projetos, freqüentemente os especialistas trabalham geograficamente afastados de suas áreas funcionais sob supervisão direta do gerente do projeto. A Figura III-10 apresenta uma comparação entre atribuições do gerente funcional para os três tipos básicos de Matriz.

De forma resumida, podemos dizer que ao gerente do projeto cabe realizar um projeto que satisfaça ao cliente em termos de prazo e qualidade, e satisfaça à organização em termos de custo. Ao gerente funcional cabe alocar da melhor forma possível os recursos humanos e materiais aos vários projetos e desenvolver a capacitação técnica de sua área.

A Figura III-11 mostra um exemplo prático de especificação de atribuições extraído do manual de organização da *Lockheed Missiles and Space Company Inc.* (Janger, 1979). Pode-se observar a inclusão do aspecto — "interface" — entre o gerente do projeto e o gerente funcional.

Estudo realizado por Vasconcellos (1977) mostra um exemplo de distribuição da autoridade entre o gerente de projeto e o gerente funcional em Institutos de Pesquisa Tecnológica (Figura III-12).

3.4. Atribuições do Especialista Técnico

Os especialistas têm uma posição peculiar na Matriz por ter que responder a dois (ou mais) patrões. A ele cabe a execução das tarefas solicitadas pelo gerente do projeto dentro das normas estabelecidas pelo seu gerente funcional. Ele responde a dois patrões, e o nível de

ATRIBUIÇÕES	MATRIZ FUNCIONAL	MATRIZ BALANCEADA	MATRIZ PROJETOS
• Decide sobre contratação de especialistas.	S	S	F
• Supervisiona diretamente os trabalhos para os vários projetos integrados.	S	S	F
• Aprova a qualidade técnica.	S	S	F
• Decide sobre alocação dos especialistas aos vários projetos.	S	O	O
• Matém os equipamentos ae aloca os mesmos aos vários projetos.	S	F	F
• Avalia o desempenho dos especialistas	S	S	S

F - freqüentemente
S - sempre
O - ocasionalmente

Figura III-10 – Atribuições do gerente funcional.

NORMA	em efeito: 9/6/66 páginas: 1 a 10 revisão feita em: 21/3/73
	Relacionamento Gerente de Programa/Gerente Funcional

A. DEFINIÇÕES

1) Administração Geral: termo aplicado aos cargos com as seguintes denominações: Gerente Geral, Assistente do Gerente Geral, Diretor e Chefe da Engenharia.
2) Gerente de Programa: título do indivíduo responsável pela administração do programa.
3) Gerente Funcional: termo utilizado para identificar os Gerentes reportando ao Chefe da Engenharia, Assistente do Gerente Geral de Operação, Diretor de Controle Financeiro e Gerencial e Gerente de Controle de Qualidade.

B. CONCEITOS

Esta norma se aplica também a líderes de Projeto e áreas funcionais envolvidos no desenvolvimento de novos negócios.
O relacionamento Gerente de Programa/Gerente Funcional é estabelecido de forma que o Gerente de Programa estabelece o que deve ser feito e cabe ao Gerente Funcional determinar como a tarefa será realizada.
Deve-se esperar que esta norma tenha origem de conflito entre os gerentes de programa e funcionais. A estrutura organizacional é delineada de forma a proporcionar oportunidade para resolução destes conflitos em níveis hierárquicos sucessivos.

FUNÇÃO	RESPONSABILIDADE		INTERFACE
	GERENTE PROGRAMA	GERENTE FUNCIONAL	
Direção de programa	Responde ao Gerente Geral pelo programa como um todo. Deve assegurar o atingimento dos objetivos do programa dentro do prazo e pelo menor custo compatível com os padrões de qualidade exigidos.	Responde ao Gerente Geral pelo apoio a cada um dos programas de acordo com os termos contratuais definidos e autorizados pelos Gerentes de Programa.	O Gerente de Programa define o que será feito enquanto o Gerente Funcional determina como. O Gerente de Programa se preocupa com a integração das várias áreas funcionais enquanto o Gerente Funcional se preocupa com a integração dos serviços dentro de sua área funcional prestando serviços aos vários programas.
Estabelecimentos dos objetivos	Estabelece objetivos do programa.	Estabelece objetivos da sua área funcional em sintonia com os objetivos da empresa. Assiste o Gerente do Programa no estabelecimento dos objetivos do Programa.	O Gerente de Programa procura estabelecer objetivos otimizando os recursos do programa e o Gerente Funcional procura estabelecer objetivos que otimizem o uso dos recursos da sua área.
Assegura a eficácia do programa	É responsável pela eficácia do programa como um todo. Coordena as várias áreas funcionais assim como empresas externas. Acompanha o desenvolvimento do programa. Mantém-se informado sobre o desenvolvimento tecnológico na área do seu programa.	É responsável por todo o trabalho no programa relativo a sua área de especialização. Procura assegurar que os padrões técnicos definidos pelo Gerente do Programa sejam seguidos. Procura desenvolver inovações tecnológicas que levem ao atingimento dos prazos a custos mais baixos e com melhor qualidade.	O Gerente do Programa estabelece os padrões de desempenho enquanto os Gerentes Funcionais estabelecem controles para assegurar o atingimento destes padrões.

Fonte: Janger (1979).

Figura III-11 – Relacionamento entre os gerentes de programa e funcionais na Lockheed Aircraft Corporation.

	GP	GF	A
Prazo das etapas do projeto	×	●	
Qualidade do trabalho	●	×	
Aprovação da proposta antes de enviar ao cliente	●	●	×
Compra de equipamentos até valor y		×	
Compra de equipamentos acima valor y	●	○	×
Promoção dos técnicos	●	×	
Contratação dos técnicos	●	×	
Dispensa do técnico	●	×	
Alocação dos técnicos aos projetos	●	×	
Subcontratação de serviços	×		
Treinamento dos técnicos	×○		
Contato com o cliente	○		
Elaboração do 1.º esboço da proposta	○	●	●
Detalhamento da proposta		○	
Controle orçamentário	○		
Manutenção de equipamentos e laboratórios		○	
Integração das etapas do projeto dentro de uma área técnica		○	
Integração das etapas do projeto entre áreas técnicas	○		
Elaboração de relatórios referentes às atividades da área para o projeto		○	
Elaboração de relatórios gerais sobre o projeto	○		
Controle de tempo dos técnicos		○	
Alocação dos equipamentos aos projetos	●	×	

× Toma decisão   ○ Executa   ● É consultado

Figura III-12 – Exemplo de divisão de autoridade e atividade entre gerente de projeto, gerente funcional e alta administração.

conflitos na estrutura depende muito de sua habilidade em lidar com esta situação.

Na Matriz Funcional o especialista dependerá mais do gerente funcional, o inverso acontecendo na Matriz Projetos.

Um problema que sempre surge referente a estas tarefas é o nível de delegação que eles deverão receber dos seus patrões.

Evidentemente, esta resposta não é simples, devido ao grande número de variáveis que diferenciam as possíveis situações. Entretanto, sem termos a pretensão de abranger todos os casos possíveis, apresentaremos alguns fatores a ser considerados para uma melhor compreensão do problema.

O primeiro aspecto a ser considerado é a divisão de autoridade e responsabilidades entre o gerente de projetos e o gerente funcional na estrutura matricial em foco. O gerente de projeto não pode delegar a autoridade que não tem.

Vamos supor que em uma determinada Matriz o gerente de projetos é responsável por contatos com o cliente, acompanhamento do orçamento e prazos das várias etapas do projeto, enquanto que o gerente funcional é responsável pela qualidade técnica, alocação de seu pessoal aos vários projetos e treinamento da equipe. O quanto que estas atribuições poderão ser delegadas dependerá de vários fatores:

— a qualidade do relacionamento humano entre cada um dos gerentes e os especialistas. Se tem um bom relacionamento com alto grau de confiança, o gerente de projetos, por exemplo, poderá delegar contatos diretos até um certo ponto entre o especialista e o cliente;
— a capacidade técnica do especialista vai influenciar o grau de delegação que o gerente funcional permitirá. Por exemplo, ele poderá delegar a aprovação da qualidade técnica do trabalho, embora o gerente funcional continue com esta responsabilidade perante seus superiores.

Numa forma semelhante, se o especialista tem competência gerencial é mais provável que ele receba autoridade para gerenciar o trabalho do projeto nesta área funcional. Entretanto, se o projeto é altamente integrado, alterações em uma área terão reflexos significantes nas outras; assim, decisões sobre essas alterações não poderão ser delegadas pelo gerente do projeto sob o risco de elevados prejuízos e intensos conflitos.

A existência de mecanismos de controle eficazes na organização em foco é outro fator relevante para definir o nível de delegação de autoridade. Quando as decisões são tomadas a nível inferior, a coordenação pode ser prejudicada se não existe um sistema de controle que permita aos níveis superiores ficarem informados do que acontece e, assim, tomarem medidas corretivas se necessário.

3.5. Atribuições da Alta Administração

Acima dos gerentes de projeto e funcionais há um diretor geral ou um conjunto de cargos superiores denominados Alta Administração. As principais atribuições da Alta Administração são:

— Estabelecimento de Objetivos e Estratégia;
— Estruturação e Ajustes;
— Administração do Processo de Tomada de Decisão.

3.5.1. *Estabelecimento de Objetivos e Estratégias.* — Uma das principais atribuições da Alta Administração é a definição de objetivos e prioridades correspondentes, assim como o estabelecimento de estratégias e políticas para a organização. Estes aspectos têm impacto direto sobre o tipo de Matriz a ser escolhido assim como a operação da Matriz, como será explicado no capítulo sobre Delineamento da Estrutura.

Não basta estabelecer objetivos e estratégias. É preciso que estes sejam divulgados e compreendidos pelos membros da organização. Isso será mais fácil à medida que se adote uma abordagem participativa para a fixação desses parâmetros.

3.5.2. *Estruturação e Ajustes.* — Uma primeira decisão fundamental é a escolha do tipo de Matriz a ser adotado. A seguir, especificar as atribuições dos vários cargos de maneira compatível com o tipo de estrutura escolhido. Alguns instrumentos à disposição da Alta Administração para esta finalidade são:

— selecionar corretamente os gerentes de projeto e funcionais;
— estabelecer escalas salariais;
— estabelecer títulos dos cargos e hierarquia correspondente;
— sistema de avaliação;
— divisão da autoridade e atividades entre os gerentes de projeto e funcionais.

É fundamental avaliar periodicamente a estrutura efetuando os ajustes necessários. Estes aspectos serão abordados com maior profundidade no Capítulo VI.

3.5.3. *Administração do Processo de Tomada de Decisão.* — O papel da Alta Administração não é tomar todas as decisões, mas assegurar que isso aconteça de forma adequada e nos níveis hierárquicos apropriados. Isso requer:

— delegação,
— administração dos conflitos,
— controle.

A delegação é um aspecto que na Matriz assume uma importância maior do que em estruturas tradicionais. Se houver pouca delegação, a Alta Administração será bombardeada constantemente por uma avalanche de decisões a ser tomadas, transformando-se em "gargalo" na operação da Matriz. Os gerentes de projeto e funcional terão que ter um nível adequado de autoridade para que haja condições da solução dos problemas ao nível deles. Quando há discordâncias não resolvidas, então caberá à Alta Administração a solução do conflito.

Finalmente, não se pode esquecer do sistema de controle. A delegação traz como conseqüência o risco de má coordenação, duplicação de atividades e decisões contrárias às prioridades estabelecidas. Para evitar isso torna-se fundamental um controle adequado das operações. Com freqüência esta função é estruturada como órgão de assessoria da Alta Administração.

4. COMUNICAÇÃO E SISTEMAS

4.1. Canais de Comunicação

Uma das principais fraquezas das estruturas tradicionais, quando necessitamos de alto nível de integração, é a comunicação. Nas estruturas tradicionais a comunicação é feita através das linhas de autoridade. Conforme mostra a Figura III-13 abaixo, B_1 comunica-se com B_2 através de A_1 e A_2 aumentando o tempo entre a emissão da mensagem e a resposta e aumentando a distorção das informações. Estes problemas tornam-se mais graves à medida que o número de níveis hierárquicos aumenta. Outro problema causado por este canal de comunicação é a sobrecarga dos chefes A_1 e A_2.

A forma matricial possibilita uma comunicação direta entre B_1 e B_2 agilizando a organização. Entretanto, este vínculo direto pode causar

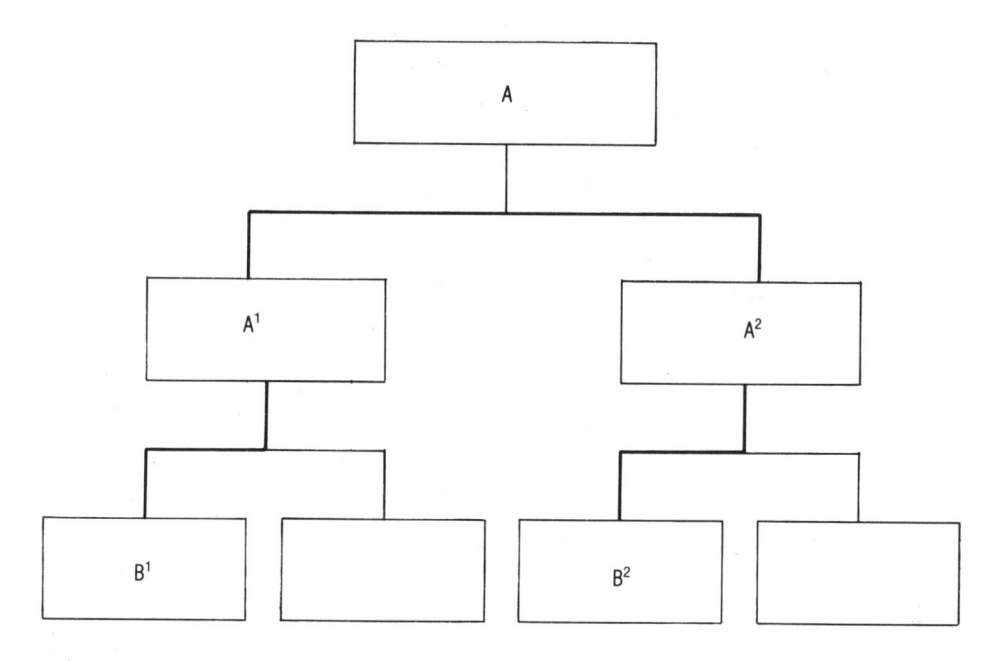

Figura III-13 – Fluxo de comunicação nas estruturas tradicionais.

problemas de coordenação e desgaste da autoridade dos chefes se certos cuidados não são tomados. Em certos casos os chefes funcionais devem ser informados do que está ocorrendo, e em outros a comunicação deve passar por ele (Figura III-14). A habilidade de identificar os procedimentos para cada tipo de Matriz e de treinar as pessoas nestes procedimentos é um dos grandes segredos que determinam o sucesso ou fracasso da forma matricial.

Vasconcellos (1977) realizou estudo sobre a comunicação em estruturas matriciais observando que em projetos maiores a comunicação do gerente do projeto tende a passar através do gerente funcional com freqüência maior. Pode-se observar na Figura III-15 que em projetos maiores a comunicação direta do gerente do projeto com a equipe é 8,6%, enquanto que nos projetos menores esta freqüência sobe para 52,1%

Uma razão para isso é a amplitude de controle. Projetos maiores têm equipe grande que sobrecarrega o gerente do projeto. Falando com os chefes ele reduz o número de interações. Outra razão é a complexidade dos projetos maiores que tendem a envolver maior número de áreas técnicas, sendo mais difícil para o gerente do projeto conhecê-las. Este fato prejudica o relacionamento direto com a equipe técnica.

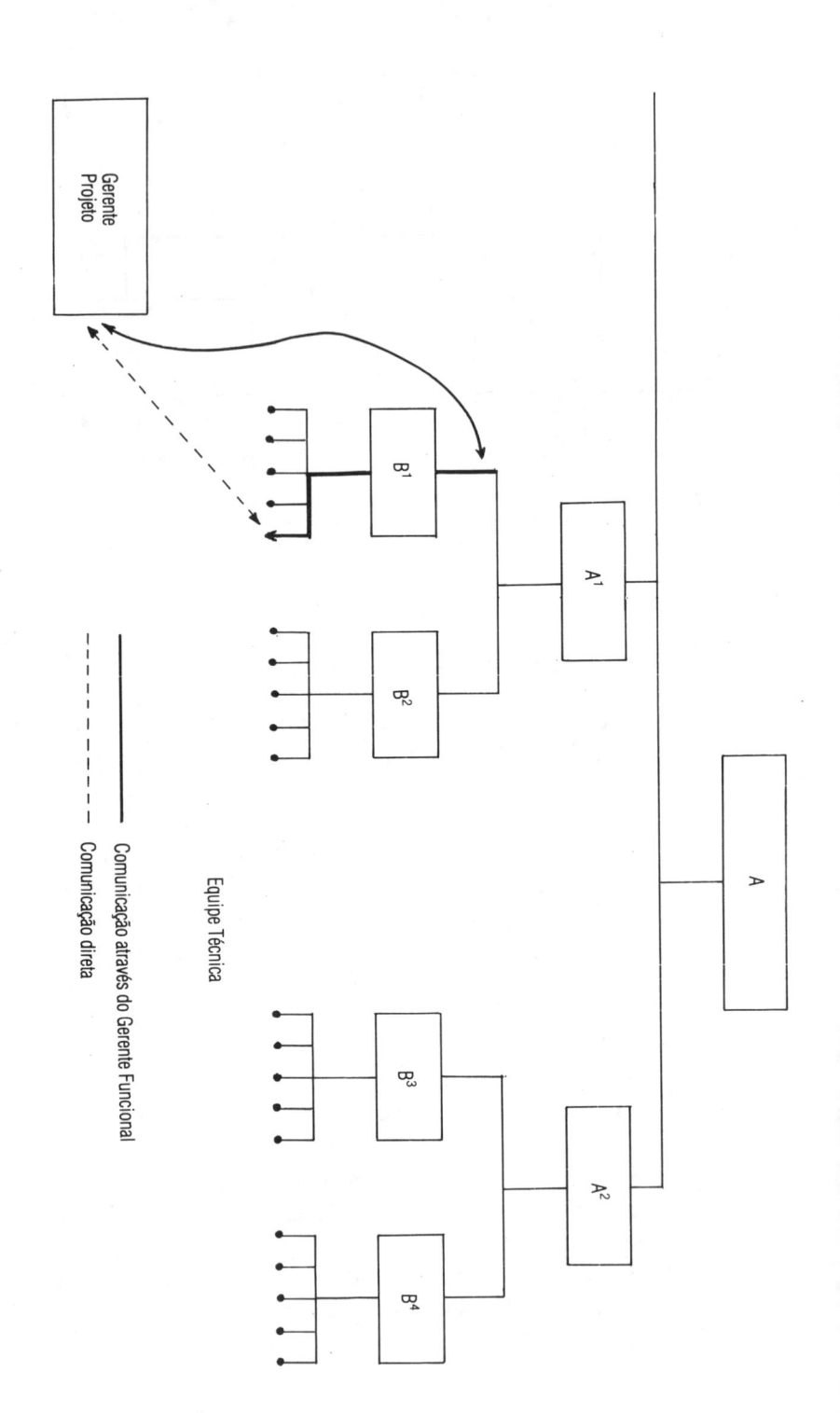

Figura III-14 — Alternativa de comunicação entre o gerente do projeto e a equipe técnica.

Equipe Técnica

——————— Comunicação através do Gerente Funcional
— — — — — Comunicação direta

FORMA DE COMUNICAÇÃO	Projetos Maiores		Projetos Menores	
	N.º de Resp.	%	N.º de Resp.	%
1. GP trata direto com os TNS independentemente do GP	5	8,6	24	52,1
2. GP trata direto c/ TNS, mas ele ou o técnico mantém o GP informado	26	44,8	16	34,8
3. GP trata direto com GF e só informalmente fala com os TNS	24	41,4	5	10,9
4. GP trata direto com GF e nem informalmente fala com os TNS	3	5,2	1	2,2
5. Outros	–	–	–	–
TOTAL	58	100%	46	100%

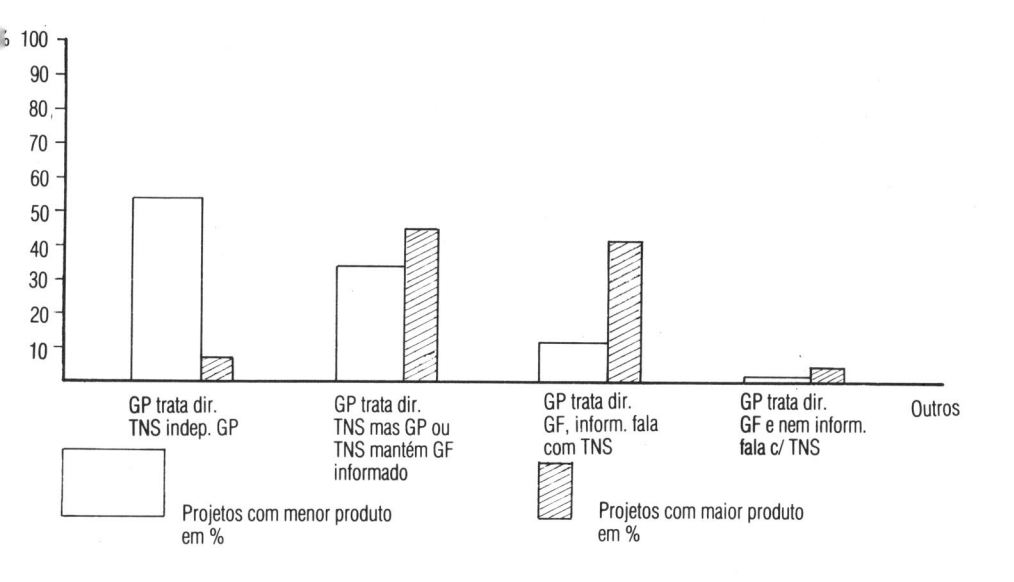

Figura III - 15 – Comunicação nos maiores e menores projetos conforme o produto, número de técnicos de nível superior X média de dedicação da equipe ao projeto.
FONTE: Vasconcellos (1977)

Cabe ao gerente do projeto ter a sensibilidade para perceber quando ele está afastado demais da equipe de trabalho e tomar medidas para reduzir as possíveis desvantagens desta situação.

Galbraith (1973) observou que a necessidade de informação horizontal é uma condição para a existência da Matriz.

Geralmente, a comunicação com o cliente é sempre realizada através do gerente do projeto que tem o papel de representar o cliente dentro da organização. Em estruturas matriciais funcionais, ou quando se trata de projetos muito importantes, esta função é exercida pela Alta Administração.

A comunicação entre os gerentes de projeto e a Alta Administração é direta, pelo menos até o ponto em que o número de gerentes de projeto causa sobrecarga. Quando isso acontece, um gerente de programa ou diretor de projetos passa a ser um filtro entre os gerentes de projeto e a Alta Administração.

É muito importante que haja comunicação eficaz entre o gerente de projeto e o gerente funcional. Isso facilita muito a resolução de conflito e permite uma operação mais rápida e precisa da Matriz.

A comunicação pode ser realizada através de memorandos, relatórios e reuniões periódicas, etc...

Também é importante uma boa comunicação entre os gerentes de projeto. Isso permitirá evitar duplicações de atividades e facilitará a troca de informações técnicas sobre os vários projetos. Quando os gerentes de projeto interagem com freqüência, eles têm uma visão mais abrangente das pressões sobre as áreas funcionais, o que facilita a compreensão de atrasos nos projetos.

Analogamente, uma boa comunicação entre os gerentes funcionais é um elemento facilitador de operação matricial. Assegurar que este sistema de comunicação aconteça de forma eficaz é uma das atribuições importantes da Alta Administração.

4.2. Sistemas de Informação

Planos, orçamentos e procedimentos de controle representam uma parte importante do processo de comunicação. Os microcomputadores, pelo seu baixo custo e versatilidade, estão revolucionando a área de sistema de informações como apoio à atividade gerencial.

A incerteza e o dinamismo dos ambientes nos quais a Matriz opera faz com que os gerentes de projeto tenham necessidade de informações rápidas sobre:

- estágio atual do projeto X planejamento;
- custos reais X orçados;
- previsões de custo;
- recursos humanos alocados no projeto X previsão;
- previsão de utilização de recursos humanos;
- projeções das variáveis acima considerando mudanças no projeto.

O gerente funcional, por sua vez, necessita de informações atualizadas sobre estágios dos vários projetos da área, recursos humanos e materiais já alocados, e situação financeira de área: atual e prevista.

Uma barreira à operação da Matriz é a resistência do gerente funcional em alocar recursos humanos e materiais a projetos interdisciplinares, ao invés de alocá-los aos "seus" projetos que são mais "lucrativos", aumentando os resultados e avaliação do seu Departamento. Um sistema de custeio que permita distribuir o orçamento do projeto interdisciplinar entre os departamentos que colaboram na sua extensão é fundamental para o sucesso da Matriz.

Um cuidado especial deve ser tomado para evitar um excesso de comunicação, que pode ser prejudicial à operação da Matriz. Outro aspecto a ser considerado no delineamento e implantação dos vários sistemas de informação é a natureza do fator humano. Este tópico será abordado no próximo capítulo.

5. EVOLUÇÃO DA ESTRUTURA MATRICIAL

Raramente uma organização inicia suas atividades com uma estrutura matricial. Na maioria das vezes a Matriz evolui como uma resposta à necessidade de integração entre as áreas funcionais. A Figura III-16 apresenta as várias etapas de evolução para uma estrutura matricial. Essas etapas não devem ser consideradas como a evolução ideal, mas sim aquela que ocorre em grande número de vezes.

Pode-se identificar 4 fases: Pré-Matriz, Embrião da Matriz, Estruturas Paralelas e Estrutura Matricial.

Fase 1: Pré-Matriz. Esta é a fase anterior à existência da Matriz. Na maioria dos casos temos uma estrutura funcional clássica. Em algumas organizações antes desta estrutura funcional, havia uma estrutura Por Projetos. Empresas de Projetos de Engenharia e Centros de Tecnologia e semelhantes, qaundo surgem e têm dimensões muito reduzidas, começam com uma estrutura Por Projetos.

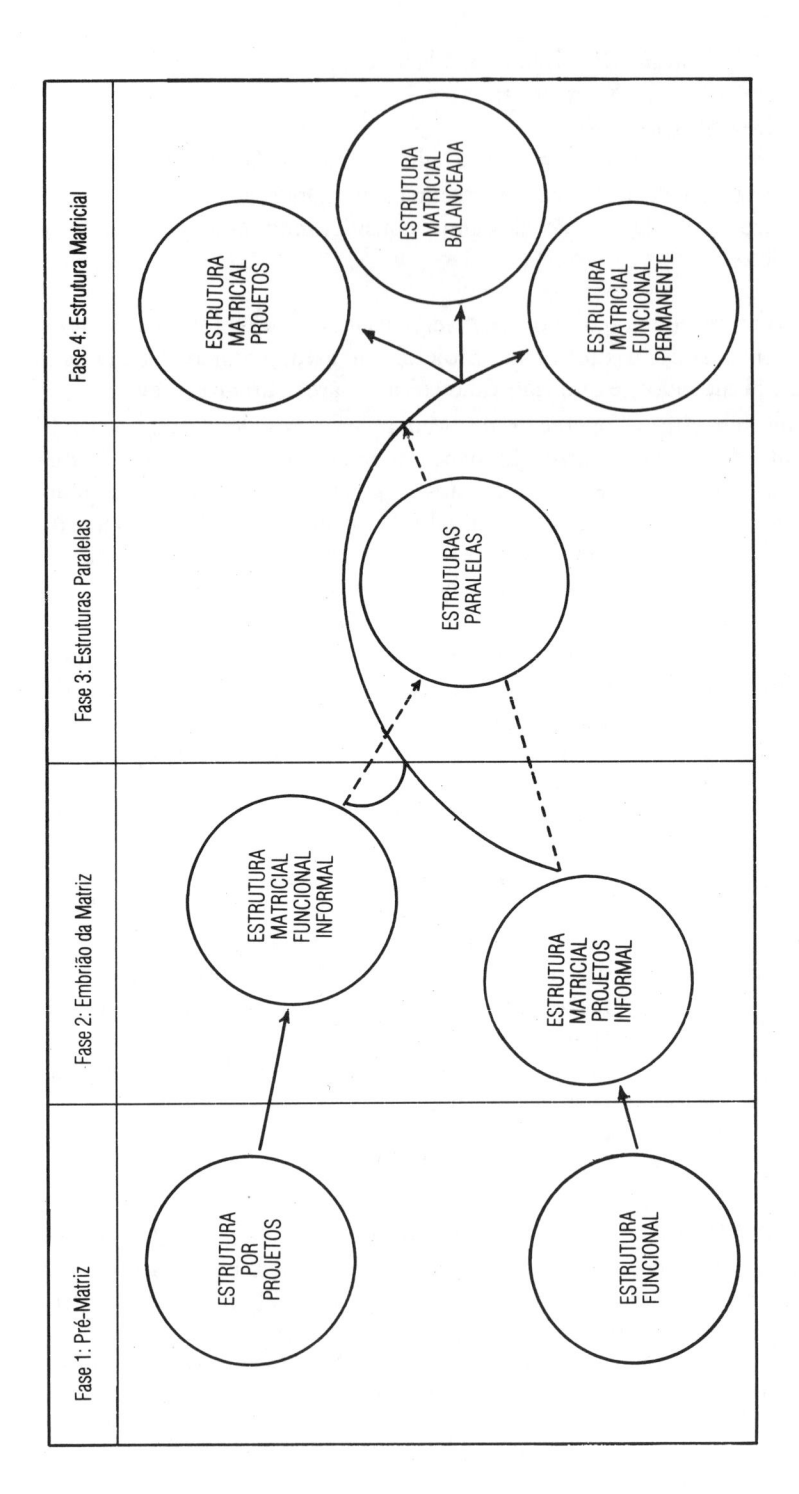

Figura III - 16 – Evolução da Estrutura Matricial.

——— Ocorre geralmente.   ------- Ocorre algumas vezes.

Fase 2: Embrião da Matriz. Esta fase pode ter duas situações. Na primeira, a Matriz evolui para uma Matriz funcional informal, e na segunda, para uma Matriz projeto informal.

Matriz Funcional Informal. — Nesta fase, há uma mudança na natureza da atividade realizada. A organização passa a ter necessidade de realizar tarefas interdisciplinares, isto é, que necessitam de interação de pessoas das várias áreas funcionais. Normalmente, tenta-se a princípio realizá-las sem alterar a estrutura. Isso é muito difícil porque a interação entre pessoas de diferentes áreas através dos chefes funcionais é demorada, leva a grandes distorções no processo de comunicação e sobrecarrega os chefes. Assim, há uma tendência para se estabelecer relacionamentos horizontais informais formando-se o Embrião da Matriz.

Esta interação é temporária e bastante informal. Na maior parte dos casos ela é fonte de tensão e conflitos porque muitos chefes não aceitam que haja interação sem ser canalizadas através deles. Outros conflitam porque o especialista de uma área acaba se envolvendo tanto com as tarefas interdisciplinares que não conseguem mais realizar todas as funções que lhe competem.

Contudo, é bastante informal e ninguém tem autoridade para coordenar, efetivamente, a integração das tarefas das várias áreas.

Matriz Projeto Informal. — Neste caso, a estrutura permanece, predominantemente, orientada para projetos devido à importância que o cliente tem para a organização. Entretanto, há uma mudança no sentido de se preocupar com o aprimoramento técnico; assim, grupos técnicos começam a se formar sob a orientação de especialistas nas várias áreas. As mesmas dificuldades da situação anterior se repetem neste caso.

Por essas razões, esta fase tende a durar pouco tempo, levando a vários conflitos e a duas soluções possíveis. Uma delas é a separação dos projetos interdisciplinares das áreas funcionais, colocando-os diretamente ligados à direção da organização, e a outra consiste no delineamento de uma estrutura matricial formal. Essas duas possibilidades serão vistas a seguir.

Fase 3: Estruturas Paralelas. Uma forma de solucionar a tensão criada pela Matriz informal é separar as equipes dos projetos interdisciplinares das suas áreas funcionais, colocando-as sob a direção de gerentes de projetos interdisciplinares que se reportarão à Alta Administração (Figura III-17).

Esta situação geralmente dura muito pouco tempo porque há duplicações, capacidades ociosas, ineficiências e antagonismos entre os gerentes de projeto e os funcionais. No Capítulo V será apresentado um estudo de caso sobre uma organização que adotou este tipo de estrutura.

O fracasso desta forma estrutural leva à fase seguinte, que consiste na formalização da estrutura matricial.

Fase 4: Estrutura Matricial. Nem sempre a Fase 3 acontece. Muitas vezes passa-se direto da Fase 2 (Matriz Funcional informal) para a estrutura matricial. Nesta fase quase sempre a Matriz Funcional é a forma escolhida. Algumas vezes a Matriz balanceada é raramente a Matriz projetos.

A característica principal desta fase é o reconhecimento da necessidade de formalizar a Matriz. A escolha do tipo mais adequado é uma decisão-chave, assim como um planejamento adequado da implantação de Matriz. Estes dois aspectos serão desenvolvidos no capítulo sobre Delineamento e Implantação.

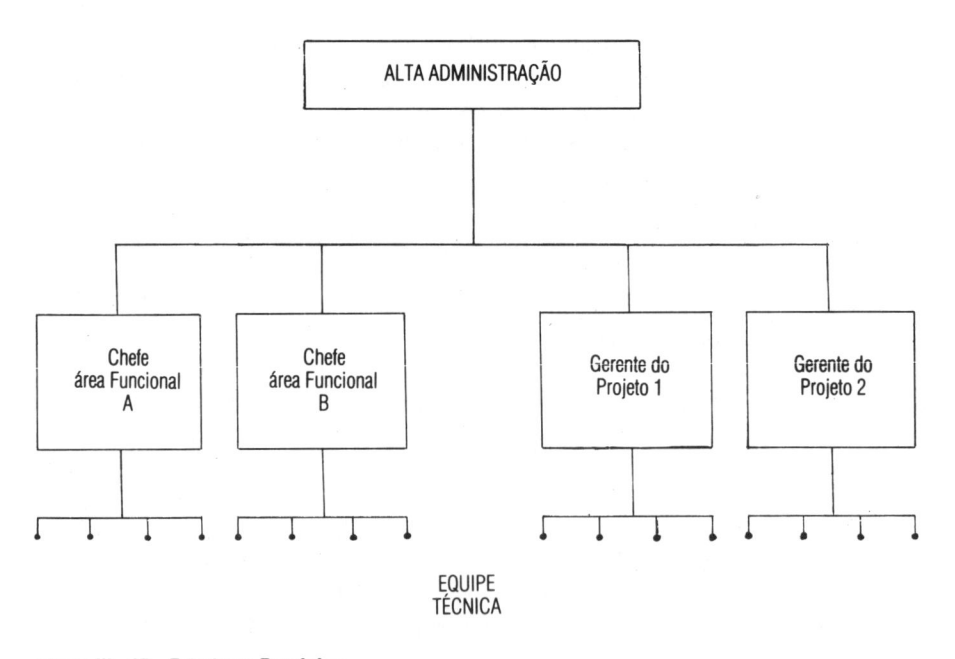

Figura III - 17 – Estruturas Paralelas

6. VANTAGENS E DESVANTAGENS DA ESTRUTURA MATRICIAL

Como a Matriz resulta da sobreposição das estruturas Funcional e Por Projetos, ela acumula as vantagens de ambas. É claro que em grau menor quando comparada às estruturas de forma pura, mas todas as vantagens existem também na Matriz. Isso é mais facilmente visualizado na Figura III-18 (Vasconcellos e Hemsley, 1981), que mostra o comportamento da Matriz para os diversos fatores: qualidade, prazos, utilização dos recursos, etc...

O quadro não tem a pretensão de ser válido para todos os casos, havendo, sem dúvida, exceções. A seguir será comentado cada um dos fatores de comparação:

- *cumprimento dos prazos:* acontece com maior precisão na Matriz Projetos, onde o gerente de projetos tem mais autoridade sobre os recursos;
- *qualidade técnica do projeto:* é maior na Matriz Funcional porque o nível de especialização e formação técnica é superior neste tipo de estrutura;
- *eficiência no uso dos recursos:* é maior na Matriz Funcional porque há muita capacidade e duplicação de atividades na Matriz Projetos;
- *controle do orçamento do projeto:* é maior na Matriz Projeto onde o gerente de projeto tem mais autoridade e controle para o orçamento;
- *satisfação no trabalho:* é maior na Matriz Funcional para os técnicos que preferem a especialização. É maior na Matriz Projeto para os técnicos que preferem diversificação de atividades e trabalham com grupos diferentes;
- *desenvolvimento de capacitação técnica na organização:* é maior na Matriz Funcional que é mais propícia à especialização, ao treinamento técnico e à formação de uma memória técnica;
- *nível de conflitos:* é maior na Matriz balanceada onde a divisão de autoridade é bastante equilibrada.

Os itens acima não foram discutidos com mais profundidade porque isso já foi feito no Capítulo II, tópico 5, sobre comparação entre as estruturas Funcional e Por Projetos.

FATORES \ TIPOS DE MATRIZ		MATRIZ FUNCIONAL	MATRIZ BALANCEADA	MATRIZ PROJETOS
Cumprimento de prazos.		Fraco	Bom	Muito bom
Qualidade técnica do projeto.		Muito bom	Bom	Fraco
Eficiência no uso de recursos humanos e materiais.		Muito bom	Bom	Fraco
Controle do orçamento do projeto.	Tende a ser relativamente.	Fraco	Bom	Muito bom
Satisfação no trabalho: • para especialistas; • para não-especialistas.		Muito bom Fraco	Bom Bom	Fraco Muito bom
Desenvolvimento da capacidade técnica na organização.		Muito bom	Bom	Fraco
Com nível de conflitos.		Baixo	Alto	Baixo

Figura III-18 – Vantagem e desvantagem dos vários tipos de estrutura matricial.

Fonte: Vasconcellos e Hemsley (1981).

Referências Bibliográficas

GALBRAITH, Jay R.; LAWLER III, Edward E. & Associados. *Organizando para Competir no Futuro*, São Paulo: Makron Books, 1995.

BATEMAN, Thomas S.; SNELL, Scott A.. *Administração:* Construindo Vantagem Competitiva. São Paulo: Editora Atlas, 1998.

CACKOWSKI, David; NAJDAWI, Mohammad K.; CHUNG, Q. B. *Object analysis in organizational design:* A solution for matrix organizations, Project Management Journal, Sylva, setembro 2000, Vol. 31, 3 ed., pp. 44-51.

DYER, Barbara; GUPTA, Ashok K.; WILEMON, David. *What first-to-market companies do differently,* Research Technology Management, Washington, mar/abr 1999, Vol. 42, 2. ed., pp. 15-21.

ROBBINS, Stephen; COULTER, Mary. *Administração,* 5.ed., Rio de Janeiro: Prentice-Hall do Brasil, 1998.

STONER, James A. F.; FREEMAN, R. Edward. *Administração*, 5.ed., Rio de Janeiro: LTC – Livros Técnicos e Científicos Editora, 1999.

IV

O Fator Humano e a Estrutura Matricial

1. Introdução
2. Fator humano como uma condicionante da estrutura matricial
3. Conflitos na estrutura matricial
4. Cultura organizacional e atitude de colaboração
5. Procedimentos de seleção, avaliação e promoção de pessoal
6. Aspectos culturais
   Referências bibliográficas

1. INTRODUÇÃO

A sintonia entre fator humano e estrutura é um pré-requisito para o sucesso da organização. Na estrutura matricial, pelas suas características, este aspecto é ainda mais relevante. Devido à sua complexidade, este tipo de estrutura exige pessoas com determinadas características de personalidade e comportamento. O primeiro tópico deste capítulo mostra quais são estas características pessoais indispensáveis ao bom desempenho da forma matricial.

A seguir, os conflitos na estrutura matricial são analisados e considerações são feitas sobre o tamanho do projeto e nível de conflito.

O próximo tópico ressalta a importância de uma atitude de colaboração para que a estrutura opere de maneira eficaz.

Finalmente, procedimentos para avaliar e promover pessoal, assim como aspectos culturais relacionados com a estrutura matricial, encerram o capítulo.

2. FATOR HUMANO COMO UMA CONDICIONANTE DA ESTRUTURA MATRICIAL

Uma estrutura organizacional pode ser a mais adequada, tendo-se em vista a natureza da atividade, os objetivos e as características do ambiente externo; entretanto, se esta estrutura é incompatível com o fator humano, sua probabilidade de sucesso será pequena. Fator humano deve ser entendido como as características dos indivíduos e grupos que formam a organização, assim como o clima organizacional existente.

A estrutura matricial exige, para um desempenho eficaz, pessoas com determinadas características. Os aspectos do elemento humano mais relevantes para a forma matricial estão apresentados na Figura IV-1.

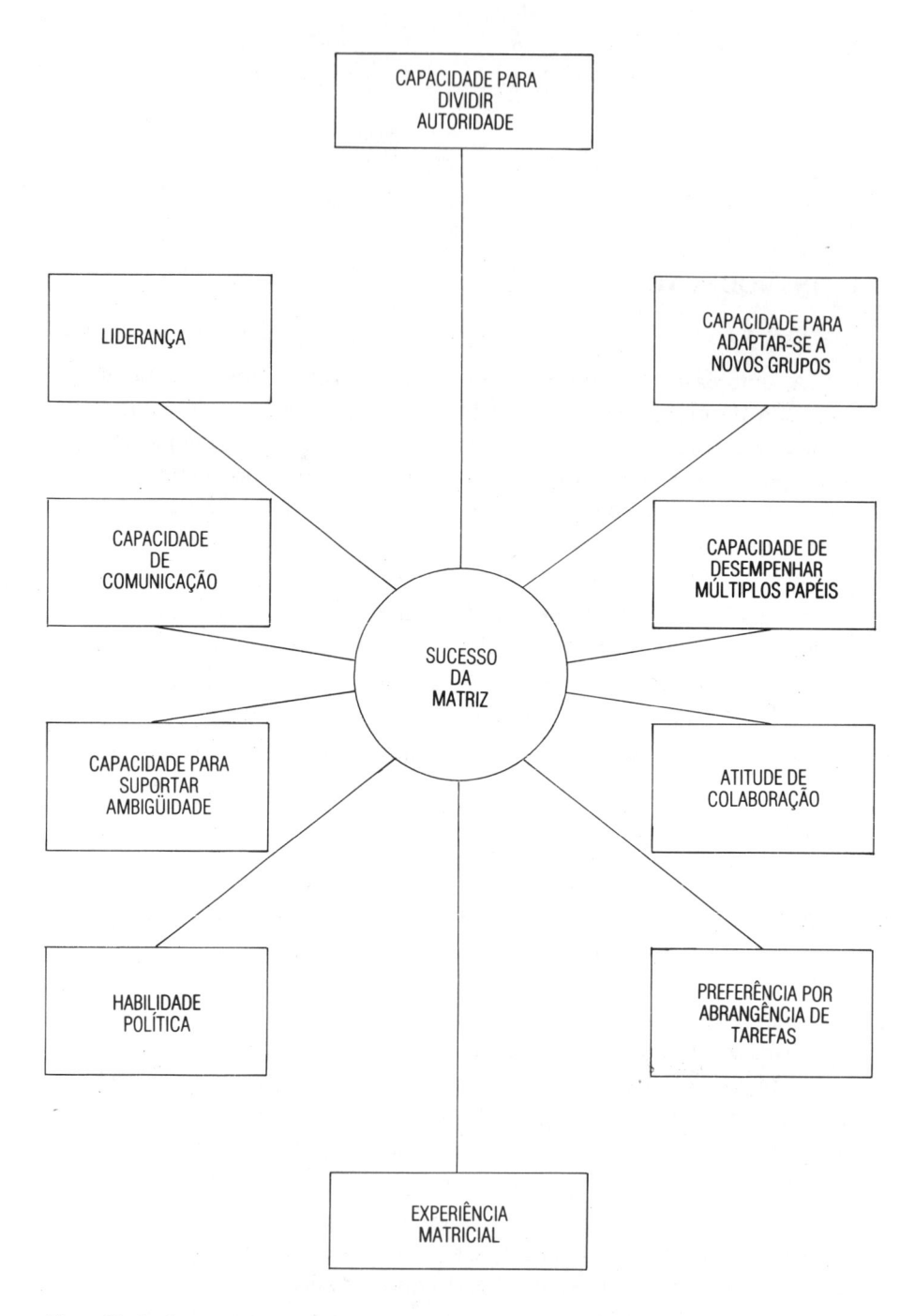

Figura IV - 1 – Características desejáveis no fator humano para operar na Estrutura Matricial.

2.1. Capacidade de Suportar Ambigüidade

Uma característica da forma matricial é a existência de um certo grau de ambigüidade devido à dupla (ou múltipla) subordinação e devido à dificuldade de se identificar de forma detalhada as responsabilidades de cada um. Este problema é mais grave em estruturas nas quais um dos eixos é formado por projetos. Pela sua própria natureza, um projeto é diferente do outro e o grau de incerteza é maior, sendo muito difícil a elaboração de manuais de procedimentos muito detalhados. Estes fatores tendem a produzir elevado grau de ambigüidade. Muitas pessoas não conseguem trabalhar neste ambiente, preferindo atividades mais repetitivas onde os problemas são mais semelhantes e as fronteiras de autoridade e responsabilidade mais conhecidas. Pessoas com este tipo de personalidade adaptam-se bem a estruturas funcionais.

Os indivíduos diferem gradualmente quanto à sua capacidade de desempenhar papéis mal definidos. De acordo com Getrel & Jackson e Hudson, "pensadores convergentes" têm mais probabilidade de escolher carreiras científicas do que "pensadores divergentes" (Knight, 1977).

Isto significa que haveria mais pessoas em um Instituto de P&D (Pesquisa e Desenvolvimento) que achariam difícil operar com funções ambíguas e mal definidas. Por outro lado, uma pessoa mais "empregadora" freqüentemente procura situações ambíguas e indefinidas, as quais ela pode moldar conforme seus requisitos e, para tais pessoas, a Matriz pode oferecer grandes oportunidades para um avanço e desenvolvimento pessoal rápido. Operar em uma estrutura matricial é uma tarefa extremamente desafiadora, principalmente quando o administrador provém de uma especialidade diferente. O problema pode ser agravado, se nenhuma tentativa para esclarecer a autoridade e responsabilidade for realizada.

A implantação da forma matricial sem considerar este fato poderá levar a um nível de tensão e insatisfação elevados que colocará em risco o atingimento dos objetivos da organização.

2.2. Habilidade "Política"

A dificuldade de se definir precisamente as regras do jogo faz com que o sucesso da operação da estrutura dependa muito da habilidade das pessoas. Certos indivíduos, por exemplo, têm mais facilidade que outros para identificar quando podem contatar diretamente um membro do projeto pertencente a outro departamento, quando ele deve solicitar permissão ao seu chefe ou ao chefe dele, e quando ele deve informar seu chefe. Estes indivíduos tornam a estrutura viável, reduzindo o nível de conflitos e aumentando a eficiência do sistema.

2.3. Capacidade de Desempenhar Múltiplos Papéis

Com freqüência, a estrutura matricial exige que um indivíduo seja chefe de um departamento, simultaneamente gerencie um projeto e seja membro de outro. Isto exige a habilidade de adaptar o comportamento para cada caso. Pesquisa (Vasconcellos, 1977) em Institutos Brasileiros de Pesquisa e Desenvolvimento, operando matricialmente, mostrou que em aproximadamente 30% dos casos o gerente do projeto tinha outras funções administrativas e cada técnico estava em média envolvido em três projetos.

Um indivíduo que não tem a habilidade para adaptar-se a diferentes papéis poderá utilizar seu "chapéu" de gerente funcional ao trabalhar como técnico de um projeto. Isso provocará conflitos com o gerente do projeto, prejudicando o desempenho da organização.

2.4. Capacidade para Adaptar-se a Novos Grupos

Na estrutura matricial o indivíduo pertence a um grupo estável: sua área funcional. Entretanto, com freqüência, uma parte do seu tempo é dedicada a trabalho com equipes formadas para os vários projetos. Essas equipes diluem-se ao final do projeto e sua composição muda durante a vida do projeto. Há pessoas que têm facilidade para adaptar-se rapidamente a novos grupos de trabalho; entretanto, outras ficam tensas, insatisfeitas e retraídas, prejudicando o andamento dos trabalhos. Em grandes organizações este problema é ainda mais grave.

2.5. Preferência por Abrangência ao Invés de Especialização

A estrutura funcional permite um maior nível de especialização. Em outras palavras, cada técnico fica conhecendo cada vez mais profundamente sua especialidade. Na estrutura matricial os técnicos tendem a conhecer melhor as inter-relações entre suas especialidades e as demais e tendem a ser mais abrangentes. Certas pessoas preferem a primeira situação, ao passo que outras sentem-se mais realizadas quando adquirem uma visão mais abrangente de sua área técnica, embora menos profunda.

2.6. Atitude de Colaboração

Devido à dificuldade de detalhar regras e procedimentos, há uma considerável área de responsabilidades que permanece indefinida. Se as pessoas têm uma atitude de colaboração, essa área é mais facilmente coberta; por outro lado, se há predominância de uma atitude de conflito, esta área de indefinição poderá ser usada como arma para reforçar o antagonismo existente, sem que a Alta Administração possa punir os culpados.

Portanto, medidas para estimular uma atitude de colaboração são imprescindíveis para o bom desempenho da estrutura matricial.

2.7. Habilidade de Comunicação

Em qualquer tipo de estrutura existe necessidade de habilidades pessoais que permitam que as informações para decisão sejam transmitidas de maneira eficaz.

Na estrutura matricial existem certas características que tornam este aspecto ainda mais relevante e difícil de ser realizado. A dificuldade de definição precisa de responsabilidades e autoridade, o dinamismo do desenvolvimento de projetos, os múltiplos papéis e principalmente a necessidade de formar equipes multidisciplinares faz com que a eficiência da estrutura dependa muito da habilidade de comunicação entre seus membros.

2.8. Capacidade de Liderança

Liderança pode ser definida como a capacidade de influenciar o comportamento de indivíduos e grupos. Seria muito conveniente que o gerente de um departamento fosse ao mesmo tempo um líder, isto é, sua capacidade de influenciar não depender só da sua autoridade formalmente concedida pela organização. Assim, em qualquer estrutura, é importante que o chefe tenha também qualidades de liderança.

Na estrutura matricial este fato torna-se ainda mais necessário em relação aos gerentes de projeto. Esta atribuição exige maior capacidade de liderança do que formas tradicionais de estrutura. O gerente do projeto deverá influenciar um grupo de técnicos de áreas diversas, portanto, dificilmente ele poderá impor-se como especialista perante eles. Além disso, os membros da sua equipe não são totalmente subordinados a ele porque pertencem às diversas áreas funcionais da organização.

Para agravar o problema, ele não tem muito tempo para criar esta ascendência, visto que o projeto tem curta duração.

Não é fácil, em uma organização baseada em capacidade tecnológica, para um administrador, que nunca foi um especialista, conquistar o respeito de seus subordinados e seus iguais especialistas.

Isto requer uma capacidade em liderar grupos de um modo participativo para a solução de problemas e, além disso:

— um certo grau de conhecimento de todas as especialidades funcionais envolvidas, habilidade de avaliar o julgamento de especialistas funcionais e ser capaz de contestar este julgamento;
— um conhecimento de todas as especialidades administrativas funcionais, principalmente as partes mais complexas e incertas, nas quais a avaliação, mais do que a análise, orienta a decisão.

A existência de pessoas com as características acima é um ponto importante para o sucesso da Matriz.

Portanto, a capacidade de liderança dos gerentes de projeto é um ingrediente importante para a viabilidade e o sucesso da operação da Matriz.

Em resumo, enquanto a estrutura funcional permite um nível maior de certeza e rotina, a estrutura matricial exige pessoas com capacidade e preferência para lidar com situações não repetitivas e menos definidas. A viabilidade da estrutura matricial depende da existência ou do desenvolvimento das pessoas adequadas para esta forma organizacional.

2.9. Capacidade de Dividir a Autoridade

Gerentes de projeto e funcionais devem ter capacidade de dividir sua autoridade sobre um mesmo subordinado. Isso requer uma habilidade especial, visto que é muito difícil precisar exatamente os limites da autoridade de cada um. Assim, em grande parte, o sucesso da operação matricial depende da habilidade dos gerentes em solucionar conflitos da autoridade através de um diálogo constante e construtivo.

Gerentes funcionais, especialmente aqueles com muita vivência em estruturas tradicionais, têm muita dificuldade neste aspecto.

2.10. Experiência com a Operação Matricial

Evidentemente, experiência de trabalho com a forma matricial desempenhará um papel importante na habilidade de um indivíduo para operar neste tipo de estrutura. Seria irracional, por exemplo, esperar que um executivo com vinte anos de administração de fábricas, de modo autoritário, seja capaz de adaptar-se imediatamente à administração de uma Matriz.

Tal pessoa pode muito bem ser um "dinossauro" inadaptável ou, na melhor das hipóteses, precisa de considerável treinamento. Evidentemente, o processo de seleção e desenvolvimento é ponto-chave e isto é analisado no Capítulo V.

Há aspectos comportamentais adicionais que são importantes, mas que foram considerados só tangencialmente até agora, tais como estilos de tomadas de decisão, administração da mudança, comportamento em uma Matriz implícita e o papel do consultor externo.

Estes aspectos serão abrangidos indiretamente, por meio de casos, nos capítulos seguintes e serão revisados no Capítulo V.

3. CONFLITOS NA ESTRUTURA MATRICIAL

3.1. Importância do Problema

A estrutura matricial apresenta as vantagens da estrutura Por Projetos, na qual existe um responsável pelo conjunto das tarefas: o gerente de projeto — indivíduo que tem visão de todo o projeto, integrando as várias áreas funcionais. Ao mesmo tempo, a estrutura matricial apresenta as vantagens da estrutura funcional, onde o aperfeiçoamento dos indivíduos é favorecido pela existência, em cada área, de um elemento com elevada qualificação técnica: o gerente funcional. Este indivíduo tem também a função de melhor alocar os recursos humanos e materiais sob sua responsabilidade.

Como podemos ver, a estrutura matricial apresenta inegáveis pontos fortes quando temos que assegurar o sucesso de projetos que envolvem várias áreas técnicas, em termos do cumprimento de orçamentos e prazos e, ao mesmo tempo, evitar capacidade ociosa na utilização de recursos humanos e materiais.

Este tipo de estrutura, entretanto, por várias razões, não é utilizado com mais freqüência. Uma das principais razões é o considerável aumento do nível de conflito na organização (Goodman, 1976).

Pesquisa realizada em Instituições Brasileiras de Pesquisa e Desenvolvimento operando matricialmente mostrou que o conflito mais freqüente acontecia entre o gerente de projeto e equipe, entre o gerente de projeto e gerente funcional e entre gerente funcional e a equipe.

Argyris (1976) ressalta como a introdução da estrutura matricial intensifica atitudes de defesa e hostilidade entre os gerentes.

Um outro estudo realizado sobre a estrutura do Programa Apollo por Wilemon (1973) mostrou que o potencial de conflito aumenta com a utilização deste tipo de estrutura.

Davis (1974), por sua vez, afirma que "... a estrutura matricial gera mais conflito que a estrutura funcional".

Duas razões principais nos levam a abordar o problema dos conflitos, como um dos focos deste livro. A primeira delas é a elevada importância do fator como condicionante do sucesso da estrutura, visto que, se não for mantido dentro de limites adequados, comprometerá a eficiência de todo o sistema. A segunda é a insuficiência de pesquisas nesta área, como enfatiza Butler (1973).

3.2. Funções Conflitantes na Estrutura Matricial

Conflito pode ser definido como "...um comportamento de um indivíduo, grupo ou organização que impede ou dificulta (pelo menos temporariamente) a realização dos objetivos da outra parte" (Thamhain, 1975).

De acordo com Pondy (1976), o conflito segue um processo de 5 etapas:

— aparecimento de condições com potencial de conflito;
— as condições e respectivas implicações são percebidas pelas partes;
— as partes "sentem" o conflito e reações emocionais aparecem;
— as emoções resultam em diversos tipos de comportamento;
— finalmente, o episódio chega a uma conclusão que afetará conflitos posteriores.

Existem inúmeras classificações que orientam o estudo dos conflitos em organizações, e podemos ter conflitos: intrapessoais, interpessoais, intragrupo, intergrupos, internações, interempresas e em uma organização.

Cabe ressaltar que o conflito gerado pela estrutura matricial não é necessariamente negativo. Quando cada gerente de projeto e cada gerente funcional procura melhor utilizar os recursos disponíveis, uma tentativa de alcançar uma máxima utilização para a organização como um todo está sendo realizada. Se eliminarmos, por exemplo, a figura do gerente funcional e transformarmos a Matriz em uma estrutura Por

Projetos, o conflito entre o GP e o GF desaparecerá. Entretanto, a duplicação de recursos e a capacidade ociosa existirão em grau muito maior, mas não haverá o gerente funcional para apontar esta falha e tentar corrigi-la.

De acordo com Butler (1976), o conflito, muitas vezes, age como um estimulante para o desempenho das pessoas. Zaccarelli reforça, dizendo: "... é importante salientar que certo grau de disputa de poder é sintoma de vitalidade" (Zaccarelli, 1967). Goodman (1976) aponta que os conflitos causados pela estrutura matricial não só levam a uma situação mais próxima da otimização, mas também forçam a interação entre pessoas, levando ao desenvolvimento de administradores mais capazes.

Não podemos deixar de ressaltar que o nível de conflito, além de certos limites, passa a ser destrutivo para a organização. A razão inicial do conflito poderá ser uma tentativa de melhor uso de recursos. Entretanto, gradativamente, pode tornar-se uma disputa pessoal devido às características emocionais do ser humano. Algumas das conseqüências negativas que podem advir de tal situação são:

— redução do espírito de colaboração e ajuda mútua entre as pessoas, condições essenciais para o sucesso de qualquer estrutura;
— distorção proposital nas comunicações;
— atrasos nas decisões, causados por discussões intermináveis;
— formação de barreiras cada vez mais sólidas entre grupos que deveriam trabalhar integrados.

Após certo nível, os efeitos negativos do conflito superam as vantagens da estrutura matricial.

3.3. Razões para o Conflito na Estrutura Matricial

As razões para o conflito na estrutura matricial podem ser classificadas em racionais e irracionais. Conflitos racionais são aqueles advindos da tentativa de maximizar simultaneamente os resultados dos projetos e das áreas funcionais. Conflitos irracionais são aqueles advindos de disputas pelo poder, preconceitos, vinganças pessoais, etc...

Os conflitos racionais acontecem geralmente entre o gerente de projeto e gerente funcional. As principais causas para este conflito são:

- *Utilização de recursos humanos:* muitas vezes o gerente do projeto solicita ao gerente funcional aqueles técnicos que ele considera mais adequados para trabalhar em seu projeto. Esta solicitação nem sempre está de acordo com a melhor distribuição das atividades dentro da área funcional, visto que os técnicos prestam serviços a vários projetos. O gerente da área deve alocar seu pessoal de forma a melhor servir a organização como um todo.
- *Utilização de recursos materiais:* com freqüência, discordâncias aparecem entre o gerente funcional e o gerente do projeto devido à utilização de equipamentos. Nem sempre a programação ideal do uso de equipamentos para um determinado projeto é consistente com o melhor aproveitamento deste equipamento por todos os projetos.
- *Prazos:* estabelecimento de prazos para as várias etapas e para o projeto como um todo. Com freqüência, as datas desejadas pelo gerente de projeto, para o cumprimento das várias etapas as quais permitem o cumprimento do prazo total do projeto, conflitam com aquelas que otimizam a utilização dos recursos humanos e materiais dentro das áreas funcionais.
- *Qualidade técnica:* muitas vezes o gerente do projeto e o gerente funcional não têm a mesma opinião quanto ao nível de qualidade da tarefa executada ou a ser executada pela área.
- *Abordagem técnica:* o conflito também pode ser causado pela não-concordância quanto à forma de desenvolver o trabalho. O gerente do projeto pode não concordar com a metodologia usada pelo gerente funcional.
- *Ambigüidade quanto à autoridade e responsabilidade:* com freqüência notamos elevado grau de informalidade quanto à determinação de autoridade final que é, muitas vezes, razão de conflito.

A abordagem técnica é a razão mais freqüente de conflito entre o gerente de projeto e o gerente funcional, seguida por duração das etapas do projeto e indefinição de autoridade e responsabilidade (Vasconcellos, 1977). A Figura IV-2 mostra esses dados.

Entre os conflitos irracionais que ocorrem na estrutura matricial, os mais comuns estão relacionados à disputa pelo poder entre o gerente de projeto e o gerente funcional. Essa disputa pode surgir simplesmente da operação da estrutura matricial; entretanto, é muito comum surgir como conseqüência da implantação da estrutura. Na maior parte dos casos a estrutura matricial resulta da transformação de sua forma fun-

RAZÕES DE CONFLITO	Não é razão de conflito		É razão de conflito	
	N.º de respostas	%	N.º de respostas	%
Utilização de Recursos Humanos	146	69	65	31
Utilização de Recursos Materiais	159	75	52	25
Duração do Projeto ou das Etapas	137	65	74	35
Qualidade	145	69	66	31
Não-determinação de Autoridade/Responsabilidade dos Indivíduos Envolvidos	141	67	70	33
Conteúdo Técnico	131	62	80	38
Outros	210	99	1	1

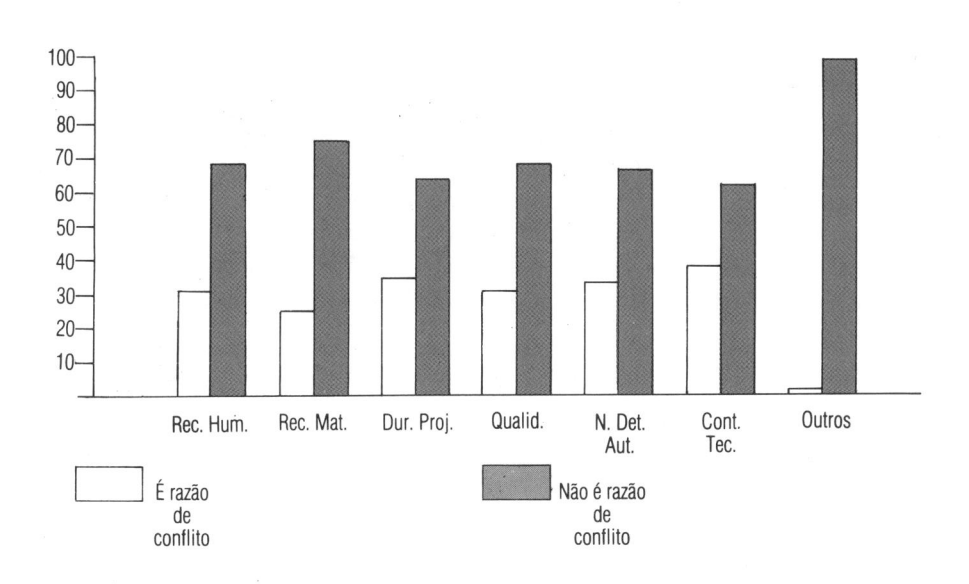

Figura IV–2 – Razões de conflito na estrutura matricial.

Fonte: Vasconcellos (1977).

cional, na qual o gerente funcional tem responsabilidade e autoridade total sobre sua área técnica.

A estrutura matricial divide esta autoridade e responsabilidade com o gerente do projeto. Se cuidados especiais não são tomados, teremos como resultado elevado grau de conflito que prejudicará a eficácia da estrutura. Em tópico posterior, serão sugeridos mecanismos para reduzir o impacto deste problema.

3.4. Tamanho do Projeto e Nível de Conflitos

O tamanho do projeto é um fator importante para o estudo dos conflitos na estrutura matricial. Existem vários critérios para dimensionar projetos, sendo que montante de recursos financeiros, humanos e duração são os mais utilizados. Como estamos tratando especificamente de conflitos, usaremos, neste texto, quantidade de homens/hora envolvidos no projeto.

Em projetos maiores o nível de conflito é maior entre o gerente de projeto e o gerente funcional, entre o gerente funcional e a equipe, e entre os gerentes funcionais e entre os gerentes de projetos (Vasconcellos, 1977). Isso era de se esperar, porque se há mais pessoas envolvidas por mais tempo no projeto a probabilidade de conflito é maior.

A única exceção foi verificada no nível de conflito entre gerente de projeto e a equipe do projeto. Em projetos maiores este nível de conflito era menor quando comparado a projetos menores, como mostra a Figura IV-3.

Isso acontece (conforme já foi visto no capítulo anterior) porque em projetos maiores o padrão de comunicação entre o gerente de projeto e a equipe é diferente. Em projetos menores, o gerente comunica-se diretamente com os membros da equipe, enquanto que em projetos maiores ele comunica-se com a equipe através dos gerentes funcionais. Assim, devido à menor freqüência de contato, o conflito entre o gerente de projeto e a equipe é menor (Vasconcellos, 1977).

Este fato é da maior relevância para o delineamento da Matriz e para o processo de resolução de conflitos. Se a empresa em questão desenvolve pequenos projetos, deveremos esperar maior freqüência de conflitos entre o gerente de projeto e a equipe; por outro lado, se os projetos são de grandes dimensões, envolvendo maior quantidade de recursos humanos, estes conflitos serão menos freqüentes, mas deveremos desenvolver mecanismos para reduzir o nível de conflitos entre o gerente de projeto e os gerentes funcionais.

PARTES CONFLITANTES	PROJETOS MAIORES		PROJETOS MENORES	
	N.º de resp. afirm. qto. existência conflitos	% consid. Total de OBS = 58	N.º resp. afirm. qto. existência conflitos	% consid. Total de OBS = 46
Conflito entre GP e GF	46	79	24	52
Conflito entre GP e Equipe	36	62	20	43
Conflito entre GP e Equipe	39	67	34	74
Conflito entre GP e Assessor do GF	29	50	14	30
Conflito entre GPs	21	36	14	30
Conflito entre GFs	28	48	11	24
Conflito entre Outros	16	28	4	9

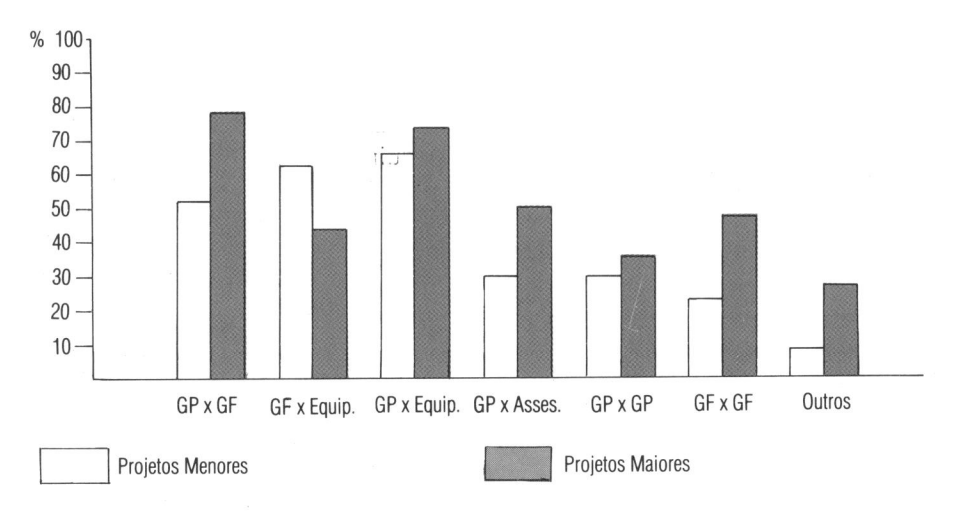

Figura IV - 3 – Comparação entre a Incidência de Conflitos em Maiores e Menores Projetos.

FONTE: Vasconcellos (1977).

4. CULTURA ORGANIZACIONAL E ATITUDE DE COLABORAÇÃO

4.1. Introdução

Apesar de, conforme foi dito acima, haver uma tendência natural para o aparecimento de conflitos nos indivíduos entre si, há, também, impulsos fortes encorajando a colaboração. Isso ocorre porque, na estrutura matricial, o sucesso individual do administrador está ligado, em maior grau, à colaboração dos seus colegas, do que em outras formas organizacionais. Isto depende da cultura organizacional, um conceito amplo mas muito importante. Para nós, então, cultura organizacional representa o conjunto de normas informais, valores e atitudes que as organizações tendem a desenvolver, tais como formas de vestir, tipos de padrões de comportamento, tais como orientação para o futuro ou passado e expectativas de estilos de trabalho. Algumas características culturais vitais para o funcionamento efetivo de uma organização matricial são, além de uma atitude de colaboração:

— *Orientações para resultados:* A estrutura reflete a necessidade de atingir objetivos multidimensionais e isto precisa de uma orientação para os resultados, diferente da orientação para os meios.

Por sua vez, isto tende a exigir capacidades, tais como criatividade e perseverança na resolução de problemas e uma capacidade de tomar riscos e tolerar falhas, aprendendo.

— *Abertura:* O verbo "matriciar" exige que seja mais aberto para com superiores, subordinados e iguais, a respeito dos problemas e para com seus sentimentos e pontos de vista, compartilhando informações e assim desenvolvendo um ambiente de respeito mútuo, confiança e segurança.

— *Autoridade técnica:* Deve-se dar muita importância aos juízos e opiniões do especialista, e o papel dos líderes formais é freqüentemente facilitar o uso dos peritos de qualquer nível hierárquico, conforme a necessidade.

— *Participação:* Na tomada de decisão é encorajada pelos administradores, ao máximo permitido. Entretanto, é importante observar que isto não significa que, por exemplo, *todos* os membros de uma equipe precisam participar em todas as decisões. Isto é denominado "grupite" por Davis e Lawrence (1977) e é exemplo de uma prática saudável, arruinada e tornada contraproducente pelo exagero. Dever-se-á observar que estas características são muito similares à organização "orgânica" de Burns e Stalker (1961).

Abordaremos agora as razões gerais para o estímulo à colaboração e as diversas maneiras possíveis de trabalho conjugado. A seguir, consideraremos o caso específico da organização matricial. Particularmente, prestaremos atenção aos problemas da variação no esforço colaborativo, à medida que a própria Matriz evolui. Focalizaremos, também, as funções do administrador e do consultor, já que o papel do primeiro é fundamental e o último pode contribuir com um importante elemento catalisador na equação da Matriz.

A motivação mais forte para a atitude de colaboração é o interesse próprio; congregando forças de modo cooperativo, espera-se que os benefícios para cada membro do esforço conjunto sejam bem maiores do que se tivessem atuando individualmente. Este fato simples, mas significativo, tem sido importantíssimo para o desenvolvimento da humanidade através das épocas. O outro motivo importante para colaboração é a certeza de que levará ao sucesso do empreendimento, beneficiando, deste modo, o grupo ou organização maior, mesmo que a recompensa dos indivíduos, em si, seja pequena. A imagem popular das empresas japonesas é que existe este tipo de atitude para sacrificar-se a si próprio para um melhor bem para a empresa, enquanto que no Ocidente esta subordinação dos interesses individuais só é esperada em algumas comunidades esportivas, de caridade ou outros empreendimentos não comerciais, incluindo o interesse nacional em tempo de guerra.

Outros motivos de colaboração entre indivíduos é o desejo de evitar conflito e "stress" excessivo, por um lado, e operar em uma harmoniosa atmosfera de trabalho, por outro. Há, na maioria das pessoas, preferência por um clima amigável e de apoio mútuo, mesmo a custo da eficiência. Na realidade, muitos sustentam que a influência obtida a custo da redução na harmonia do trabalho só pode ser a curto prazo, e, portanto, que, a longo prazo, seu impacto pode ser extremamente negativo, se, por exemplo, as pessoas decidem deixar a organização ou sua saúde é afetada. O ideal, é claro, é obter tanto uma melhoria na eficiência, quanto uma atmosfera melhor de trabalho.

Estamos também interessados na colaboração entre os grupos e as organizações, sendo a situação naturalmente muito mais complexa do que a nível individual. Em grande parte a colaboração entre grupos é determinada pelos líderes formais e informais. O que aprendemos, considerando a colaboração entre os indivíduos, também é relevante para esse caso. A natureza e o grau de colaboração são pontos que deveriam ser mencionados neste preâmbulo geral, antes de focalizarmos o caso específico da organização da Matriz. A forma mais "forte" de colaboração é, na realidade, fazer alguma coisa junto, com interdependência recíproca, seja preparar uma refeição ou construir uma ponte. A forma mais "fraca" é a troca de informações, mas mesmo isto pode ser de importância vital para o assunto em vista, principalmente se ele é acompanhado por uma definição precisa de autoridade e responsabilidade.

4.2. Colaboração na Matriz

Como já foi mencionado inúmeras vezes neste livro, a interdependência da forma matricial torna a colaboração mais uma *necessidade* do que uma característica desejável. Se, por exemplo, o administrador funcional e o de projeto estiverem continuamente em conflito, como foi analisado na seção anterior, a Matriz não será um sucesso para a empresa. A importância de um relacionamento de trabalho em boa colaboração, em uma organização matricial, é naturalmente o inverso dos perigos apresentados por um conflito excessivo.

Um bom nível de colaboração na Matriz não significa uma completa ausência de conflito. Na realidade, como foi ressaltado antes, uma certa quantidade de conflito pode ser uma boa coisa e sua ausência é provavelmente um mau sinal, que pode indicar uma operação matricial deficiente por comodismo. Ao invés disso, a chave é a presença de conflitos limitados e construtivos. Divergências quanto a objetivos e métodos para atingi-los são naturais e deve ser dada às pessoas a oportunidade de arejar seus pontos de vista e argumentar com os outros, se assim o desejarem.

Entretanto, uma vez tomada uma decisão, a atitude geral deve ser de apoio total na sua execução. O ponto central da realização, do ponto de vista de um administrador, é, então, atingir esta situação desejável de boa colaboração e trabalho de equipe. O primeiro passo, como sempre, é a seleção do pessoal. O contestador inveterado ou o indivíduo dogmático e intransigente, inevitavelmente, causarão muito conflito na organização matricial devido às múltiplas oportunidades para diferenças de opinião. Supondo, entretanto, que as pessoas na Matriz sejam todas basicamente pessoas razoáveis, prontas a "dar e tomar" em discussões abertas, ainda há grande necessidade de uma vigilância constante por parte do administrador para assegurar que o clima de trabalho permaneça saudável. Se ele começar a deteriorar, devem ser tomadas providências rapidamente para corrigir o problema. As técnicas para manter e recuperar a atmosfera de trabalho incluem:

— planejamento cuidadoso e realização de reuniões entre pessoas envolvidas com um determinado problema, a fim de solucioná-lo adequadamente;

- boa divulgação das informações, através de canais, escritos e orais;
- incluir "colaboração" na lista de critérios de avaliação de desempenho;
- liderança e tipos de tomadas de decisão adequados às pessoas e situações concernentes;
- utilização adequada de abordagens de Desenvolvimento Organizacional, que deve ser executada conforme as circunstâncias o exigirem. Lippit (1969) ressalta que o sucesso da Matriz depende da constituição de um sólido espírito de equipe e apresenta os principais pré-requisitos para o atingimento deste objetivo;
- compreensão e comprometimento com os objetivos do grupo;
- máxima utilização das potencialidades dos indivíduos que formam o grupo;
- estímulo à criatividade, flexibilidade e sensibilidade para com as necessidades dos membros do grupo;
- liderança democrática;
- habilidade dos membros do grupo para avaliar e aperfeiçoar o seu desempenho como equipe;
- clima organizacional favorável para o trabalho em equipe;
- utilização de procedimentos adequados para resolução de problemas e tomada de decisão.

Certamente não será fácil manter uma atmosfera colaborativa ideal o tempo todo; sendo necessárias, para isso, inúmeras habilidades administrativas. As pressões impostas sobre a Matriz e a colaboração desejada poderão variar consideravelmente devido ao tipo de Matriz, a natureza da atividade e ao estágio que ela atingiu em sua evolução. Uma Matriz recentemente estabelecida, que tenha substituído uma organização funcional, exigirá consideráveis habilidades gerenciais, a fim de que um conflito destrutivo seja reduzido a um nível aceitável. Este tipo de situação será estudado mais adiante, no Capítulo V.

Um outro tipo de situação é a Matriz em estado de mudanças rápidas devido a influências externas, como, por exemplo, oscilações de mercado, exigindo aumentos e diminuições rápidas de equipe. É um ponto forte da Matriz o fato de ela ser mais adaptável a estas mudanças que a forma funcional; entretanto, isto não significa que tal adaptação seja indolor.

O comportamento do administrador, tanto dos dois eixos, quanto da administração global, é indubitavelmente de suma importância para estabelecer e manter a estrutura e o clima de colaboração. Quando ocorrerem dificuldades, principalmente na introdução da estrutura matricial, um consultor externo pode desempenhar um papel-chave, não somente auxiliando a determinar a forma da Matriz, como também treinando e moldando as expectativas das pessoas e estabelecendo um conjunto correto de atitudes, sem o qual o potencial de conflitos poderá tornar-se desastroso.

Este aspecto será também estudado mais adiante, no Capítulo V. A colaboração é, infelizmente, uma das virtudes mais óbvias, muito fácil de pregar mas bem difícil de praticar. Provavelmente os pré-requisitos mais importantes para uma colaboração eficiente são: tolerância para com as opiniões dos outros e respeito mútuo entre colegas; se estas atitudes básicas não existem, não será fácil o tipo de colaboração adequada numa Matriz, mas se estas estiverem presentes, muitos outros problemas poderão ser mais adequadamente enfrentados.

5. PROCEDIMENTOS DE SELEÇÃO, AVALIAÇÃO E PROMOÇÃO DE PESSOAL

No tópico 2 deste capítulo, analisamos a relação entre o fator humano e a estrutura matricial. Diversas características de personalidade foram identificadas como desejáveis ou indesejáveis para uma eficaz operação deste tipo de estrutura. Assim, os critérios de seleção de recursos humanos deverão incluir aqueles necessários para um bom desempenho na forma matricial. Entre eles, podemos citar a capacidade de suportar ambiguidade, habilidade política, capacidade para desempenhar múltiplos papéis, para adaptar-se a novos grupos, preferência por abrangência ao invés de especialização, atitude de colaboração e capacidade de comunicação.

Se uma pessoa tem dois patrões, segue-se ou deduz-se logicamente que ambos os superiores deverão participar na sua avaliação. Isto pode ser feito sob a forma de um relatório apresentado pelo gerente do projeto ao gerente funcional, no final do projeto ou em intervalos regulares, caso o projeto não seja muito longo. Alternativamente, pode ser realizada uma avaliação conjunta incluindo uma sessão de "feedback" com a participação do subordinado e dos dois patrões. Quando estiver envolvido mais de dois chefes, o que ocorre nos casos de múltipla subordinação, evidentemente a mecânica do procedimento torna-se mais complexa, mas ainda mesmo assim não há razão para que não possam ser obtidos os "inputs" de cada administrador de projeto.

O sistema de avaliação deverá incluir, entre outros, os fatores utilizados para seleção de pessoal, já mencionados. Além disso, o fator colaboração deverá ser adicionado. Um gerente funcional deverá ser avaliado pelo seu chefe, pelos demais gerentes funcionais e pelos gerentes de projeto, em termos da colaboração prestada a eles durante a execução das atividades.

O sistema de promoção reflete a estrutura bidimensional da Matriz e resulta em uma carreira dupla. Algumas pessoas preferirão seguir a carreira de gerente de projeto. Isto é uma excelente forma de ganhar experiência gerencial que permitirá obter posição, mais tarde, na administração geral. Outros vão preferir galgar a escada da especialidade funcional, com ou sem responsabilidades administrativas, o último sendo possível em organizações tecnológicas avançadas, nas quais cientistas e engenheiros podem alcançar altos "status" e posição salarial sem necessariamente abandonar suas vocações técnicas. Esta opção está se tornando cada vez mais comum, conforme se compreendeu que os administradores não são obrigados a recompensar com mais numerário ou "status" todos os seus subordinados, num sentido hierárquico; um deles, por exemplo, pode ser o ganhador do Prêmio Nobel que não deseja atualmente aceitar uma posição administrativa.

Existem outras classes de sistemas e procedimentos administrativos que já estão sendo especialmente adaptadas às necessidades especiais da Matriz, como, por exemplo, um planejamento anual estratégico, mas este desenvolvimento está num estágio tão primitivo que os melhores meios de discussão são via ou através dos casos apresentados mais adiante. A busca de modelos conceituais está, em muitos casos, a caminho ou nem ainda estudada. Mas ela virá!

6. ASPECTOS CULTURAIS

A organização matricial originada nos Estados Unidos está impulsionando a indústria aeroespacial localizada principalmente na Califórnia, a qual é bem conhecida por suas diferenças culturais do resto dos Estados Unidos.

Em todo o caso, o californiano médio tem fama de ser mais informal, mais flexível, mais aberto e pronto para aceitar mudanças e experiências do que elementos de outras regiões como o Meio-Oeste ou Nova Inglaterra. Estas características culturais estão entre as que foram identificadas mais cedo, sendo, assim, propícias à emergência e adoção de uma organização matricial.

A questão agora é saber em que extensão esta cultura social afeta o nível de adequação da forma matricial para uma organização, mantidas constantes as demais variáveis.

A cultura refere-se aos costumes e ao comportamento de um determinado povo em um dado período; ela descreve seus valores, padrões e modos característicos, conforme os quais eles agem. Possuindo um conjunto de valores em comum, os indivíduos desenvolvem padrões de comportamento fortes e previsíveis que os identificam uns com os outros. O padrão característico de uma cultura também diferencia seus membros dos outros que não compartilham de uma visão do mundo ou orientação similar (Davis e Lawrence). Há claramente muitas dimensões para o conceito de cultura e comentaremos as mais relevantes. O sistema administrativo japonês ajusta-se com notável exatidão dentro dos conceitos da organização matricial. Muitos aspectos de prática administrativa japonesa são precisamente os que têm sido discutidos neste livro. Por exemplo:

— ênfase na harmonia das relações dos grupos;
— a arte de tomada de decisão em grupo distinto da autoridade individual delegada;
— a difusão do senso de responsabilidade;
— compromisso e treinamento para a organização ao invés de uma função especializada.

Relatórios sobre exemplos reais de administração matricial no Japão ainda são raros, isto é, porque não há necessidade de eles se organizarem formalmente, já que grande parte do comportamento matricial já está presente em seus sistemas administrativos. O comportamento é a essência das formas estruturais no Japão, assim como é nas organizações matriciais bem sucedidas no Ocidente. O sistema japonês lá constitui-se em uma exceção à idéia de que Matrizes implícitas ou latentes são, provavelmente, ineficientes, o que, apesar de verdadeiro, no Ocidente, não é necessariamente assim em uma cultura administrativa radicalmente diferente. Uma outra semelhança entre as organizações matriciais do Ocidente e as organizações japonesas é que as decisões levam mais tempo para ser tomadas devido ao processo consensual envolvido, mas, quando tomadas, são implementadas muito mais rapidamente do que na pirâmide hierárquica normal do Ocidente. Isso ocorre porque todos os administradores estão bem a par da decisão, dos seus antecedentes e aceitam a necessidade de implementá-la. Mesmo que originalmente eles estivessem contra ela, eles tiveram uma oportunidade para apresentar seus pontos de vista e estão preparados para aceitar a opinião consensual, depois de inúmeras discussões.

A cultura organizacional alemã, com sua ênfase na autoridade e disciplina, parece, à primeira vista, adversária à forma matricial e o primeiro livro sobre a organização matricial, em alemão, chama a atenção principalmente pelo fato da completa ausência de considerações comportamentais (Weigmann, 1975). Entretanto, um grande número de estudos orientados comportamentalmente foi publicado por autores alemães, tais como Dullen (1975) e Schneider (1975). Atualmente parece que a forma matricial poderá ser usada com sucesso na Alemanha, se for dada bastante atenção ao esclarecimento do sistema aos administradores antes da fase de introdução, identificando tão precisamente quanto possível a autoridade e responsabilidade.

Organizações britânicas estão adotando a Matriz em números cada vez maiores, embora uma diferença cultural importante entre os norte-americanos e os britânicos seja uma reserva natural dos britânicos e uma aversão relativa a ser "aberta". Evidentemente, isto pode tornar uma organização matricial difícil, se os conflitos forem reprimidos com os efeitos negativos subseqüentes. Entretanto, ao menos nas organizações profissionais, principalmente dos tipos mais recentes, tais como consultores de sistemas de Processamento de Dados, parece que a Matriz é adequada à cultura britânica (Knight, 1976).

O caso francês é, de certo modo, o mais relevante para o Brasil, devido ao efeito do sistema burocrático napoleônico, conforme Crozier, proeminente autoridade francesa em organizações:

"O sistema burocrático formal e legalista francês das organizações é a solução perfeita para o dilema dos franceses para com a autoridade. Eles não podem suportar a autoridade onipotente, a qual eles consideram indispensável para o sucesso de qualquer tipo de atividade cooperativa." Crozier então declara que, "conseqüentemente, o francês, para isso, concede autoridade absoluta ao dirigente, mas o impede de exercer uma vontade arbitrária sobre os que estão abaixo, conservando um conjunto de regras impessoais e legais que limitam esta dependência. A influência burocrática francesa é grande no Brasil e o sistema burocrático legal também. Na América Latina, como um 'todo cultural', os padrões favorecem o sistema de autoridade paternalista, o qual reforça a prática do 'um homem, um mestre' " (Crozier, 1964).

Conseqüentemente, existem fatores culturais fortes na América Latina, militando contra o uso das organizações matriciais. Mas no Brasil, por exceção, devido a uma virtude considerável, à flexibilidade e adaptabilidade, consegue-se sempre "dar um jeito". Hemsley, Sbragia e Vasconcellos (1976) levantaram a hipótese de que, devido a esta característica cultural, as organizações tecnológicas brasileiras, que são as menos afetadas pelos padrões de autoridade paternalista, têm grandes probabilidades de adotar com sucesso a forma matricial. Neste momento, um número surpreendentemente alto de organizações brasileiras adotaram com êxito a forma organizacional matricial. Contribuíram para isso certas características culturais que se assemelham às da Califórnia e Japão; uma predisposição ativa para experimentar e inovar, e uma abertura para com o estilo administrativo e os padrões de comportamento.

Só o tempo dirá se a Matriz é mais ou menos adequada à cultura brasileira do que às outras, mas, ao menos, não há o problema de ser culturalmente necessário existir um único padrão por longo tempo, um chefe que promova seus subordinados dentro da organização conforme ele próprio vai subindo. Este tipo de comportamento cultural, como foi observado no sudoeste da Ásia, não é de modo algum favorável à situação de mudanças rápidas exigidas pela Matriz, dentro da qual novos relacionamentos estão continuamente sendo formados.

Neste capítulo, procuramos mostrar a importância do fator humano como condicionante da estrutura matricial. A seleção das pessoas com características adequadas, a compreensão dos conflitos e suas causa a importância da atitude de colaboração, os procedimentos para avaliar e promover pessoal e o conhecimento dos aspectos culturais são elementos de fundamental relevância para o sucesso da organização estruturada matricialmente.

Referência Bibliográficas

DUNN, Steven C. *Motivation by project and functional managers in matrix organizations*, Engineering Management Journal, Rolla, Jun 2001, Vol. 13, 2.ed., pp. 3-9.
MAHLER, Walter R. *Structure Power and Results* - How to Organise Your Company for Optimum Performance, Homewood, Illinois: Dow Jones-Irwin, 1975.
KALLEBERG, Arne; MARSDEN, Peter V.; KNOKE, David; SPAETH, Joe L. *Organizations in America:* A Portrait of Their Structures and Human Resource Practices, Sage Publications, Incorporated, junho, 1996.
KOOL, L. M. de. *Toward a new corporate culture,* Harvard Business Review, Boston, jan/fev 1999, Vol. 77, 1.ed., p. 55.

OLIVARES, José Enrique Louffat. *Uma contribuição ao estudo da interação da estrutura organizacional com a estrutura de carreiras nas organizações:* o caso do Instituto de Pesquisas Energéticas e Nucleares - IPEN, Dissertação (Mestrado) – FEA-USP, São Paulo, 1999.

WENGER, Etienne C.; SNYDER, William M. *Communities of practice*: The organizational frontier, Harvard Business Review, Boston, jan/fev 2000, Vol. 78, 1.ed., pp. 139-145.

V

Exemplos de Utilização da Estrutura Matricial

1. Introdução
2. A estrutura matricial em organizações de pesquisa e desenvolvimento
3. A Matriz na indústria de transformação
4. A Matriz no setor de serviços
5. Considerações finais
   Referências bibliográficas

1. INTRODUÇÃO

Hoje, já há um considerável número de organizações utilizando a forma matricial, comprovando a utilidade deste tipo de estrutura especialmente em atividades complexas e inovadoras. Este capítulo ilustra o uso da Matriz em organizações de pesquisa e desenvolvimento, organizações industriais e de prestação de serviços. Ao todo, cinco casos foram selecionados, sendo três baseados em empresas brasileiras, um em uma multinacional operando no Brasil e um baseado em uma empresa norte-americana.

Primeiramente, será apresentado um caso de um Instituto de Pesquisa e Desenvolvimento. No decorrer desta última década, a escassez de recursos para pesquisa tecnológica de forma geral fez com que muitas Instituições de Pesquisa passassem a vender projetos para o meio externo a fim de complementar seu orçamento e ao mesmo tempo prestar um serviço à comunidade. Muitos desses projetos eram interdisciplinares, exigindo a colaboração de diversas áreas funcionais, originando, assim, a estrutura matricial. O Caso Ômega apresenta o processo pelo qual se desenvolveu uma estrutura matricial em mais uma organização brasileira voltada para a Pesquisa Tecnológica.

A segunda área a ser abordada é a utilização de Matriz em empresas industriais. Isso será feito através da apresentação de dois estudos de caso:

— TRW SYSTEMS (A) que mostra como foi estabelecida uma das primeiras formas matriciais na indústria aeroespacial.
— AÇOMINAS mostrando como a Matriz foi utilizada na fase de planejamento da construção da planta, atividade esta que chegou a ter 36.000 pessoas envolvidas.

A estrutura matricial é relativamente pouco utilizada na indústria; entretanto, o número de empresas com este tipo de estrutura está aumentando consideravelmente e espera-se a continuação desta tendência nas próximas décadas. Cuidados devem ser tomados para evitar excessos no uso da Matriz, conforme alertado por Hemsley e Vasconcellos (1982).

O terceiro setor a ser analisado é o de serviços, incluindo empresas de projetos de engenharia e organizações governamentais. É apresentado o caso de uma empresa brasileira de engenharia voltada para tecnologia de ponta que operava matricialmente com um nível elevado de informalidade.

Estes casos apresentam vários aspectos práticos da implantação e operação da estrutura matricial. A Figura V-1 ilustra a variedade de organizações que usam a forma matricial no Brasil, com diferentes graus de formalização.

Instituto de Pesquisa	Empresas Multinacionais	Empresas de Engenharia
• Planalsucar	• Citybank	• Engevix
• Cientec	• Westinghouse	• Odebrecht
• Iapar	• Dow	• Hidroservice
• CTA	• Morgan Grenfell	• Montreal
• IPT		• Promom
		• CNEC

Siderúrgicas	Empresas Governamentais	Diversos
• Acesita	• Emurb de São Bernardo do Campo	• Usimec
• Usiminas		• Casa da Moeda
• Açominas	• Serpro	• Metal Leve (R&D Dept)
		• Copersucar (R&D Dept)

Universidades		Empresas de Consultoria
• Unifor - Fortaleza		• Cetep - Salvador

Figura V-1 – Exemplos de organizações estruturadas matricialmente.

Cabe notar que a maior parte dos casos apresentados neste capítulo foram escritos para uso didático através do método do caso e não para simples leitura. Assim, o enfoque destes casos é permitir ao estudante uma análise crítica seguida de um posicionamento sobre o problema. O registro dessas experiências, no entanto, constitui-se em valiosa informação para o estudo da estrutura organizacional.

2. A ESTRUTURA MATRICIAL EM ORGANIZAÇÕES DE PESQUISA E DESENVOLVIMENTO

O setor de pesquisa e desenvolvimento apresenta condições muito favoráveis à utilização da Matriz quando a necessidade de áreas técnicas diferenciadas se associa à necessidade de integração entre elas. No Brasil, as atividades de pesquisa são realizadas basicamente em Universidades e Instituições de Pesquisa. Os Centros Tecnológicos da Indústria são bastante raros porque as multinacionais já trazem os resultados de pesquisa da Matriz e as empresas nacionais, na sua quase totalidade, não têm dimensões suficientes para ter centros de pesquisa.

É verdade que nos últimos 10 anos o número de empresas com centros de pesquisa aumentou bastante, havendo hoje mais de 70 empresas nessas condições; entretanto, se desconsiderarmos as empresas públicas, este número se reduz substancialmente.

Na Universidade, a maioria das pesquisas são científicas e de caráter individual, havendo relativamente pouca interação entre as várias áreas do conhecimento. Por esta razão, a necessidade de Matriz é muito reduzida. Já nas Instituições de Pesquisa as condições são bastante diferentes. Embora operem com orçamentos públicos, ultimamente a escassez de recursos trouxe estímulos adicionais para que os Institutos procurem complementar suas receitas através da prestação de serviços de pesquisa tecnológica.

A busca de soluções para problemas complexos depende, na maioria dos casos, da interação de especialistas de várias áreas. Embora nossas Instituições sejam tradicionalmente estruturadas por áreas do conhecimento, os problemas práticos não o são. Assim, a Matriz tem sido utilizada com freqüência com maior ou menor grau de formalização.

O Caso Ômega, apresentado a seguir, ilustra uma situação que tem se repetido com freqüência no Brasil. Devido à incapacidade da estrutura funcional para o desenvolvimento de projetos interdisciplinares, muitas organizações separam estes projetos das áreas funcionais, subordinando seus gerentes diretamente à Alta Administração. Esta medida resulta em duplicação de recursos, capacidade ociosa e outros problemas que são ilustrados pelo caso. A seguir, é apresentada na parte B a solução adotada.

2.1. O Instituto de Pesquisas Ômega* (A)

"Gostaria que fosse tão fácil dirigir um projeto como dizem os livros", queixou-se Olney Braga, líder dos principais projetos para estudos especiais da Divisão de Engenharia de Tráfego do Instituto de Pesquisas Ômega, "mas exige-se tanto tempo do gerente de projetos para o correto desempenho das funções técnicas e administrativas que isso não me permite fazer outras coisas que me interessam aqui".

O INSTITUTO

O Instituto de Pesquisas Ômega está localizado na cidade de Florialópolis, um importante centro industrial da América Latina. Fundado em 1951, é um dos grandes Institutos de Pesquisa, com mais de mil funcionários. Possui oito divisões, das quais uma delas é a de Engenharia de Tráfego, com cerca de 150 funcionários, dos quais pouco mais de 50 são cientistas e engenheiros, geralmente formados pela Universidade local. O desenvolvimento histórico do Ômega baseou-se numa política de descentralização divisional, e, por isso, é freqüentemente denominado de "Confederação de Institutos", ao invés de apenas um Instituto. Fundado pelo Governo do Estado, o Ômega faz, além de pesquisas, uma grande quantidade de serviços técnicos para a indústria e para o próprio governo.

A DIVISÃO DE ENGENHARIA DE TRÁFEGO

A Divisão de Engenharia de Tráfego tem quatro seções e diversos serviços de apoio, bem como um grupo de Projetos Especiais, como é mostrado na Figura V-2.

A Divisão foi fundada em 1963 e cresceu rapidamente. O seu diretor é o Dr. Pedro Gonzales de Souza, 41 anos, encarregado, principalmente, das operações globais da divisão, de assegurar contratos adicionais e de manter os atuais.

---

* O presente caso foi preparado por JAMES R. HEMSLEY, ROBERTO SBRAGIA e ANTONIO CESAR AMARU MAXIMIANO, com a colaboração de JOÃO ALBERTO NERY DE OLIVEIRA, dentro do Programa de Administração em Ciência e Tecnologia do Instituto de Administração da USP (PACTo).

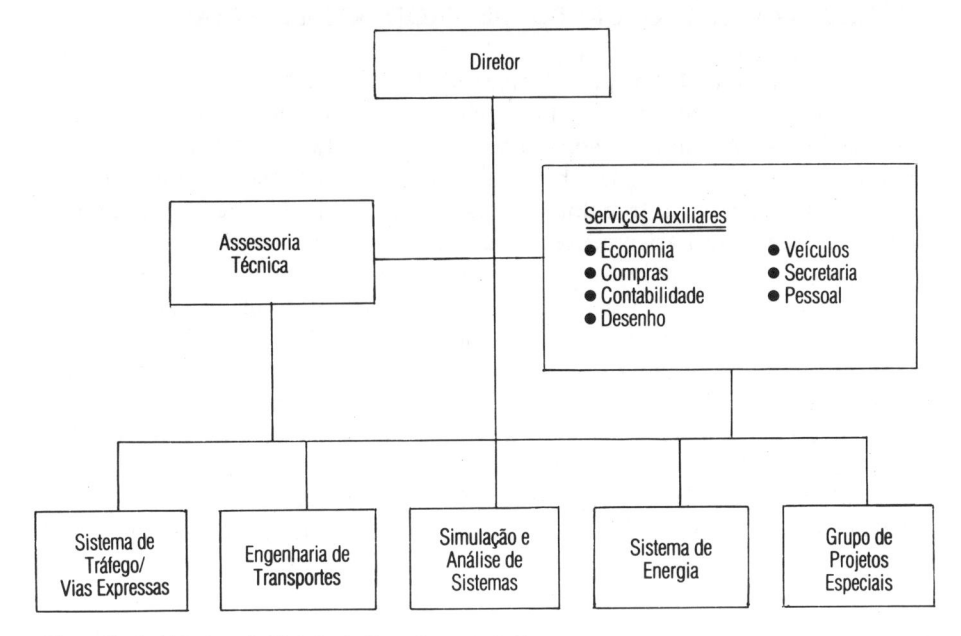

```
                    ┌─────────┐
                    │ Diretor │
                    └────┬────┘
                         │
         ┌───────────────┼───────────────────────────┐
         │                                           │
  ┌──────────────┐                        ┌─────────────────────────┐
  │  Assessoria  │                        │   Serviços Auxiliares   │
  │    Técnica   │────────────────────────│ • Economia   • Veículos │
  └──────┬───────┘                        │ • Compras    • Secretaria│
         │                                │ • Contabilidade • Pessoal│
         │                                │ • Desenho               │
         │                                └───────────┬─────────────┘
         │                                            │
  ┌──────┴──────┬───────────┬──────────────┬──────────┴──┬──────────────┐
  │             │           │              │             │              │
┌──────────┐ ┌──────────┐ ┌──────────┐ ┌──────────┐ ┌──────────┐
│Sistema de│ │Engenharia│ │Simulação │ │Sistema de│ │ Grupo de │
│ Tráfego/ │ │    de    │ │Análise de│ │ Energia  │ │ Projetos │
│Vias Expr.│ │Transport.│ │ Sistemas │ │          │ │Especiais │
└──────────┘ └──────────┘ └──────────┘ └──────────┘ └──────────┘
```

Figura V - 2 – Estrutura da Divisão de Engenharia de Tráfego.

Os projetos de pesquisas contratados por *clientes externos** podem ser organizados de duas maneiras, dependendo do grau de complexidade e da variedade das disciplinas exigidas. Os projetos que exigem habilidades de uma das disciplinas básicas de engenharia de tráfego são tratados pela seção correspondente. O chefe da seção designa para o projeto um líder e fornece-lhe os funcionários e os recursos necessários.

Alguns projetos, porém, exigem equipes multidisciplinares, que são formadas dentro do grupo de projetos especiais, composto de engenheiros com uma diversidade apropriada de "backgrounds" acadêmicos e com funcionários de apoio adequados, tais como técnicos e secretárias. Esse grupo pode executar até três ou mais projetos simultaneamente. Os projetos estavam sendo dirigidos por dois administradores experimentados, Olney Braga e João Silveiro dos Reis, subordinados diretamente ao diretor ou a alguém da Assessoria Técnica.

---

* Aproximadamente 90% das atividades da Divisão são devotadas a agências governamentais (estaduais e federais). Os 10% restantes são dedicados à indústria particular.

OLNEY BRAGA E O GRUPO DE PROJETOS ESPECIAIS

Formado em 1966 pela Universidade Estadual, Olney trabalhou como técnico de engenharia no Ômega até 1971. Nesse ano, recebeu atribuições de Administração, ficando responsável, principalmente, pela liderança de projetos, que absorviam 80% do seu tempo. Em 1972, saiu do Ômega para trabalhar numa firma particular de engenharia, onde se dedicou, basicamente, a atividades administrativas. No final de 1974, Olney decidiu voltar ao Ômega para se tornar Gerente do Grupo de Projetos Especiais. Em maio de 1975, o grupo de Olney consistia de 20 funcionários, incluindo 7 engenheiros, trabalhando em dois projetos, cada um dirigido por um engenheiro-chefe. O resto do G.P.E. era organizado de modo semelhante. A organização da equipe de Olney é apresentada na Figura V-3. Toda semana, Olney realizava uma reunião de revisão do projeto com o cliente, o líder de projetos e os altos funcionários da Divisão. Além disso, mantinha um contato diário com os subordinados, conforme necessário, para tratar dos aspectos operacionais do trabalho.

```
                    ┌──────────────┐
                    │  Olney Braga │
                    └──────┬───────┘
              ┌────────────┴────────────┐
        ┌─────┴──────┐           ┌──────┴─────┐
        │ Projeto "A"│           │ Projeto "B"│
        └────────────┘           └────────────┘
```

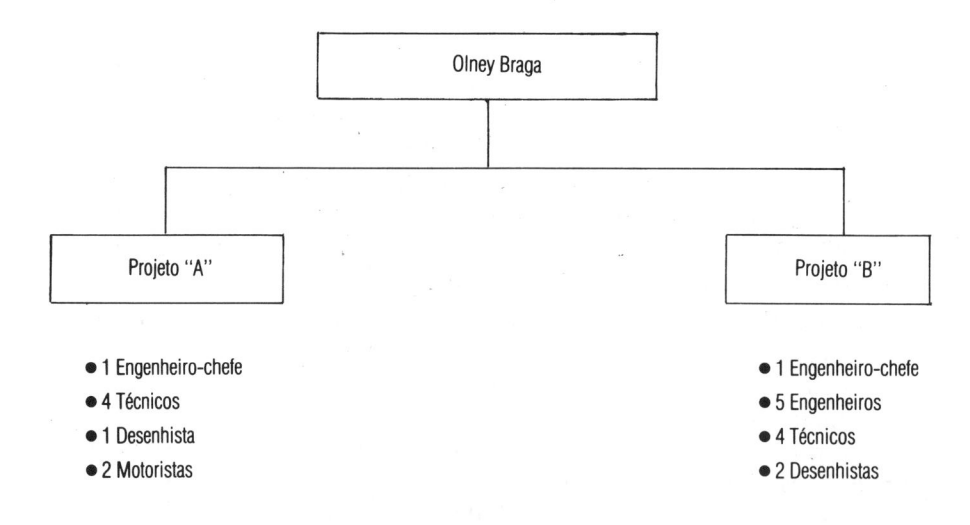

- 1 Engenheiro-chefe
- 4 Técnicos
- 1 Desenhista
- 2 Motoristas

- 1 Engenheiro-chefe
- 5 Engenheiros
- 4 Técnicos
- 2 Desenhistas

Figura V - 3 — Equipe do Engenheiro Olney Braga.

DIFICULDADES ADMINISTRATIVAS NO GRUPO DE PROJETOS ESPECIAIS

Em maio de 1975, Olney Braga estava preocupado com as dificuldades administrativas dos projetos sob o seu controle. Identificou, então, as seguintes dificuldades:

"Em primeiro lugar, existe uma considerável subutilização do meu pessoal, devido a circunstâncias inevitáveis e fora de meu controle, como, por exemplo, obstáculos colocados pelo cliente. Isto pode ocorrer entre ou mesmo durante os projetos, e produz tédio e frustração em meu pessoal. Além disso, eu tenho muitos problemas para treinar e desenvolver o meu pessoal de projetos, que tem geralmente experiência em apenas um ou dois assuntos, de forma que, quando começamos um novo projeto, ou mesmo um plano diferente de um projeto, eu mesmo tenho que me esforçar para treiná-los nos aspectos práticos da designação de tarefas e, às vezes, até mesmo na teoria básica."

Estas dificuldades foram repetidas por alguns outros membros do Grupo de Projetos Especiais. Jorge Aleixo, que trabalha no Ômega há 18 meses, após se formar em engenharia pela Universidade de Rutgers — New Jersey, comentou: "Fazer parte de um Grupo de Projetos não permite que a gente realmente se especialize e se desenvolva como o pessoal das áreas técnicas. Ali, se eles quiserem, podem utilizar todo o seu tempo num ramo da área, enquanto que os nossos trabalhos mudam até mesmo de uma área para outra."

Contudo, Enrico de Almeida Gomez, outro elemento da área técnica, comentou: "Uma das grandes vantagens que o Grupo de Projetos dá ao seu pessoal é a oportunidade de obter rapidamente uma vasta experiência. Porém, é certo que as áreas podem proporcionar uma melhor oportunidade para os engenheiros desenvolverem suas especialidades."

Olney Braga estava cada vez mais preocupado com a situação: "Pedro Gonzales de Souza, o diretor da Divisão, de 41 anos de idade, acredita firmemente nos modernos métodos de Administração; eu encorajo o meu pessoal a freqüentar cursos de treinamento em Administração, que os ajudem a se tornarem administradores eficazes de Pesquisa e Desenvolvimento; afinal, pode-se transformar um engenheiro num administrador, mas não se pode transformar um administrador num engenheiro. O que nós precisamos aqui, no Ômega, são melhores administradores. Achei que a minha experiência prática como gerente me daria uma base suficiente para este trabalho, mas parece que não é assim. Eu me pergunto o que devo fazer."

2.2. O Instituto de Pesquisa Ômega (B)

Dois meses após as modificações introduzidas na Divisão de Engenharia de Tráfego do Instituto de Pesquisa Ômega, quando nela foi posta em prática uma forma de organização matricial para se resolverem os problemas descritos em Ômega (A), Olney Braga fez uma avaliação das mudanças efetuadas. Como resultado dessa avaliação, uma nova situação passou a caracterizar a Divisão, requerendo de Olney uma análise das vantagens e desvantagens da nova estrutura para a Instituição.

I — *Descrição da nova estrutura adotada na DET*

Como se notou no caso anterior, a DET do IPO era estruturada de uma forma mista, isto é, existiam equipes funcionais (Seções de Sistema deTráfego/Vias Expressas, de Transportes, etc.) e equipes de projetos (Grupos de Projetos Especiais), que operavam independentemente e com recursos próprios. Como os projetos desenvolvidos pelo G.P.E. normalmente exigiam o concurso de várias disciplinas básicas, representadas pelas Seções Funcionais, Olney Braga *planejou uma nova estrutura* para administrar seus projetos, que, em decorrência de seus conhecimentos, adquiridos num curso de treinamento gerencial nos EUA, parecia bastante aplicável a tal situação.

Essa nova estrutura, representada pela Figura V-4, assumiria uma forma matricial, segundo a qual Olney Braga, Gerente de Projetos, usufruiria dos mesmos recursos dos gerentes funcionais. Isso se concretizaria na medida em que o pessoal da equipe de Olney fosse distribuído nas Seções Funcionais correspondentes à especialização de cada um, permanecendo apenas Olney na sua posição inicial, isto é, como GP respondendo diretamente ao Diretor da Divisão.

Nessa forma de estrutura, os gerentes funcionais ficariam responsáveis pelo treinamento do pessoal, pela distribuição do tempo dos indivíduos nos projetos, pelos aspectos salariais e de avaliação e mesmo por sua produção técnica, ao passo que o gerente de projeto responderia pelos aspectos ligados à performance global do projeto, em caráter decisório. Seria de sua responsabilidade o planejamento do projeto, a especificação dos detalhes técnicos de execução, a resolução de problemas junto aos clientes, a definição de preços de venda, o controle de prazos e custos, etc.

O processo de formação de uma equipe para execução de um dado projeto obedeceria o seguinte: O GP analisaria as capacidades

```
                    ┌─────────┐
                    │ Diretor │
                    └────┬────┘
                         │
                    ┌────┴──────┐
                    │ Serviços  │
                    │ Auxiliares│
                    └────┬──────┘
```

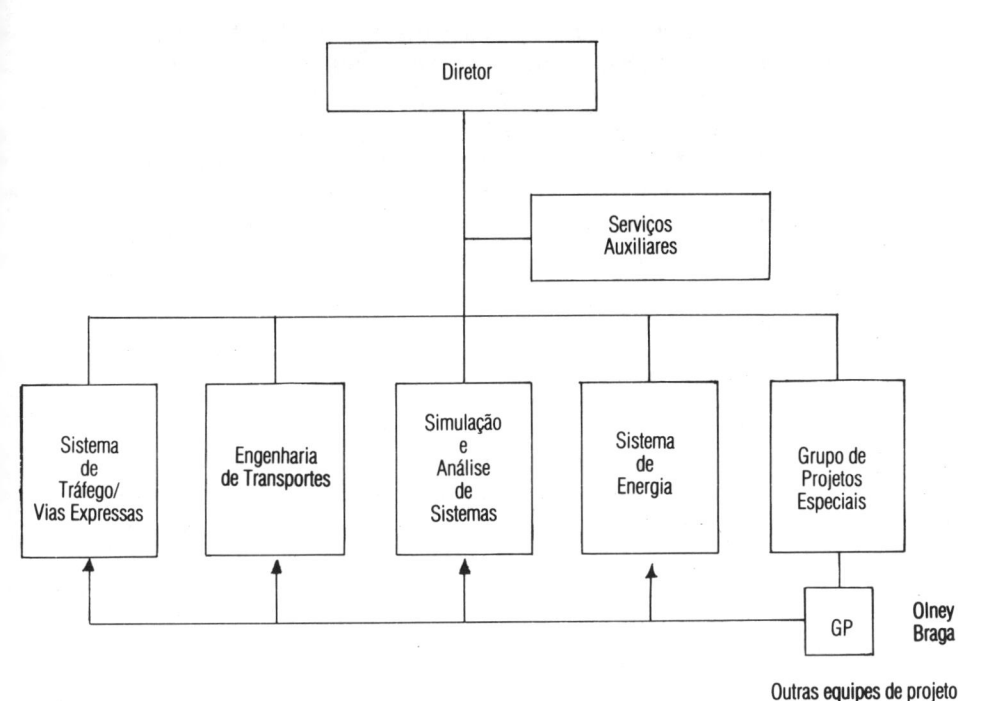

Figura V - 4 – Distribuição da equipe do Eng.º Olney Braga.

(Organograma: abaixo de "Serviços Auxiliares" há as caixas: Sistema de Tráfego/Vias Expressas; Engenharia de Transportes; Simulação e Análise de Sistemas; Sistema de Energia; Grupo de Projetos Especiais. Ligadas ao GP — Olney Braga. Outras equipes de projeto.)

que seriam necessárias e, então, contataria os gerentes funcionais das áreas eventualmente cobertas pelo projeto para a decisão sobre os elementos que deveriam ser postos à sua disposição. Daí para a frente, o elemento ficaria administrativa e profissionalmente respondendo ao gerente funcional, mas operacionalmente ao gerente de projeto, com o qual manteria um contato direto acerca das atividades relacionadas com o projeto.

II — *O processo de mudança*

Após imaginar o funcionamento da nova estrutura da forma como foi acima descrita, Olney Braga falou com o diretor da DET, Sr. Pedro Gonzales, o qual, apesar de sensibilizado em relação aos problemas de administração, não pareceu muito convencido da idéia. Porém, deu total liberdade e apoio à iniciativa, dizendo que Olney deveria entrar em contato com os demais gerentes funcionais para colocar e obter aprovação de suas idéias. Caso isso acontecesse, ele, Pedro Gonzales, formalizaria a iniciativa. Assim foi feito, e a mudança foi efetuada com sucesso, sendo que alguns fatores contribuíram decisivamente para isso: o forte apoio do diretor da Divisão, o fato de o gerente do projeto ter um nível igual aos dos gerentes funcionais, reportando-se diretamente ao diretor, o clima informal de trabalho na Divisão e o processo em si de mudança que foi utilizado, através de uma estratégia participativa, onde se deu ênfase ao alcance de um consenso entre o gerente de projeto e os demais gerentes funcionais, com o primeiro apresentando uma proposta e permanecendo receptivo a sugestões.

III — *A avaliação da nova estrutura*

Dois meses após as modificações introduzidas na Divisão de Engenharia de Tráfego, Olney Braga fez uma avaliação da situação. Nessa avaliação constatou, em decorrência do novo esquema de funcionamento, que se tinha posto em prática para a administração de seus projetos, que:

— apesar da sobrecarga de trabalho do gerente do projeto, em termos genéricos, ter diminuído, especialmente em relação à parte de produção técnica do projeto, cuja responsabilidade maior passou para as seções, as tarefas gerenciais aumentaram, principalmente devido ao fato de o gerente de projeto ter que realizar um acompanhamento contínuo junto a pessoas que estavam fora de sua área de autonomia. Isto, evidentemente, exigia um número maior de contatos e, em conseqüência, um trabalho maior de coordenação;
— o trabalho numa equipe autônoma de projeto é muito mais objetivo. Nas seções, o trabalho é mais demorado, menos imediato e há uma preocupação muito maior com pequenos detalhes que normalmente não interessam na amplitude total do projeto. Assim, embora houvesse uma melhor qualidade do trabalho, a produtividade era sensivelmente menor do que a conseguida no esquema de trabalho anterior;
— existia agora uma menor ociosidade de mão-de-obra, pois os indivíduos, quando não estavam trabalhando em projetos, realizavam, dentro de suas seções e sob a orientação de seus superiores, um outro trabalho de interesse para a organização na linha de sua especialização;
— o recrutamento, a seleção e o treinamento de pessoal eram muito mais eficazes dentro das seções e não tomavam tempo

do gerente de projeto. Porém nem sempre eles eram orientados às necessidades do projeto, tornando-se necessário, às vezes, contratar pessoal temporário para suprir tais necessidades, mesmo sabendo-se que posteriormente a Divisão não teria condições de absorver definitivamente tais indivíduos;

— o gerente de projeto tinha muito pouco poder formal. Ele não podia "forçar a produção", nem escolher arbitrariamente o pessoal que julgava mais capacitado para trabalhar num dado projeto. Era preciso "negociar" antes com os gerentes funcionais o empréstimo dos técnicos e o cumprimento das datas e, muitas vezes, havia conflitos nessa negociação.

IV — *Comentários finais de Olney*

Apesar dos problemas acima descritos, várias entrevistas de Olney Braga com os gerentes funcionais e com o diretor da Divisão indicavam que o novo sistema parecia o adequado. Isso foi, inclusive, reafirmado pela posição de Pedro Gonzales, que oficializou a medida tomada por Olney, seis meses depois da primeira avaliação, e também a adotou para a maioria do pessoal do Grupo de Projetos Especiais. Desta forma, a Divisão como um todo hoje opera numa estrutura matricial relativamente bem definida. E nessa situação, embora preocupado com alguns aspectos, Olney Braga hoje gerencia quatro grandes projetos e afirma com segurança que, pelo sistema antigo, ele mal poderia tomar conta de um.

3. A MATRIZ NA INDÚSTRIA DE TRANSFORMAÇÃO

A utilização da Matriz na indústria de transformação ocorre com menor freqüência quando comparado ao setor de pesquisa e desenvolvimento. A principal razão para isso é a natureza da atividade que se caracteriza por maior repetitividade exigindo menor freqüência de interações horizontais e diagonais para ser realizada.

Mesmo assim, há muitos casos que exigem a Matriz em empresas industriais. Um primeiro exemplo são os processos de ampliação da planta. Nesses casos, há necessidade de estudos e trabalhos que necessitam de subsídios das diversas áreas funcionais.

A Acesita em Minas Gerais criou um Grupo de Expansão com mais de 300 técnicos, que tinham por objetivo estudar a ampliação da capacidade de produção e implantar os resultados. Este grupo opera matricialmente, mantendo ainda relacionamentos matriciais com outras áreas da Acesita.

Outro exemplo de uso da Matriz na indústria é a Metal Leve. O Centro de Pesquisa e Desenvolvimento tem projetos que utilizam elementos da área de fabricação. Empresas industriais, com elevado grau de diversificação de produtos, têm utilizado a Matriz porque torna-se extremamente complexo gerenciar o que acontece nos vários departamentos funcionais com os vários produtos. Assim, são nomeados gerentes de produto que têm a função de integrar as atividades como pesquisa de mercado, vendas, produção, e assistência técnica do "seu" produto que são realizadas em diferentes áreas funcionais. Recentemente tivemos no Brasil o exemplo da Westinghouse, que passou a utilizar a Matriz com este objetivo.

O primeiro estudo de caso apresentado neste tópico trata do TRW Systems, que foi uma das empresas pioneiras na utilização da Matriz no setor de alta tecnologia nos Estados Unidos. Os focos principais deste caso são a forma estrutural e a divisão de atribuições.

A construção da planta da Açominas, que chegou a envolver 36.000 pessoas, é o segundo estudo de caso apresentado neste capítulo. A Matriz neste caso trouxe excelentes resultados em termos de integração das atividades e economia de recursos humanos e materiais. Este último aspecto tornou-se mais relevante devido a grandes cortes no orçamento de investimentos do governo.

Este caso, preparado com base em Morns e Carvalho (1978) e Hemsley (1977), ressalta o aspecto do balanceamento do poder entre os dois eixos da Matriz e principalmente o processo de mudança e ajustes neste balanceamento durante a operação da Matriz.

3.1. O Caso do TRW Systems Group (D)*

O TRW Systems Group, de Redondo Beach, Califórnia, era um grande fornecedor de sistemas e equipamentos na indústria aeroespacial. Um importante grupo operacional da TRW Inc., cujo escritório central se localizava em Cleveland, Ohio, TRW Systems Group, empregava cerca de 17.000 pessoas, muitas das quais eram profissionais técnicos.

Este caso descreverá a história e a organização do TRW Systems Group até o último verão de 1967.

* Fonte: International Case Cleaning House.

Histórico da TRW Inc. e do TRW Systems Group

A TRW Inc. era uma companhia altamente diversificada, formada pela fusão de duas companhias bem distintas — Thompson Products, um dos principais fabricantes de peças para automóveis e aeronaves em Cleveland, Ohio; e Ramo-Wooldridge, uma companhia aeroespacial, fundada por Simon Ramo e Dean Wooldridge, cientistas de Caltech. Em 1953, estes dois homens saíram da Hughes Aircraft Company e estabeleceram o seu próprio negócio com o apoio financeiro da Thompson Company. Quando a Ramo-Wooldridge conseguiu um contrato para a engenharia e direção técnica de sistemas do Programa ICBM da Força Aérea, ela se tornou rapidamente uma das mais respeitadas companhias do ramo, nos Estados Unidos. Este contrato estabelecia uma relação especial, que tornava a Ramo-Wooldridge (RW) a supervisora técnica de todos os contratos ICBM. Durante este período, uma equipe de pessoas altamente competentes foi atraída para a RW.

Nas palavras do gerente sênior:

O poder das nossas atividades no antigo negócio de engenharia e direção técnica de sistemas era grande. Com poucas decisões, nós influenciamos muito a indústria aeroespacial. Devido a isto, nós conseguimos atrair as melhores pessoas. Algumas destas pessoas receberam funções que não estavam à altura das suas capacidades, porque nós colocamos o melhor homem possível em cada trabalho. Tínhamos um grupo extremamente competente e isto se reflete no caráter da organização. Se você coloca alguém com um histórico excelente num trabalho de nível médio, ele não se sentirá estimulado. Esta força de individualidade apareceu, portanto, na estrutura organizacional. Começamos com esta equipe de indivíduos e eles ainda estão aqui.

A fusão da RW com a Thompson, formando a TRW Inc., ocorreu em 1958. As relações amigáveis e as capacidades complementares das duas empresas tornaram a fusão uma evolução natural do seu relacionamento inicial. O TRW Systems Group sucedeu à Ramo-Wooldridge com a fusão.

Em 1959, o TRW Systems decidiu desistir do seu relacionamento privilegiado com o Programa ICBM da Força Aérea, pois o seu papel de diretor técnico lhe impedia de entrar em concorrências para obter contratos da Força Aérea. A transição de uma companhia presa à Força Aérea para uma companhia competitiva independente foi concluída com sucesso em 1963. Por volta de 1967, a TRW Systems estava, de alguma forma, engajada em 90% dos projetos espaciais e de mísseis do governo, inclusive vários contratos, tais como os satélites de comunicações, Comsat, o Orbiting Geophysical Observatory da NASA e motores para o Módulo de Excursão Lunar Apollo. A estratégia do TRW Systems era ter a maior quantidade possível de contratos pequenos e diferentes, relativos à mesma tecnologia, para evitar a dependência de um grande contrato, fornecendo, assim, uma estabilidade interna a longo prazo.

O Relacionamento "Matricial"

Os projetos do TRW variavam de importantes contratos de veículos espaciais e grandes subcontratos, que exigiam a integração de várias capacidades, até pequenos projetos em uma única tarefa, e suas capacidades funcionais incluíam a especialização em certas especialidades variadas, como sistemas de controle e direção, sistemas digitais, telecomunicações, detecção eletrônica, sistemas de propulsão de foguetes, sistemas elétricos e baterias solares. Além disso, o TRW fornecia a análise de sistemas em termodinâmica, estruturas de veículos espaciais e matemática orbital e trajetória. Um grande contrato de equipamento físico para um veículo espacial exigiria a integração de todas estas capacidades para produzir a engenharia dos sistemas e um projeto detalhado do veículo (chamados programação) e a fabricação e teste reais do veículo (chamados equipamento físico). Mesmo os pequenos contratos exigiam a coordenação de várias tarefas. A interdependência era evidente em casualmente todo projeto, indiferente ao seu tamanho.[1]

Para manipular estes projetos, a TRW Systems desenvolvera uma organização, descrita por eles como uma "Matriz". De um lado da Matriz estavam os escritórios de projetos, que dirigiam e coordenavam os projetos, e, no outro lado, estavam os departamentos funcionais que forneciam o potencial humano e os recursos necessários aos escritórios de projetos.

Normalmente, um escritório de projetos possuía um pequeno grupo de 30 a 40 pessoas. Estas pessoas eram encarregadas do planejamento, coordenação e engenharia dos sistemas dos projetos. O escritório de projetos pedia auxílio aos departamentos funcionais dentro da sua divisão e, em outras, na realização do projeto real e de outros trabalhos técnicos. Conseqüentemente, os engenheiros, que trabalhavam num projeto, não fariam parte do escritório de projetos, mas sim dos departamentos especializados, muito embora eles pudessem trabalhar num projeto durante vários meses ou mais. As razões para esta organização foram descritas no relatório de uma comissão de trabalho, formada para estudar a organização do TRW Systems:

---

1. Os termos programa e projeto são utilizados de modo trocável na TRW.

O TRW Systems está no ramo de aplicação de tecnologia avançada e normalmente exige a integração dos produtos de vários campos técnicos em um único produto final. Temos centenas destes projetos em operação, de uma só vez. O número de pessoas trabalhando neles varia de três ou quatro até várias centenas. Estes projetos, em sua maioria, são pequenos, estando apenas uma pequena parte na categoria de grande projeto de "equipamento físico", com a qual estamos mais preocupados neste estudo de caso.

Do ponto de vista do pessoal e dos recursos físicos, é mais eficaz fazer uma organização por grupos especializados em tecnologias. Para permanecerem competitivos, estes grupos devem ser suficientemente grandes para obter e utilizar totalmente o equipamento especial e caro e o pessoal altamente especializado. Se cada projeto tivesse o seu próprio "staff" e equipamento, ocorreria uma duplicação, a utilização de recursos seria baixa e o custo alto, e, talvez, fosse também difícil manter a mais alta qualidade de especialistas técnicos. Nossos clientes obtêm um custo mais baixo, e um alto desempenho na organização através da especialização.

Por estas razões, a companhia é organizada em unidades de especializações técnicas e de "staff". Na medida em que a companhia cresce, estas unidades crescem em tamanho, mas uma especialização não é normalmente duplicada em outra organização. As necessidades de cada cliente exigem uma combinação distinta destas capacidades. Assim, é necessário uma forma de combinar estas necessidades do cliente às capacidades organizacionais adequadas do TRW. A utilização do escritório de projetos e a organização matricial permitem que o TRW Systems Group faça uma adaptação disto.

Gerência de Projetos

O gerente de projetos era responsável pelo trabalho técnico durante todas as fases de desenvolvimento. Ele também era responsável pelo controle das programações dos projetos e pelos seus custos, e, de uma forma geral, o lucro do projeto. Como gerente de projetos, ele controlava os fundos e era basicamente responsável pelos seus gastos.

O trabalho do escritório de projetos era realizado com o auxílio de um "staff" e de vários gerentes adjuntos de projetos (GAPs), cujas responsabilidades variavam de acordo com as necessidades do contrato específico. Alguns desses GAPs possuíam "responsabilidade de linha" sobre um ou mais subprojetos. Estes GAPs eram responsáveis pela preparação de especificações de subsistemas e pela coordenação do seu projeto. Outros GAPs forneciam serviços para todos os subprojetos.

Por exemplo, o GAP do planejamento e controle era responsável pelo custo e controle da programação, e custeio PERT. De uma certa forma, ele desempenhava as funções de "controller" local e programador geral. O GAP da engenharia de sistemas era responsável pela formulação das necessidades dos sistemas do projeto e pela certificação de que tudo foi projetado para que, no final, as coisas se ajustem umas às outras. E o GAP da integridade do produto era responsável pelo desenvolvimento e implementação de um programa de confiabilidade para o projeto todo, inclusive todos os seus subprojetos.

Gerência de Subprojetos

O escritório de projetos dividia o projeto total em subprojetos. O custo de um subprojeto de equipamento físico normal variava de $2 a $4 milhões, com um efetivo médio de 50 pessoas e um pique de mais de 100. O trabalho consistia da análise, projeto, desenvolvimento e fabricação, de talvez quatro montagens diferentes, abrangendo um subsistema. Estas montagens eram, normalmente, novos projetos e de cinco a oito de cada um eram produzidos num período de dois anos.

Cada subprojeto de equipamento físico era designado a uma organização funcional específica. O gerente desta organização nomeava um gerente de subprograma (GSP) com a cooperação do gerente de projetos. O GSP era responsável pelo subprojeto total e possuía autoridade gerencial, que lhe fora concedida pela gerência funcional do GAP, a quem ele se reportava operacionalmente. Normalmente, ele se reportava administrativamente a um gerente de laboratório ou de departamento na organização funcional.

O GSP trabalhava em tempo integral dirigindo o seu subprojeto, mas não era membro do escritório de projetos; ele continuava pertencendo à sua organização funcional. Ele representava o escritório de projetos e a gerência funcional na sua autoridade sobre o pessoal divisional que trabalhava no seu subprojeto. Era responsável pelo projeto em assuntos, tais como a programação das atribuições do pessoal e da fábrica, dispêndios de fundos, necessidades do cliente e interfaces do projeto. No entanto, ele também representava o laboratório ou a divisão em problemas, como a metodologia técnica, programação do custo efetivo e o impacto causado por modificações no projeto. O gerente de projetos fornecia a sua avaliação de desempenho do GSP ao gerente funcional deste, para que fosse feita uma revisão do salário do GSP.

Pacotes de Trabalho

O GSP era responsável pela proposição de uma "estrutura de detalhamento do trabalho" do seu subprojeto para que fosse submetida à aprovação do gerente de projetos. Nesta estrutura de detalhamento do trabalho, o subprojeto era sucessivamente subdividido em pacotes de trabalho, utilidades de trabalho e tarefas para o controle da programação, custo e desempenho. A quantidade de trabalho era distribuída em cada nível.

O engenheiro funcional ou supervisor, a quem o SPM dava a direção do projeto, era chamado o Gerente de Pacote de Trabalho (GPT). Nos níveis abaixo do GPT o trabalho era dirigido dentro da estrutura funcional, mas o gerente de projetos mantinha o controle do projeto por meio da cadeia GAP-GSP-GPT. Todo o pacote de trabalho era, geralmente, realizado dentro de um departamento funcional.

Organização Funcional

O TRW Systems era organizado em cinco divisões operacionais, especificamente, a Space Vehicles, Electronic Systems, Systems Laboratory, Power Systems e a Systems Engineering and Integration. Cada divisão servia como um centro de tecnologia, que enfocava as tarefas e recursos necessários à prática da sua tecnologia. Embora cada divisão fosse organizada de forma diferente, elas compartilhavam de um modelo de organização semelhante.

Existiam vários gerentes de operações subordinados ao gerente geral da divisão. Cada um destes gerentes de operações era responsável por um grupo de laboratórios engajados em tecnologias semelhantes. Cada laboratório incluía uma série de departamentos funcionais organizados por especializações técnicas. A maior parte das divisões possuía um grupo de fabricação ou de manufatura, chefiado pelo gerente de operações.

Enquanto que um projeto podia ser totalmente conduzido em uma ou duas divisões, o trabalho para projetos muito complexos ou muito grandes para que pudessem ser manipulados por um laboratório era organizado em escritórios de projetos subordinados ao gerente da divisão ou a um gerente de operações para projetos.

Gerentes de Operações Funcionais

Os gerentes de operações funcionais eram responsáveis pela direção de atividades de dois ou três laboratórios, que estavam lidando com tecnologias "adjacentes". O nível de gerência deste gerente era um desenvolvimento relativamente novo, e o seu trabalho ainda não estava bem definido. A sua principal obrigação era combinar a competência técnica do TRW com desenvolvimentos no ambiente aeroespacial em transformação. Ele também passava um tempo considerável dirigindo os aspectos administrativos das operações da sua organização, relativos ao custo e programação. A sua influência e atenção eram, porém, bem sentidas quando problemas técnicos e relativos à programação do custo apareciam num subprojeto.

O gerente de operações também desempenhava um papel muito importante na determinação da alocação dos fundos do IR & D (Independent Research and Development) da TRW nas suas e em outras áreas operacionais. Os fundos do IR & D se destinavam a pesquisas e desenvolvimentos que não se relacionavam diretamente ao trabalho dos contratos e o seu propósito era manter a capacidade técnica da TRW por meio do desenvolvimento do estado da arte.

Laboratórios

O laboratório normal possuía de 100 a 300 pessoas e estava sempre engajado de dois a dez subprojetos. O gerente do laboratório passava metade do seu tempo revendo o processo destes subprojetos e revendo novas propostas. As suas principais responsabilidades também incluíam a designação de pessoal e locais para satisfazer às novas demandas no laboratório ou a aceleração de problemas pendentes. Muitos gerentes de laboratório possuíam um assistente encarregado dos gerentes de subprogramas e responsável pela direção do trabalho do subprojeto realizado no laboratório. Em outros casos, os gerentes de subprojetos eram subordinados aos gerentes de departamento.

Departamentos

O número de departamentos num laboratório podia variar de dois a seis. Um departamento normal poderia ter de 25 a 100 pessoas, e a maioria dos departamentos era dividida em, no mínimo, duas seções. Poucos tinham mais de cinco. Normalmente, os departamentos se organizavam de tal forma que as suas atividades se restringiam a uma única especialização técnica. O gerente de departamento possuía um orçamento para a operação do seu departamento, mas tinha de contar basicamente com o trabalho do projeto e com o IR & D (num grau muito menor) para fornecer fundos à operação do departamento.

Seção

Uma seção normal possuía de cinco a quinze engenheiros ou cientistas e um número equivalente de pessoal de apoio. As seções divergiam muito em número e tipos de tarefa de projetos por elas realizadas. O chefe da seção fornecia a direção do dia-a-dia ao seu pessoal, embora seções maiores fossem, às vezes, divididas em grupos com líderes de grupos com esta responsabilidade. O número de tarefas do projeto numa única seção podia variar de uma a dez. Algumas vezes, toda a seção se limitava a uma única unidade ou subsistema em um projeto importante.

Um Grande Projeto de Equipamento Físico Normal

Um organograma de um grande projeto de equipamento físico normal se encontra na Figura V-5. À esquerda da linha pontilhada está a organização do projeto descrita no início deste caso, que mostra o elo entre o GP e o GAP. À direita da linha está a organização funcional com o gerente de operações, o gerente de laboratório e gerentes de departamentos, descritos na última parte deste caso.

O GSP, embora formalmente no lado funcional da Matriz, estava, na realidade, no meio.

Como a maior parte dos projetos passavam por um ciclo de vida de várias fases, a partir da sua concepção até a sua conclusão, o tamanho e a associação individual do grupo de projetos constantemente mudavam. Por exemplo, a estrutura organizacional se modificava muito, na medida em que a ênfase da tarefa passava de projeto conceitual a projeto detalhado e produção. A Figura V-6 apresenta quadro de mudanças na ênfase e as mudanças seguintes na organização ocorridas no decorrer do ciclo de vida deste tipo de projeto.

O escritor do caso conversou com membros de dois escritórios de projetos, considerados normais, de programas de equipamento físico de médios a grandes, e com o pessoal funcional de apoio para estes projetos. Um dos projetos era o Vela Space Vehicle Program, patrocinado pela Space Vehicles Division, embora grande parte do seu trabalho estivesse sendo realizada em outras divisões, especialmente na Electronic Systems Division. O segundo era o projeto LMDE (Lunar Module Descent Engine), que, ao contrário do programa Vela, estava sendo quase totalmente realizado na Power Systems Division — a sua divisão patrocinadora.

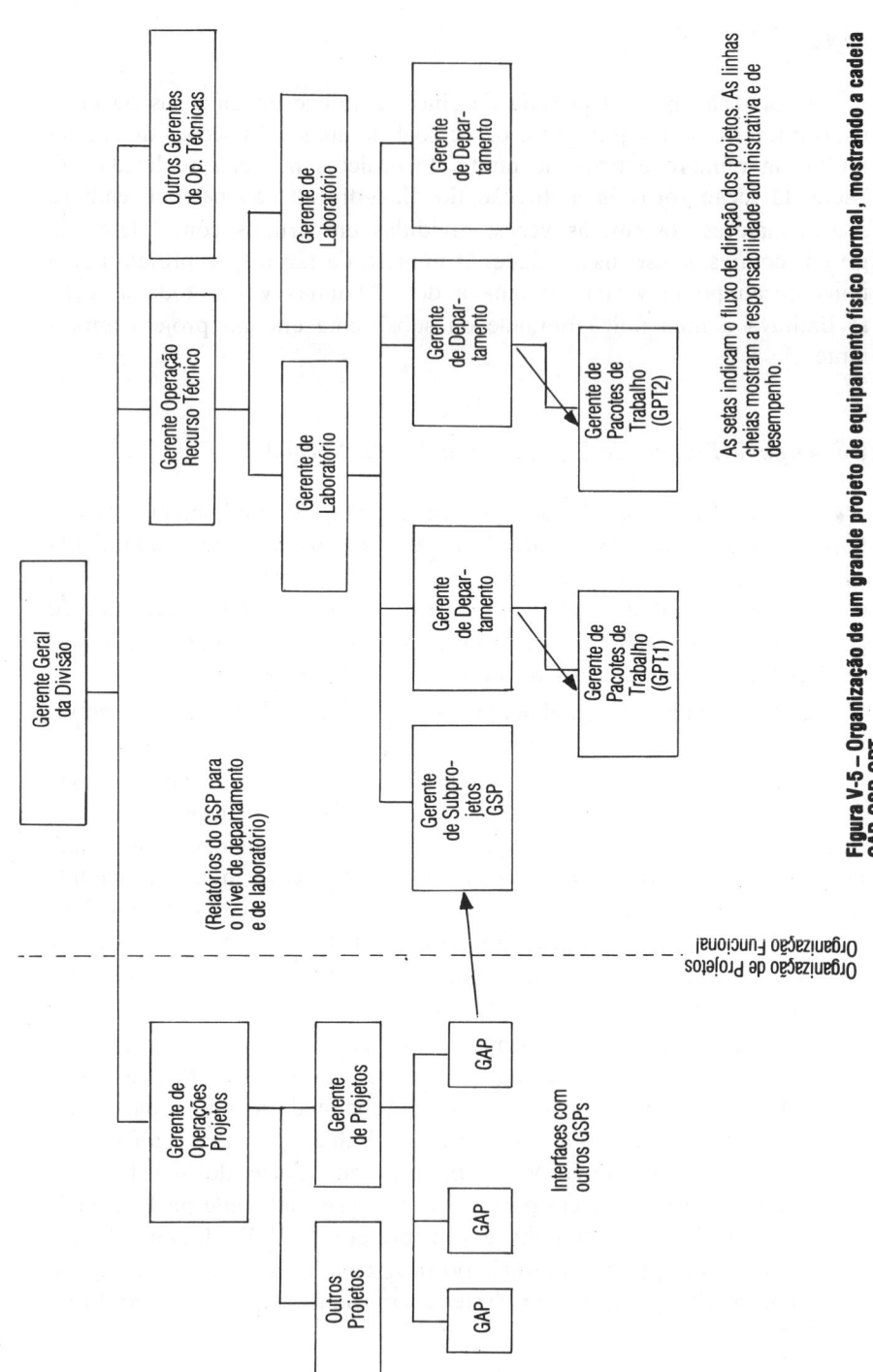

Figura V-5 — Organização de um grande projeto de equipamento físico normal, mostrando a cadeia GAP-GSP-GPT.

As setas indicam o fluxo de direção dos projetos. As linhas cheias mostram a responsabilidade administrativa e de desempenho.

FIGURA V-6 – TRW Systems Group (D)

ORGANIZAÇÕES DO ESCRITÓRIO DE PROJETO LMDE
JUNHO DE 1966 ATÉ JUNHO DE 1967

Junho de 1966 - Fase de Desenvolvimento

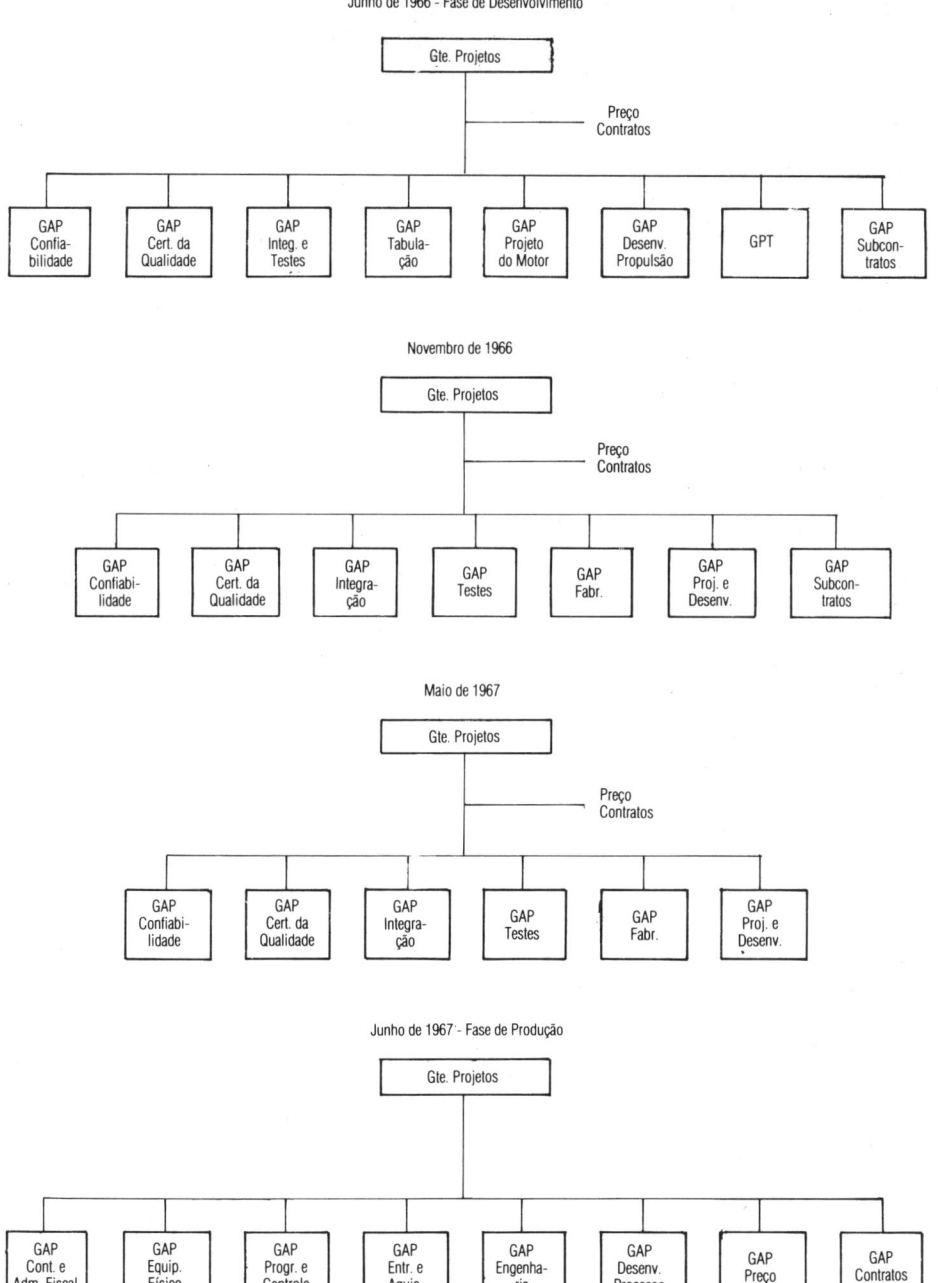

- Gte. Projetos
  - Preço Contratos
  - GAP Confiabilidade
  - GAP Cert. da Qualidade
  - GAP Integ. e Testes
  - GAP Tabulação
  - GAP Projeto do Motor
  - GAP Desenv. Propulsão
  - GPT
  - GAP Subcontratos

Novembro de 1966

- Gte. Projetos
  - Preço Contratos
  - GAP Confiabilidade
  - GAP Cert. da Qualidade
  - GAP Integração
  - GAP Testes
  - GAP Fabr.
  - GAP Proj. e Desenv.
  - GAP Subcontratos

Maio de 1967

- Gte. Projetos
  - Preço Contratos
  - GAP Confiabilidade
  - GAP Cert. da Qualidade
  - GAP Integração
  - GAP Testes
  - GAP Fabr.
  - GAP Proj. e Desenv.

Junho de 1967 - Fase de Produção

- Gte. Projetos
  - GAP Cont. e Adm. Fiscal
  - GAP Equip. Físico
  - GAP Progr. e Controle
  - GAP Entr. e Aquis.
  - GAP Engenharia
  - GAP Desenv. Processo
  - GAP Preço
  - GAP Contratos

Formação de um Grupo de Projetos

O Sr. Gene Noneman, gerente de projetos do projeto Vela, descreve como ele formava um grupo de projeto:

Primeiro, verifico a carga de trabalho do escritório de projetos em função do tempo, para que ninguém tenha uma carga de trabalho muito grande, enquanto que o resto das pessoas da organização esteja tendo pouco trabalho. Queremos ver todos ocupados com poucos excessos de trabalho, se possível.

Em seguida, faço várias programações de como organizaríamos o escritório de projetos. Se um sujeito tem uma sobrecarga na primeira programação, eu faço um ajuste e assim por diante. É uma coisa que você avalia dia-a-dia, mesmo depois de ter feito a sua organização básica.

A próxima etapa é verificar como irei distribuir o trabalho no lado funcional da Matriz. Que departamentos serão necessários? O que terá de ser subcontratado?

Nesta elaboração existem sobreposições. É, então, uma questão de definir onde um subprojeto começa e onde termina. Outra questão é o tamanho de cada subprojeto. Eu preciso de dois subprojetos para realizar algo ou preciso de um? Isto exige muita reflexão da nossa parte e colaboração dos departamentos funcionais. Tentamos desenvolver alguns critérios, no decorrer dos anos, para definir subprojetos.

Um critério são os dólares que um gerente de subprojetos terá de atender. Um segundo é o número de pessoas na companhia, que este homem irá dirigir e controlar. O terceiro critério é o número de interfaces técnicas que ele tem. Com quantos técnicos e com quantos problemas técnicos distintos ele terá de trabalhar? O quarto fator são as interfaces gerenciais envolvidas. Com quantos departamentos funcionais ele terá de lidar de um ponto de vista da gerência? Um quinto fator básico seria o número de subcontratos e a natureza da obtenção. É fácil de fazê-lo ou é demorado, detalhado tecnicamente, exigindo trabalho de subcontratação? E o sexto é a natureza do trabalho total. E é aqui que entra o risco. O trabalho atinge a pesquisa básica, onde você lida com fatores ainda desconhecidos ou é mais aplicado?

Nós, geralmente, vamos para as divisões com as nossas necessidades e nosso detalhamento inicial do trabalho no escritório de programas e, provavelmente, com alguns subsistemas em mente, e dizemos: "Bem, isto é como eu acho que deveria ser feito — o que lhe parece?" Temos de chegar a um acordo. Adoto a programação inicial, pois conheço as necessidades e interfaces, mas nos sentamos, depois, e elaboramos os detalhes com eles.

Quando vou aos departamentos funcionais, tenho, em mente, pessoas específicas, as quais gostaria que trabalhassem para mim — pessoas que, sei, podem realizar o trabalho.

No final, formamos um grupo para cada contrato. Muitas vezes, é uma questão deles não terem o pessoal disponível para nos ajudar. As preocupações de um dos gerentes de departamento são no sentido de quem ele pode me fornecer o que me satisfaça. Nunca peço a uma pessoa muito importante para fazer um pequeno projeto, pois sei que ela não podem realizá-lo e não seria uma utilização adequada do seu tempo. Se a companhia estivesse se reduzindo ao invés de se expandir, tudo isto talvez fosse diferente. Agora, porém, eles não estão preocupados em manter os seus homens ocupados. Pelo contrário, estão preocupados com quem eles podem emprestar, a quem e quando. A sua preocupação, no momento, é: "Quando poderei ter este indivíduo de volta para colocá-lo em outro trabalho", e não: "Tenho que manter este indivíduo ocupado".

Sistemas de Controle Interno

A Gerência do TRW Systems estava preocupada com a eficácia do controle de custo do projeto, devido a mudanças na natureza do contrato, de contratos de custo mais taxas fixas para contratos com custo fixo mais taxas de incentivo baseadas no desempenho, custo-alvo e programação.

Não havia nenhum sistema de controle que se aplicasse a todos os projetos no início de 1967, embora o pessoal de controle estivesse trabalhando no desenvolvimento de um sistema de relato de custo, complexibilidade suficiente para se aplicar a todas as situações. Vários dos principais escritórios de projetos desenvolveram os seus próprios sistemas de controle de custo, baseados nas necessidades do projeto.

Os sistemas de controle, utilizados pelos escritórios de projetos, pretendiam ser utilizados no seu próprio nível. Estes sistemas não eram suficientemente detalhados, nem pretendiam ser utilizados pelos GSPs nos seus subprogramas ou pelos gerentes de pacotes de trabalho. Os GSPs e GPT elaboraram os seus próprios sistemas de controle. O gerente adjunto de projetos para o Planejamento e Controle do Projeto do projeto Vela descreveu o controle do subprograma da seguinte forma:

Os relatórios por nós elaborados neste escritório não pretendem ser utilizados pelos GSPs no controle dos seus subprogramas. Eles precisam desenvolver o seu próprio sistema de fazer isto. Não ditamos formas — só a informação de que necessitamos dos seus relatórios. Tentamos deixá-la tão flexível quanto possível, para que eles possam realizar o controle. Tudo que queremos é a informação correta, para que saibamos que eles não têm problemas. Nós nos reunimos com cada GSP, uma vez por mês ou mais ou menos isto, e, se ele tem problemas, no mínimo uma vez a cada duas semanas. Temos pressionado o GSP para nos certificarmos de que ele está utilizando os instrumentos disponíveis para controlar seus custos e programação e de que ele está trabalhando, pelo menos, num nível mais detalhado do que o nosso aqui no escritório de projetos.

O gerente adjunto de projetos, encarregado do controle fiscal no projeto LMDE, descreveu como o sistema de controle de custo, utilizado por aquele projeto, foi construído e como se relacionava ao desenvolvimento de uma organização gerencial.

3.2. O Caso da Açominas

A Açominas foi fundada em fins de 1975 para produzir dois milhões de toneladas de produtos moldados para os mercados internacional e brasileiro em princípios da década de 80. As instalações são completamente novas, a duas horas de Belo Horizonte, o que implica na criação de uma cidade nova de mais de 50.000 habitantes. A construção da planta foi dirigida desde o começo pela Açominas, que se encarregou da engenharia e da supervisão das empreiteiras. Isto foi um empreendimento extraordinário, já que estavam envolvidos mais de 400 grandes contratos independentes, sendo o investimento total de US$ 3,4 bilhões, tornando-a um dos maiores projetos do mundo da década de 70. Foram empregados cerca de 36.000 operários na construção na época de pico e aproximadamente 200 pessoas trabalhavam no planejamento e controle do projeto apoiadas pelos sistemas de computadores para controle de custo e tempo, previsão de fluxo financeiro, monitoria de produtividade, etc. A construção da Açominas foi, portanto, uma tarefa grande que durou mais de 5 anos.

Durante o período inicial da construção da fábrica, a Açominas foi organizada em 8 departamentos, como está demonstrado na Figura V-7, sendo o maior deles a Superintendência de Implementação, SI, com mais de 650 pessoas dirigindo os contratos. Este departamento inteiro foi organizado como uma Matriz com quatro grandes áreas funcionais: Engenharia, Compras, Construção e Controle e Planejamento. Havia projetos de produção de ferro, produção de aço, laminação, serviços públicos, transportes e infra-estrutura, que são, na realidade, subprojetos, já que toda a organização é destinada a um único projeto. Entretanto, os subprojetos são em si mesmos empreendimentos maciços que chegaram

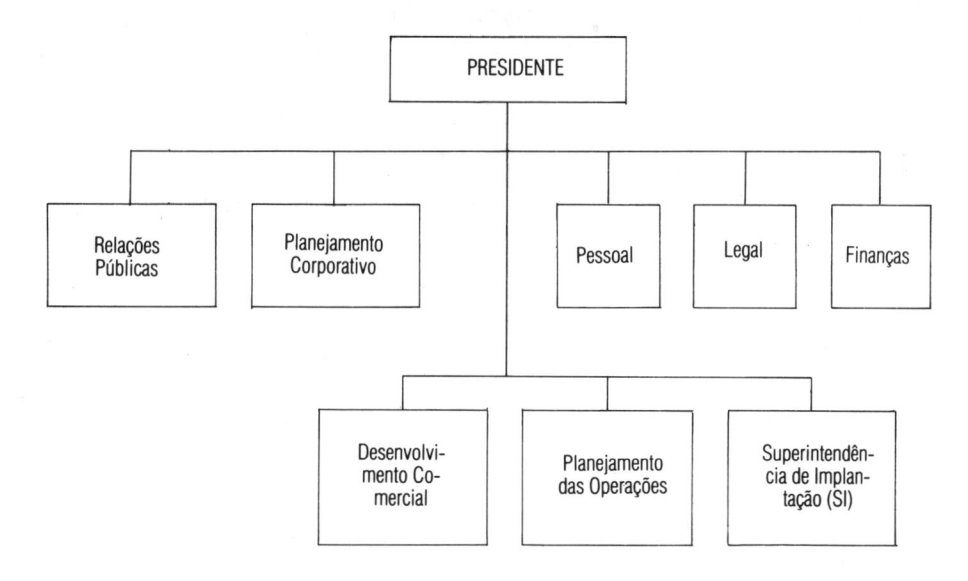

```
                        ┌─────────────┐
                        │ PRESIDENTE  │
                        └──────┬──────┘
       ┌────────────┬─────────┼─────────┬──────────┐
  ┌─────────┐ ┌───────────┐ ┌───────┐ ┌───────┐ ┌─────────┐
  │Relações │ │Planejamento│ │Pessoal│ │ Legal │ │Finanças │
  │Públicas │ │Corporativo │ │       │ │       │ │         │
  └─────────┘ └───────────┘ └───────┘ └───────┘ └─────────┘
```

Figura V-7 – Estrutura da Açominas na fase inicial da construção da planta.

a um bilhão de dólares, conforme a demonstração na Figura V-8. Os subprojetos foram divididos em 42 pacotes cada um com uma série separada de contratos para a engenharia detalhada, fornecimento e equipamento, construção, etc.

O fundamento básico por trás da Matriz foi descrito da seguinte forma: "Na filosofia da Açominas, os administradores dos subprojetos agem como integradores para garantir o trabalho dos outros grupos, e como uma equipe para realizar o projeto dentro das metas financeiras e cronograma de execução. Entretanto, o grupo de controle e planejamento é independente, já que só possuindo uma função informativa, independente de todos os outros grupos, pode a Alta Administração garantir dados confiáveis".

As equipes de subprojetos são compostas de um ou, em alguns casos, de dois coordenadores de cada área funcional que representam sua área na equipe do projeto e são responsáveis por todo o trabalho de coordenação entre a sua equipe do subprojeto e do seu departamento. Especificamente eles planejam a quantidade de recursos que o subprojeto necessitará dos "pools" de especialistas técnicos da área e garantir que

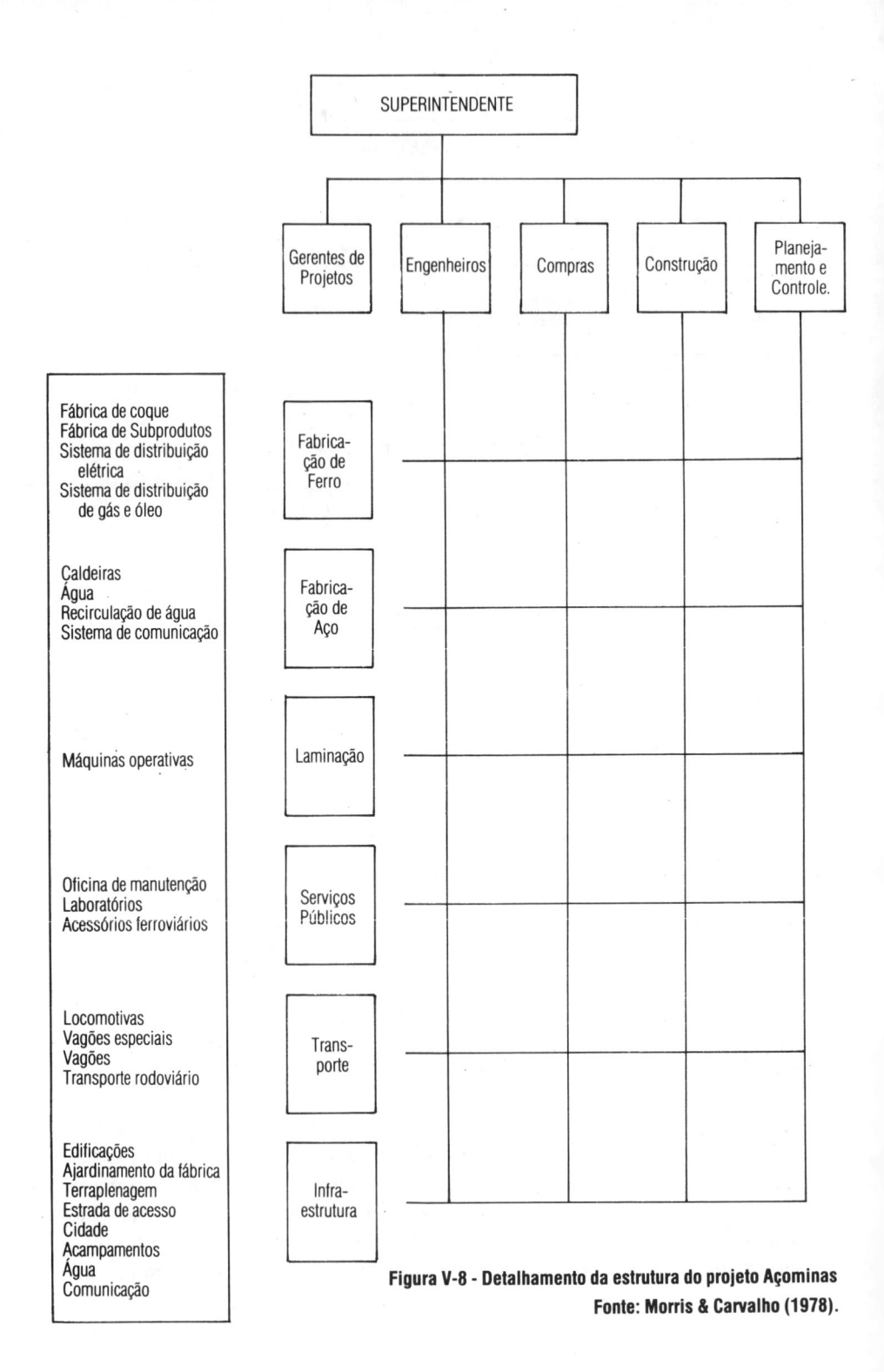

	SUPERINTENDENTE				
	Gerentes de Projetos	Engenheiros	Compras	Construção	Planejamento e Controle.
Fábrica de coque Fábrica de Subprodutos Sistema de distribuição elétrica Sistema de distribuição de gás e óleo	Fabricação de Ferro				
Caldeiras Água Recirculação de água Sistema de comunicação	Fabricação de Aço				
Máquinas operativas	Laminação				
Oficina de manutenção Laboratórios Acessórios ferroviários	Serviços Públicos				
Locomotivas Vagões especiais Vagões Transporte rodoviário	Transporte				
Edificações Ajardinamento da fábrica Terraplenagem Estrada de acesso Cidade Acampamentos Água Comunicação	Infra-estrutura				

Figura V-8 - Detalhamento da estrutura do projeto Açominas
Fonte: Morris & Carvalho (1978).

toda a equipe da área em questão mantenha-se informada sobre o projeto. Também dentro de certos limites eles podem tomar decisões técnicas.

Na realidade, a coordenação da área de subprojetos formou o eixo de uma Matriz de nível dois dentro da Matriz SI global, como demonstraram as Figuras V-9 e V-10. Em contraste, o administrador do subprojeto das SI não possui autoridade para tomada de decisão técnica e seu papel é de um integrador, responsável pelo planejamento, coordenação e controle do trabalho da equipe para conseguir os objetivos dentro dos orçamentos e prazos estabelecidos e a consecução dos objetivos, provocando e garantindo ação corretiva quando necessária para assegurar a realização destes objetivos. Um administrador de subprojetos descreveu sua posição como um "líder entre iguais".

Um fato que causou preocupação considerável foi o número e tamanho dos subprojetos; por exemplo, o subprojeto de laminação de 1,13 bilhão de dólares deveria ser dividido em projetos menores ou deveriam ser formados "sub-subprojetos"? Foi dada especial atenção a este tipo de perguntas, levando-se em consideração não somente o volume de dólares, mas também a complexidade contratual e técnica que não é necessariamente uma função direta de custo: concluiu-se que mais de seis subprojetos aumentariam as necessidades da equipe de modo excessivo, e que sub-subequipes levariam a uma complexidade insustentável, já que elas criariam Matrizes de terceiro e talvez até de quarto nível. Em vez disso, assistentes de projeto eram designados de subprojetos quando necessário em tarefas específicas de administração de projetos.

Um problema adicional era a dificuldade na flexibilidade de recursos da equipe especializada em contraste com as organizações de multiprojetos. A maioria dos subprojetos na Açominas precisa da alocação da equipe especializada em base semipermanente. Ao mesmo tempo ela é necessária, conforme o projeto todo muda de uma fase de engenharia para um enfoque em compras e finalmente em construção. Por isso não há a mesma flexibilidade nas equipes quanto na organização de multiprojetos.

A dinâmica do ciclo de vida do projeto causou um impacto grande sobre a forma organizacional da Matriz das SIS. A Matriz foi inicialmente planejada com o poder concentrado nos administradores funcionais, mas, conforme o tempo foi passando, surgiu a necessidade de uma reavaliação e foi feita uma auditoria organizacional por um consultor especial um ano depois do estabelecimento da Matriz (Hemsley, 1977).

Os resultados da auditoria diziam que o planejamento original da Matriz precisava ser alterado para refletir a necessidade de um funcio-

SUPERINTENDENTE

Gerente de Subprojeto

- Planeja, coordena e controla o trabalho dos grupos funcionais para alcançar objetivos técnicos dentro dos prazos e orçamento programados.
- Investiga e garante ação corretiva quando necessário para assegurar a realização dos objetivos do projeto.

Grupos Funcionais

Engenharia   Compras   Construção   Custo e cronograma

- realizar trabalho em áreas funcionais adequadas no cronograma, orçamento proporciona política funcional e diretrizes de procedimento.
- fornecer técnicos treinados
- assegurar excelência técnica
- fornecer diretrizes e procedimentos

MATRIZ NÍVEL 1

Gerente de (sub) projeto
- o quê
- quando
- quanto
- status

Representante da equipe funcional

Gerente Funcional

Matriz Nível 2

- o quê
- quando
- quanto
- status

Gerente de especialistas

- quem
- como
- status

Especialista

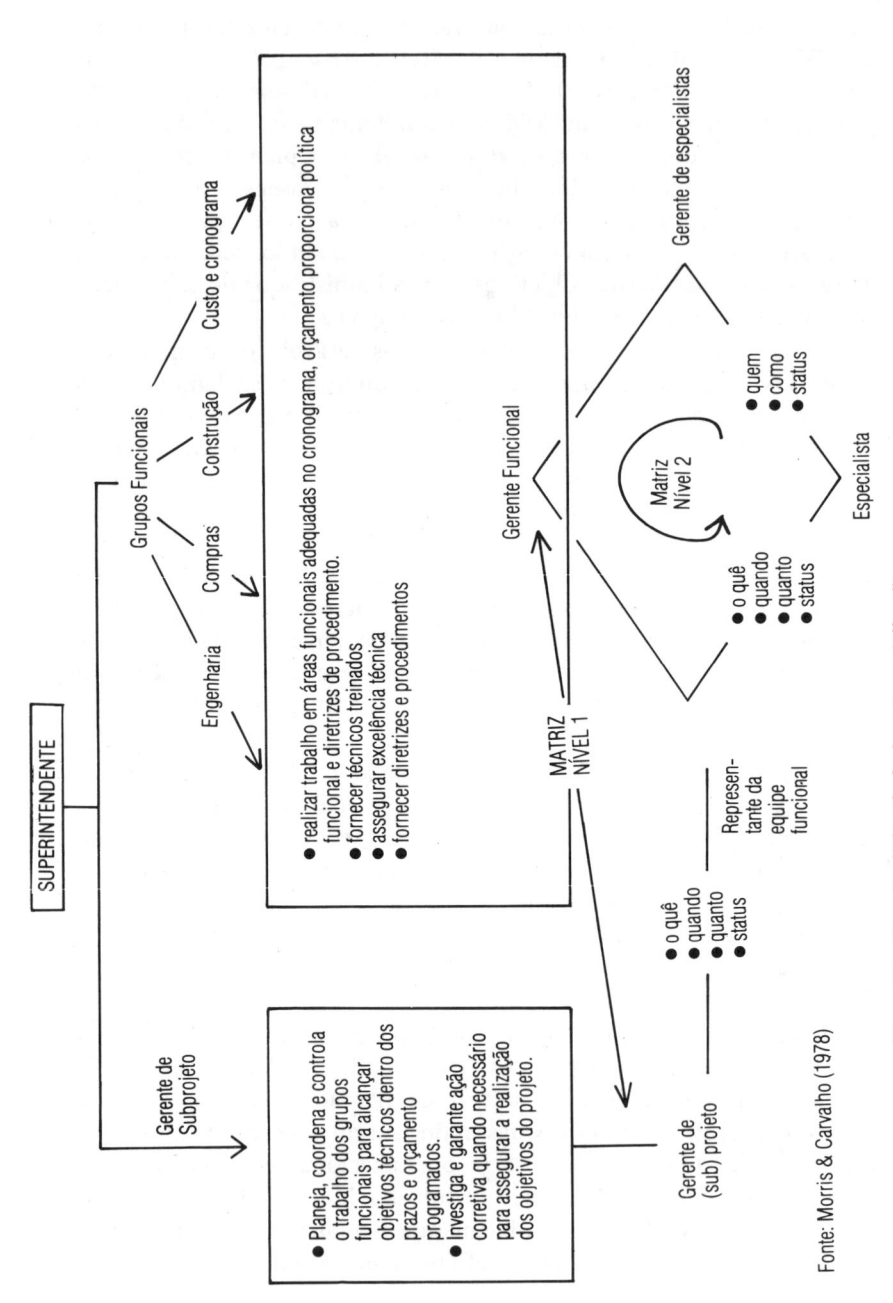

Fonte: Morris & Carvalho (1978)

Figura V-9 – Tipos tradicionais de departamentalização.

Figura V-10 – Os níveis de matriz na Açominas

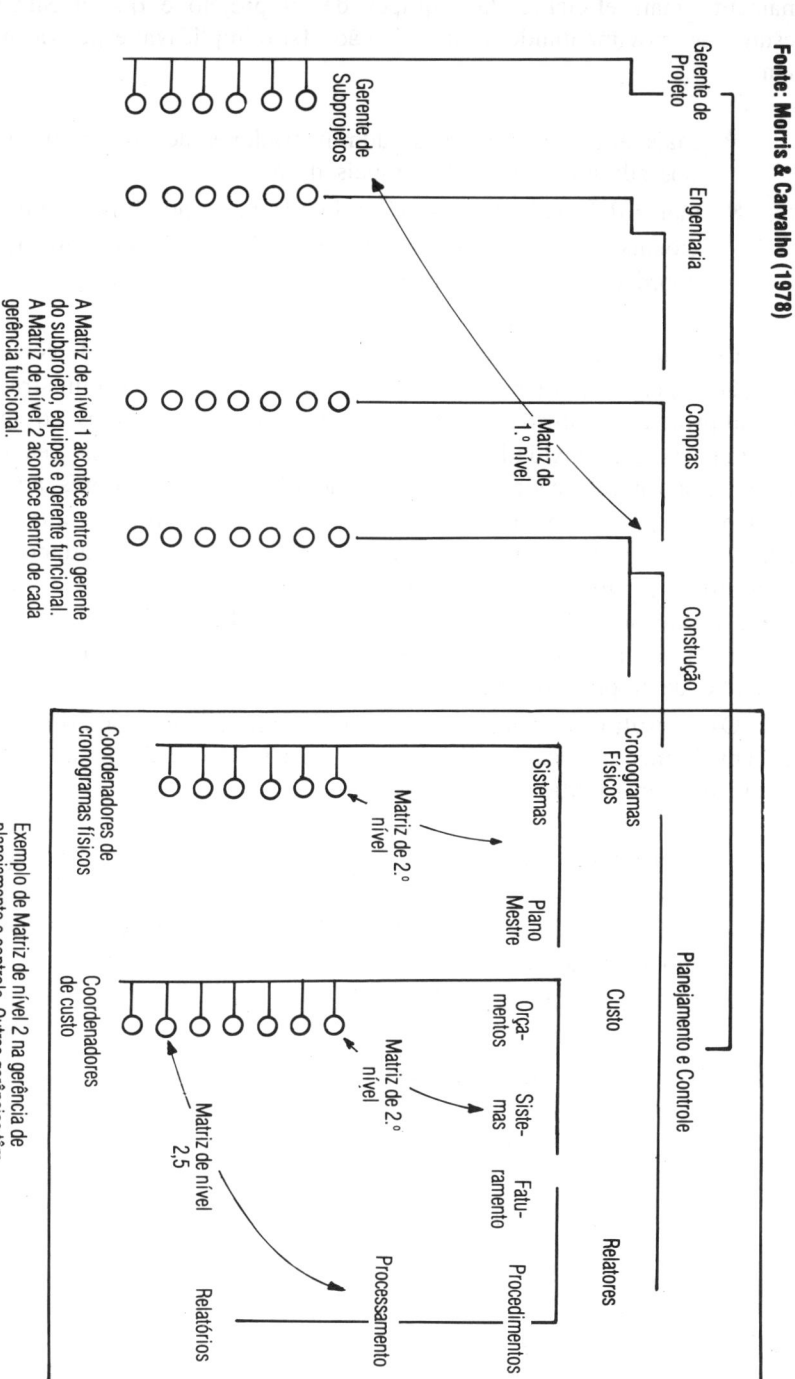

Fonte: Morris & Carvalho (1978)

A Matriz de nível 1 acontece entre o gerente do subprojeto, equipes e gerente funcional.
A Matriz de nível 2 acontece dentro de cada gerência funcional.

Exemplo de Matriz de nível 2 na gerência de planejamento e controle. Outras gerências têm também Matrizes de nível 2.

namento mais eficiente das equipes de subprojeto e que a Matriz já estava se movimentando nesta direção. Isto implicava especificamente em:

- mais autoridade para os administradores de subprojeto frente aos administradores funcionais de área;
- maior delegação de responsabilidade pelos administradores funcionais de área frente aos seus subordinados, principalmente aos coordenadores de subprojetos.

Esta mudança no relacionamento de poder não foi fácil de conseguir e foi acompanhada por muitos conflitos, mas logo que os administradores de subprojeto demonstraram sua habilidade em dirigir suas equipes e dominar as complexidades técnicas a troca tornou-se uma realidade. Esta troca foi reforçada pelas recomendações dos consultores administrativos em proporcionar, aos administradores de subprojetos, autoridade adicional de, por exemplo, aprovar ou rejeitar todas as mudanças nos contratos previstos e atuais em seu subprojeto, sendo o processo operado via o mecanismo de mudança de orçamento. Estilos administrativos e de tomada de decisão revelaram-se fundamentais para a maior parte do trabalho de implementação da Matriz.

Os consultores administrativos utilizaram inúmeras abordagens de Desenvolvimento Organizacional para ajudar na aquisição de uma cultura adequada para a Matriz. Estas incluíam:

— participação na gerência e reuniões de projetos para explicar o conceito de Matriz;
— participação nas equipes de projeto para auxiliá-las a agir de modo integrado preciso;
— elaboração de seminários e cursos intensivos para tratar de temas especiais e auxiliar a formação da equipe;
— realização de um curso extensivo de Desenvolvimento Gerencial destinado a fornecer executivos: com base comum (Análise Transacional) para encarar interações interpessoais; com conhecimento detalhado sobre tarefas administrativas específicas (administração de tempo, liderança, etc.)

O resultado foi uma Matriz funcional de sucesso com um nível relativamente baixo de conflitos, apesar da "troca" da Matriz em seu período de existência.

4. A MATRIZ NO SETOR DE SERVIÇOS

No setor de serviços o número de organizações voltadas para atividades de inovação tem aumentado consideravelmente. A Matriz tem encontrado um campo bastante amplo para desenvolver-se neste setor devido a esta característica. A Figura V-11 mostra várias áreas do setor que vêm utilizando a estrutura matricial tanto no Brasil como em outros países.

SERVIÇOS COMERCIAIS	SERVIÇOS GOVERNAMENTAIS
• Bancos* • Seguradoras • Propaganda • Consultoria* • Processamento de Dados* • Engenharia*	• Agências Governamentais do Fomento Industrial* • Forças Armadas • Programas Governamentais* • Agências Internacionais • Instituições de Pesquisa*
SERVIÇOS NA ÁREA DE EDUCAÇÃO	**SERVIÇOS NAS ÁREAS DE SAÚDE E ASSISTÊNCIA SOCIAL**
• Universidades* • Escolas de Administração*	• Hospitais • Serviços de Assistência Social

* Áreas onde há muitos exemplos brasileiros de uso da Matriz com graus diferentes de formalização.

Figura V-11 - Exemplos de Áreas de Setor de Serviços nos quais a Matriz tem sido utilizada.

A título de exemplo, comentários serão feitos sobre utilização de Matriz em:

— Empresas de Engenharia;
— Universidades;
— Empresas de Consultoria;
— Bancos.

Posteriormente, serão apresentados estudos de caso sobre uma empresa de engenharia e um banco que utilizaram a Matriz.

4.1. Empresas de Engenharia

O crescimento industrial brasileiro tem tido como reflexo o crescimento das empresas de engenharia tanto em quantidade como qualidade. A empresa de engenharia necessita de áreas técnicas especializadas e simultaneamente alta integração entre elas para permitir a realização de complexos projetos interdisciplinares. Assim, é um campo fértil para o desenvolvimento da Matriz.

Várias empresas, como Hidroservice, Promon e Engevix, têm utilizado a forma matricial com graus diferentes de formalização. O Caso da ENAR é descrito com profundidade neste tópico, mostrando a evolução da Matriz em uma empresa de engenharia na área de tecnologia de ponta.

4.2. Universidades

As universidades estão entre as maiores e mais complexas organizações da sociedade moderna, e estão ao mesmo tempo entre as mais importantes, registrando, desenvolvendo e transferindo conhecimentos. São na sua quase totalidade estruturadas funcionalmente, isto é, departamentalizadas de acordo com as áreas de conhecimento.

Muitas vezes, a Matriz aparece como uma solução estrutural que permite a integração entre algumas dessas áreas funcionais para o atingimento de um objetivo comum. Entretanto, isso é pouco freqüente porque as pesquisas na Universidade são na sua maioria pouco interdisciplinares, visto que o sistema de avaliação e promoção dá mais ênfase à pesquisa científica e publicações individuais.

Mesmo assim, nos últimos anos, com objetivo de complementar seus orçamentos e ao mesmo tempo prestar serviços à comunidade, têm-se desenvolvido programas interdisciplinares que envolvem diversas áreas funcionais. Assim, conscientemente ou não, a operação matricial tem sido observada em determinados setores de universidades como USP, UFRJ, UNICAMP, etc...

A Universidade de Fortaleza é a única que desde o início já tinha um organograma matricial (Figura V-12). Muito provavelmente esta estrutura operou somente em partes da Universidade; entretanto, isso é uma demonstração do potencial da Matriz como instrumento para o aumento da eficiência da administração de universidades. É claro que não se pode (nem deve) esperar um alto grau de matricialidade nas universidades porque sua função principal na área de pesquisa é gerar a pesquisa básica levando ao progresso científico e criando os alicerces para o desenvolvimento tecnológico. Assim, o uso da Matriz para auxiliar a realização de projetos de pesquisa aplicados deve ser monitorado, evitando exageros que possam desvirtuar a função principal da área de pesquisa da Universidade. A Matriz na Universidade pode também ser utilizada nas atividades de prestação de serviços à comunidade e ensino.

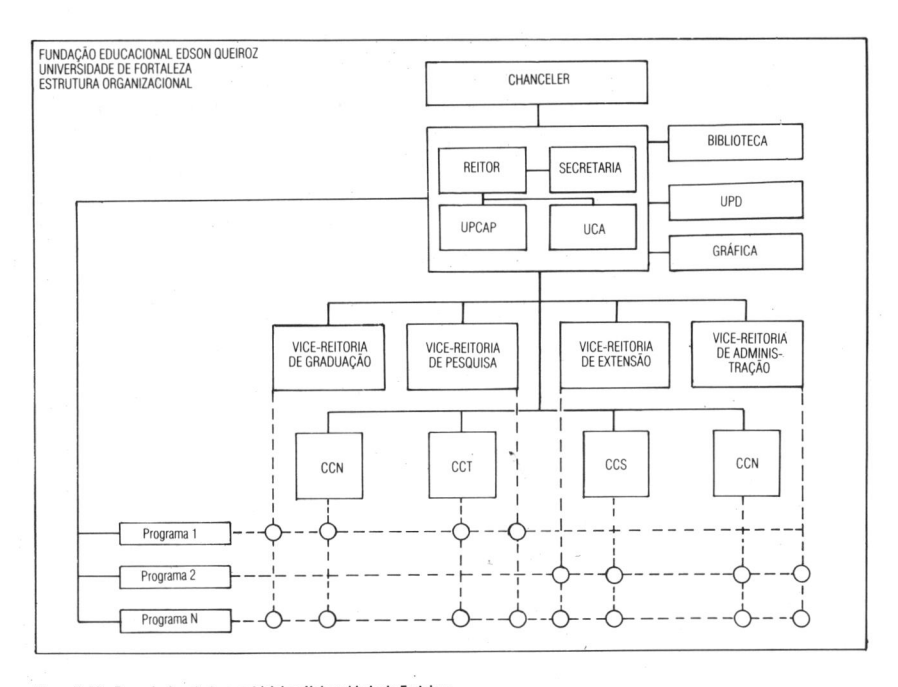

Figura V-12 – Exemplo de estrutura matricial na Universidade de Fortaleza.

Fonte: Panfleto descritivo da instituição.

4.3. Empresas de Consultoria

Embora empresas de tamanho pequeno ou médio não necessitem de estruturas complexas, a natureza da atividade de consultoria se caracteriza pela "não repetição", interdisciplinaridade e necessidade de existência de um mínimo de áreas de especialização. Isso faz com que a Matriz seja uma forma quase que natural de estrutura para essas empresas.

Por exemplo, um serviço típico de consultoria é a elaboração de um estudo de viabilidade de uma planta industrial. Este tipo de trabalho depende da eficaz interação entre especialistas em engenharia, administração, economia e outros.

Mesmo empresas de consultoria especializadas na área de Administração utilizam a operação matricial para permitir, por exemplo, o esforço integrado de especialistas em finanças, marketing, estrutura organizacional e processamento de dados.

4.4. Bancos

O desenvolvimento econômico trouxe como uma de suas muitas conseqüências o aumento da complexidade do sistema financeiro. Isso fez com que os bancos expandissem sua linha de serviços, passando a incorporar atividades de leasing, seguros, crédito imobiliário e mercado de ações. A Matriz tem sido parcialmente utilizada com o objetivo de melhor aproveitar os recursos existentes.

Assim, o gerente de uma determinada agência de um banco pode se reportar ao gerente geral de seguros sobre assuntos de seguros, ao gerente geral de crédito imobiliário sobre assuntos de crédito imobiliário, etc... Será apresentado, ao final deste capítulo, o caso do City Bank, que utilizou a Matriz como um dos instrumentos para o atingimento de seus objetivos.

ENAR: O CASO DA REESTRUTURAÇÃO ORGANIZACIONAL*

Em 1979, o Dr. Nélio, Diretor Superintendente da ENAR — Empresa de Engenharia Aeronáutica, defrontando-se com alguns problemas

---

* Este caso foi elaborado pelos professores Isak Kruglianskas e Roberto Sbragia da Faculdade de Economia e Administração da USP, dentro do PACTo — Programa de Administração em Ciência e Tecnologia. A elaboração do caso foi patrocinada pela Financiadora de Estudos e Projetos, por meio do Programa de Treinamento em Administração de Pesquisas Científicas e Tecnológicas.

referentes à sua organização, contratou os serviços de uma empresa de consultoria em administração. A ENAR era uma empresa que havia iniciado suas atividades há dois anos e buscava na época uma consolidação interna, tendo em vista as oportunidades que então se lhe apresentavam. Uma vez que os consultores concluíram que os principais problemas da empresa eram de origem estrutural, algumas alternativas de reestruturação foram levantadas. Era necessário agora ao Dr. Nélio avaliar essas alternativas à luz das características humanas e operacionais da empresa a fim de que uma proposta concreta pudesse então ser considerada para efeito de implantação.

I — *A empresa*

Há cerca de pouco mais de dois anos um grupo de especialistas (engenheiros consultores) e professores resolveu organizar-se e montar uma empresa de consultoria. No início, esse grupo associou-se a um grupo de capitalistas que deveriam financiar o empreendimento. Decorrido algum tempo, ocorreram desentendimentos, de sorte que o esperado investimento não foi feito e os técnicos resolveram associar-se, formando uma empresa de consultoria em engenharia aeronáutica, de capital e pessoal exclusivamente nacionais.

Segundo os planos então traçados, dos dez sócios, três envolver-se-iam em tempo integral e os demais seriam absorvidos à medida que a empresa tivesse capacidade para tanto. Durante este tempo os demais sócios seriam consultores eventuais da empresa, dentro de suas respectivas especialidades.

Decorridos os dois primeiros anos de atividade, a empresa teve um desenvolvimento substancial, o que permitiu a incorporação em período integral de mais um dos sócios. Este último, um técnico de elevado gabarito, integrante por mais de 15 anos dos quadros de uma grande empresa multinacional, especializada em montagens em grande série de pequenas aeronaves, onde ocupava cargo de elevada relevância, gozando, na ocasião em que entrou para a sociedade, de alto prestígio profissional.

Hoje a empresa conta com três diretores, sendo dois deles professores universitários com títulos acadêmicos obtidos em universidade de renome no exterior, que são respectivamente o Dr. Ayres e o Dr. Castro. O terceiro diretor, com uma participação acionária levemente superior aos demais, é o Dr. Nélio, um ex-professor universitário com larga vivência junto a empresas de consultoria e a grandes organizações nacionais, possuindo amplo círculo de relações e uma notória habilidade

```
                    ┌─────────────────┐
                    │    Diretor      │
                    │ Superintendente │
                    └─────────────────┘
                         (Dr. Nélio)
                              │
                              ├──────────────┐
                              │       ┌──────────────┐
                              │       │  Secretária  │
                              │       └──────────────┘
                              │
      ┌──────────────────┐    │    ┌──────────────────┐
      │    Diretor de    │────┼────│     Diretor      │
      │Planejamento e Controle│    │  Administrativo  │
      └──────────────────┘         └──────────────────┘
           (Dr. Castro)                  (Dr. Ayres)
                              │
                    ┌─────────────────┐
                    │ Superintendente │
                    │    Técnico      │
                    └─────────────────┘
                         (Dr. Ramos)
                              │
                    ┌─────────────────┐
                    │  6 Engenheiros  │
                    │  6 Estagiários  │
                    └─────────────────┘
```

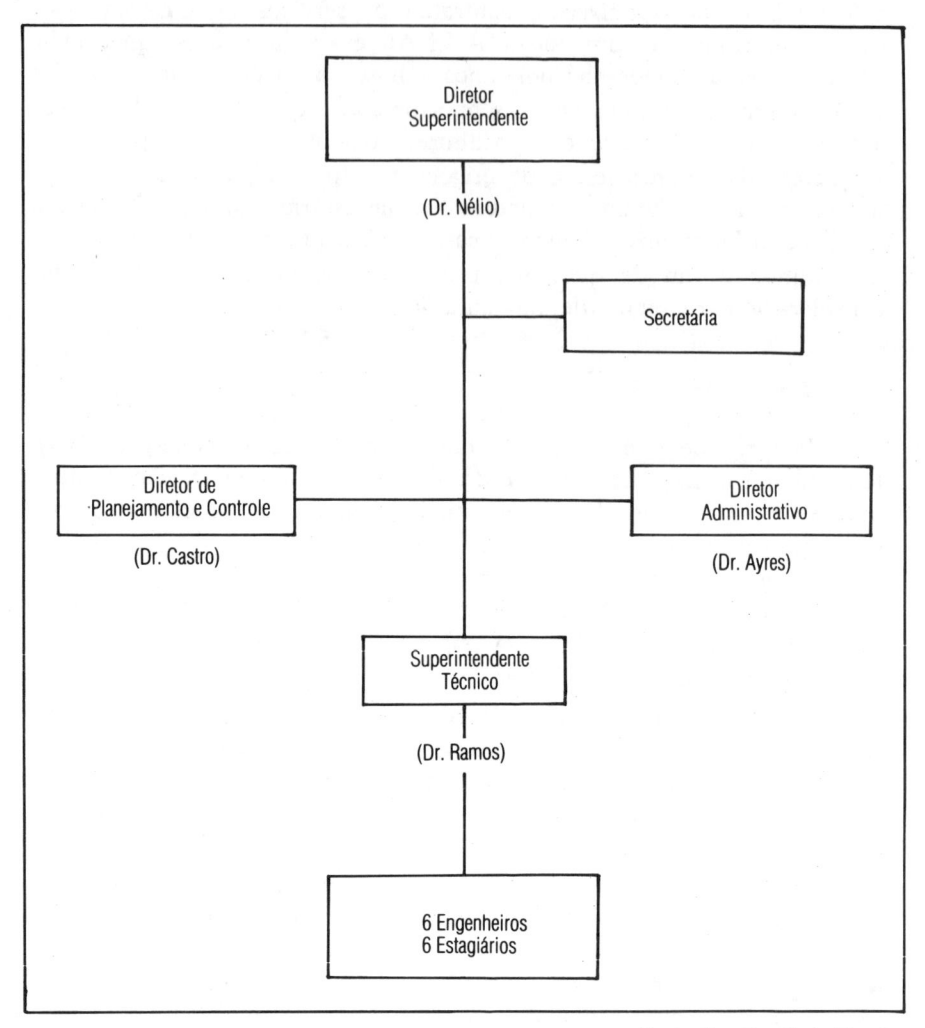

Figura V-13 – Organograma da ENAR.   Fonte: Kruglianskas e Sbragia.

para o relacionamento social e liderança grupal, ao lado de sólida formação técnica.

O sócio recém-incorporado, o eng.º Ramos, foi designado superintendente técnico, e é responsável pelo principal projeto da empresa, de sorte que praticamente lidera e chefia a quase totalidade dos técnicos.

O atual organograma da organização, embora não existindo formalmente, tem a configuração mostrada na Figura V-13, segundo a percepção dos diretores.

O Diretor Superintendente, Dr. Nélio, tem um estilo de liderança bastante participativo, de sorte que, via de regra, todas as decisões importantes são tomadas de forma conjunta com os demais diretores, caracterizando, na verdade, uma direção colegiada. Apesar de não existir descrição formal de cargos, ao Diretor Superintendente cabe um papel de supervisão do setor técnico e de acompanhamento e planejamento a um nível mais estratégico, na busca de oportunidades e preocupações mais a longo prazo. Na verdade, procura evitar envolver-se com a rotina, reservando-se para atuar como um recurso de nível mais alto em uma posição de retaguarda para decisões de conflitos internos ou para negociações externas.

O Diretor Administrativo, Dr. Ayres, é um engenheiro de alto gabarito técnico, que, como insinuam seus companheiros, faz um grande sacrifício, assumindo a responsabilidade pela parte administrativa com a conseqüente redução do envolvimento em atividades técnicas (embora coordene paralelamente alguns projetos pequenos e faça consultoria para serviços relacionados com sua especialidade). Cabe à Diretoria Administrativa a execução de todas as atividades administrativas básicas, tais como: contabilidade, administração de pessoal, tesouraria, bancos, etc. O Dr. Ayres é um técnico bastante racional e objetivo, com preferência por trabalhos internos, e de fácil relacionamento, o que talvez explique o bom desempenho que vem conseguindo em sua área.

O Diretor de Planejamento e Controle, Dr. Castro, também um engenheiro de alto gabarito, companheiro de universidade e de pós-graduação no exterior do Dr. Ayres, é um homem bastante inteligente e de relacionamento pessoal muito fácil. É um pouco temperamental e tem maior inclinação por trabalhos externos e contatos com pessoas. Cabe à Diretoria de Planejamento e Controle não só a preparação do planejamento global da empresa, como o planejamento individual dos projetos, além de fazer contatos com clientes para elaboração de novas propostas e acompanhamento dos projetos em andamento, o que lhe dá características adicionais de uma diretoria comercial ou de marketing.

À Superintendência Técnica, sob a responsabilidade do Dr. Ramos, cabe a execução dos projetos. É ele quem discute e orienta os engenheiros e estagiários, estabelece as metodologias e rotinas a ser seguidas nos projetos e finalmente revê e corrige os relatórios a ser enviados aos clientes. Cabe ressaltar que, no momento, o cargo de Superintendente Técnico está sendo implantado e representa a criação de um nível intermediário entre os técnicos e a diretoria, que anteriormente mantinha contato direto com os engenheiros.

II — *O problema*

Apesar da empresa estar indo muito bem, alguns problemas têm surgido. Por esta razão, resolveram contratar serviços de consultoria externa para tentar equacionar e resolver as eventuais dificuldades.

Os consultores, utilizando-se de entrevistas individuais, conseguiram obter os seguintes depoimentos:

— Não existem definições quanto à autoridade e responsabilidade, provocando choques entre os diretores e a superintendência e entre os próprios diretores.
— Um foco de atrito é o problema de assinatura de documentos externos, pois as indefinições levam a intromissões indevidas, quer de cima para baixo, como de baixo para cima.
— A execução, no que diz respeito a prazos, tem-se desviado bastante do planejamento.
— Alguns técnicos mais antigos têm reclamado, pois não querem acatar ordens e se sentem desprestigiados em relação à situação anterior à criação da Superintendência Técnica.
— O envolvimento de diretores em aspectos rotineiros sem o devido conhecimento de detalhes tem, às vezes, gerado conflitos.
— As pessoas vêm reclamar e tomam muito tempo dos diretores, pois há muito pouca definição formal para as tomadas de decisão e orientação.
— A superintendência está muito sobrecarregada e, na verdade, não existe a figura de "gerente" de cada projeto.
— O fluxo de informações acerca de quem assina, quem emite e quem recebe documentos é um problema.
— Não se tem conseguido fazer adequado planejamento do projeto, por falta de infra-estrutura. (Infra-estrutura, no caso, significa falta de pessoal de apoio, sistemáticas estabelecidas, etc.)
— A Alta Administração não é apoiada por uma infra-estrutura adequada, o que leva a diretoria a envolver-se demasiadamente com a rotina.
— Os trabalhos se iniciam, se processam e terminam no âmbito da Superintendência Técnica e são apreciados e explicados, ao final, à Diretoria, o que acaba gerando desgastes e crises de confiança.
— Aspectos emocionais por parte dos diretores têm criado alguns problemas de relações humanas, especialmente com a Superintendência Técnica.

— Existe uma falta de comunicação entre a direção e o pessoal técnico, de sorte que estes não ficam sabendo quais as perspectivas de novos projetos.
— Falta planejamento global dos projetos. O técnico só conhece o plano de curto prazo, sem uma visão global acerca do projeto.
— Um dos técnicos citou o problema de estar trabalhando em dois projetos, um deles sob a responsabilidade do Superintendente Técnico e outro sob a responsabilidade do Diretor Administrativo. Ambos pedem prioridade e ele não sabe a quem atender.
— O clima motivacional está decadente e continuando assim pode atingir pontos críticos.

Com base nos levantamentos feitos, os consultores concluíram que um dos problemas prioritários era a proposição de uma estrutura organizacional adequada às características da organização. Essa medida, com grande probabilidade, iria possibilitar um equacionamento da situação que então à empresa se apresentava. Paralelamente, decidiu-se, numa primeira fase, concentrar-se os esforços apenas ao nível da proposição de alguns esquemas organizacionais bastante amplos, ficando os detalhamentos para ser considerados numa etapa posterior, a partir de um esquema previamente aprovado. Discutir-se-iam, então, problemas específicos como atribuições dos diversos cargos de estrutura, formas e mecanismos de comunicação, etc.

III — *As alternativas de reestruturação*

De algumas reuniões levadas a efeito, envolvendo o pessoal executivo-chave da ENAR, resultaram algumas alternativas básicas de reestruturação da empresa. A primeira, oriunda do eng.º Ramos, Superintendente Técnico, previa uma forma de organização relativamente clássica, baseada nos campos ou áreas disciplinares típicas da Engenharia Aeronáutica. Este organograma é apresentado na Figura V-14.

Segundo essa estrutura, os diversos engenheiros e estagiários seriam alocados, de acordo com suas especializações, às áreas de Energia, Estrutura e Mecanismos, sob a responsabilidade de chefes específicos. Os projetos entrariam na organização, a nível de execução, através da Diretoria Técnica, que os desmembraria e distribuiria suas partes às áreas especializadas, responsabilizando-se pelo desempenho global do Projeto, ficando cada uma das áreas especializadas responsável pela parte do projeto que lhe fosse designada.

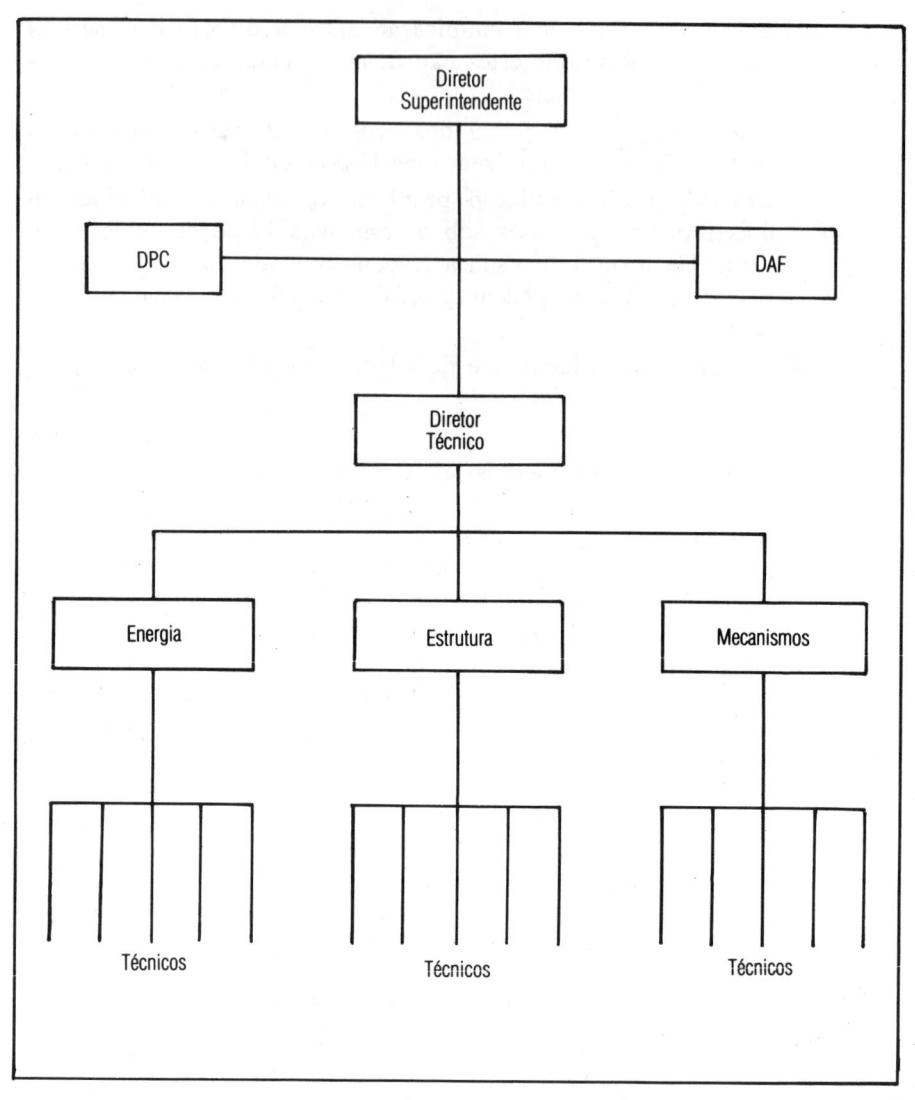

Figura V-14 – 1.ª Proposta: Oriunda do Eng.º Ramos, Superintendente Técnico

Para efeito de acompanhamento do projeto relativamente a prazos e custos, haveria um subgerente, que estaria ligado à Diretoria de Planejamento e Controle durante a vida do projeto. Sua função seria a de monitorar o progresso e "status" do projeto e prover o gerente do mesmo acerca dessas informações. Os GP (Gerentes de Projeto) seriam, predominantemente, membros da Alta Administração da em-

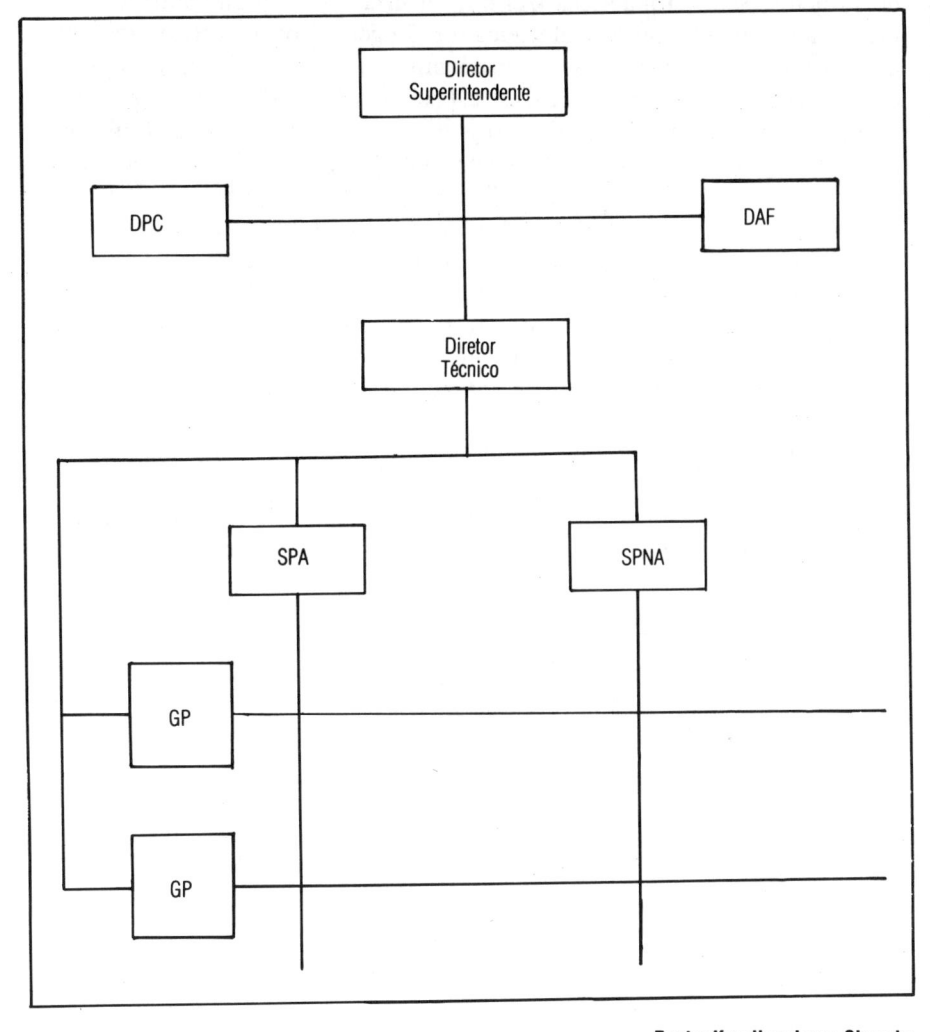

Fonte: Kruglianskas e Sbragia.

Figura V-15 – 2.ª Proposta: oriunda do Dr. Nélio, Diretor-Superintendente.

presa, designados pelo Diretor Superintendente após consultas aos demais diretores da empresa.

Uma segunda proposta (Figura V-15) foi colocada pelo Dr. Nélio, Diretor Superintendente. Essa proposta considerava a empresa dividida operacionalmente em dois grupos básicos de atividades, relativamente estanques: Superintendência de Projetos Aeronáuticos e Superintendência de Projetos Não-Aeronáuticos. Assim, haveria dois superintendentes técnicos, aos quais estariam alocados os Engenheiros e Estagiários, de acordo com suas especializações predominantes. Na verdade, a empresa criaria, dessa forma, uma área de especialização em Engenharia Aeronáutica e teria uma área de projetos diversificados de Engenharia Mecânica. Paralelamente a esses superintendentes, conviveriam gerentes de projeto, que também se subordinariam ao Diretor Técnico. O cargo de GP poderia ser ocupado inclusive, e bem apropriadamente, pelos superintendentes técnicos, quando estes assumissem a liderança de algum projeto. Esses GP teriam um grau reduzido de participação no planejamento do projeto e exerceriam um papel similar aos subgerentes da proposta anterior: seriam responsáveis pelo controle de prazos e custos de seus projetos, apoiados pela equipe da Diretoria de Planejamento e Controle. A palavra final sobre a qualidade dos trabalhos desenvolvidos caberia aos superintendentes técnicos, que desempenhariam o papel-chave relativamente aos projetos contratados.

Uma terceira proposta (Figura V-16) originou-se do Dr. Ayres, Diretor Administrativo-Financeiro. Essa proposta considerava a empresa

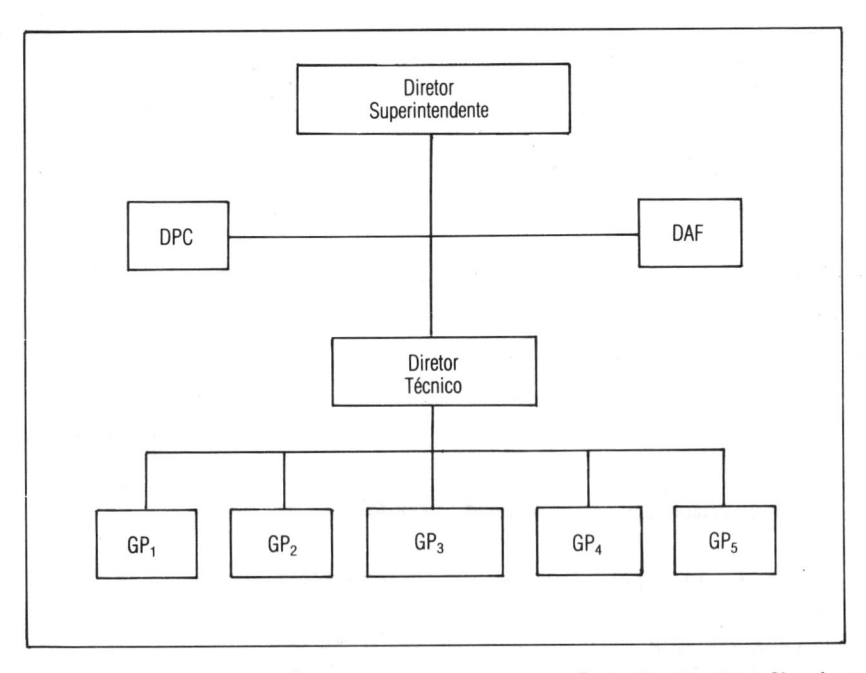

Fonte: Kruglianskas e Sbragia.

Figura V-16 – 3.ª Proposta: oriunda do Dr. Ayres, Diretor Administrador-Financeiro.

unicamente sob o ponto de vista de projetos. Basicamente, haveria um "pool" de talentos técnicos, formado por engenheiros e estagiários, os quais estariam alocados parcial e simultaneamente a vários projetos, para os quais gerentes seriam destacados na medida em que fossem concebidos. Os técnicos não teriam, assim, uma subordinação única e constante ao longo do tempo, mas estariam subordinados temporariamente a várias pessoas onde quer que suas especializações fossem julgadas necessárias. Ao gerente de projeto seria dada uma autonomia total sobre o projeto, quer sob o ponto de vista gerencial, quer sob o ponto de vista técnico. Portanto, estes teriam que ser pessoas com uma considerável bagagem de experiência e conhecimento técnico.

Todas as propostas apresentadas foram, a princípio, consideradas viáveis. Embora cada uma dessas alternativas fosse subsidiada por uma série de argumentos, de natureza mais pessoal, por parte de seus proponentes, elas, em amplitude maior ou menor, faziam sentido dentro do contexto que então caracterizava a empresa. A grande preocupação da Diretoria Executiva, no momento, era avaliar um pouco mais objetivamente cada uma das alternativas propostas, tendo em vista decidir-se por uma forma de organização que se ajustasse às peculiaridades humanas e operacionais atuais da empresa, bem como a seus objetivos e diretrizes estratégicas.

IV — *A discussão das alternativas propostas*

Das discussões entre os consultores e os membros da Alta Administração da empresa, uma certa concordância se estabeleceu sobre alguns pontos que, a princípio, apoiavam a proposta intermediária em contraposição à primeira e terceira.

Eles basicamente eram:

— Não haveria número suficiente de pessoas para ocupar as áreas de Energia, Estrutura e Mecanismos, conforme sugeridas pelo eng.º Ramos. A ênfase em capacitação técnica poderia ser válida para empresas similares de maior porte e bastante apropriada para o caso das instituições de Pesquisas Científicas, mas não para a situação atual da ENAR.

— Uma estrutura baseada fundamentalmente nos produtos típicos oferecidos pela empresa (projetos aeronáuticos, predominantemente, e projetos não aeronáuticos) favoreceria a capacitação da empresa em torno desses produtos bem como sua comercialização. Ao mesmo tempo, criaria a posição de GP, uma função consistente com os interesses da empresa de, em todos os contratos estabelecidos, ter sempre alguém exercendo uma função de coordenação sobre as áreas técnicas e especialidades envolvidas, bem como representando e fazendo o papel do cliente dentro da organização. No futuro próximo, cada Superintendência Técnica admitiria redivisões internas para efeito de grupamento de especializações comuns.

— A proposta do Dr. Ayres, embora parecesse consistente com os interesses da empresa em valorizar as funções de GP dentro da organização, mostrava-se problemática, em face da inexistência de chefias permanentes que pudessem supervisionar de forma contínua os engenheiros e estagiários, zelando por seus interesses de carreira e de especialização técnica bem como por suas cargas de trabalho. Aliás, este já era um dos problemas organizacionais que a reestruturação deveria solucionar.

Uma vez que a princípio se decidiu pelo esquema organizacional proposto pelo Dr. Nélio, havia ainda uma série de pontos específicos que, quando considerados, poderiam alterar fundamentalmente a proposta. Esses pontos centravam-se principalmente na figura do gerente de projeto. Assim, a respeito de seu papel dentro da organização, alguns advogavam que uma administração de projetos efetiva requeria que o GP agisse com um "interface manager" e para isso ele precisaria de um "status" que lhe permitisse conseguir a cooperação necessária das superintendências técnicas e ao mesmo tempo lhe permitisse avaliar crítica e objetivamente suas contribuições. A respeito de sua subordinação, alguns colocavam que o GP deveria se reportar ao executivo que real e essencialmente tivesse condições de resolver todos os conflitos dentro e entre projetos. Outros advogavam que um gerente forte enfraqueceria os superintendentes técnicos e, além do mais, a empresa ainda não dispunha de um número suficiente de engenheiros com experiência administrativa adequada para um papel de gerente nessas dimensões. O ponto mais fraco, entretanto, contra a proposta do Dr. Nélio, segundo a equipe e o próprio proponente, era a subordinação do GP ao Diretor Técnico no tocante a prazos e custos e a subordinação do mesmo aos superintendentes técnicos no tocante à qualidade, o que caracterizaria uma dupla chefia, em flagrante conflito com os princípios da boa administração.

V — *A proposta final de reestruturação*

As discussões seguintes que se estabeleceram acerca dos pontos então levantados alteraram ligeiramente a proposta do Dr. Nélio. As

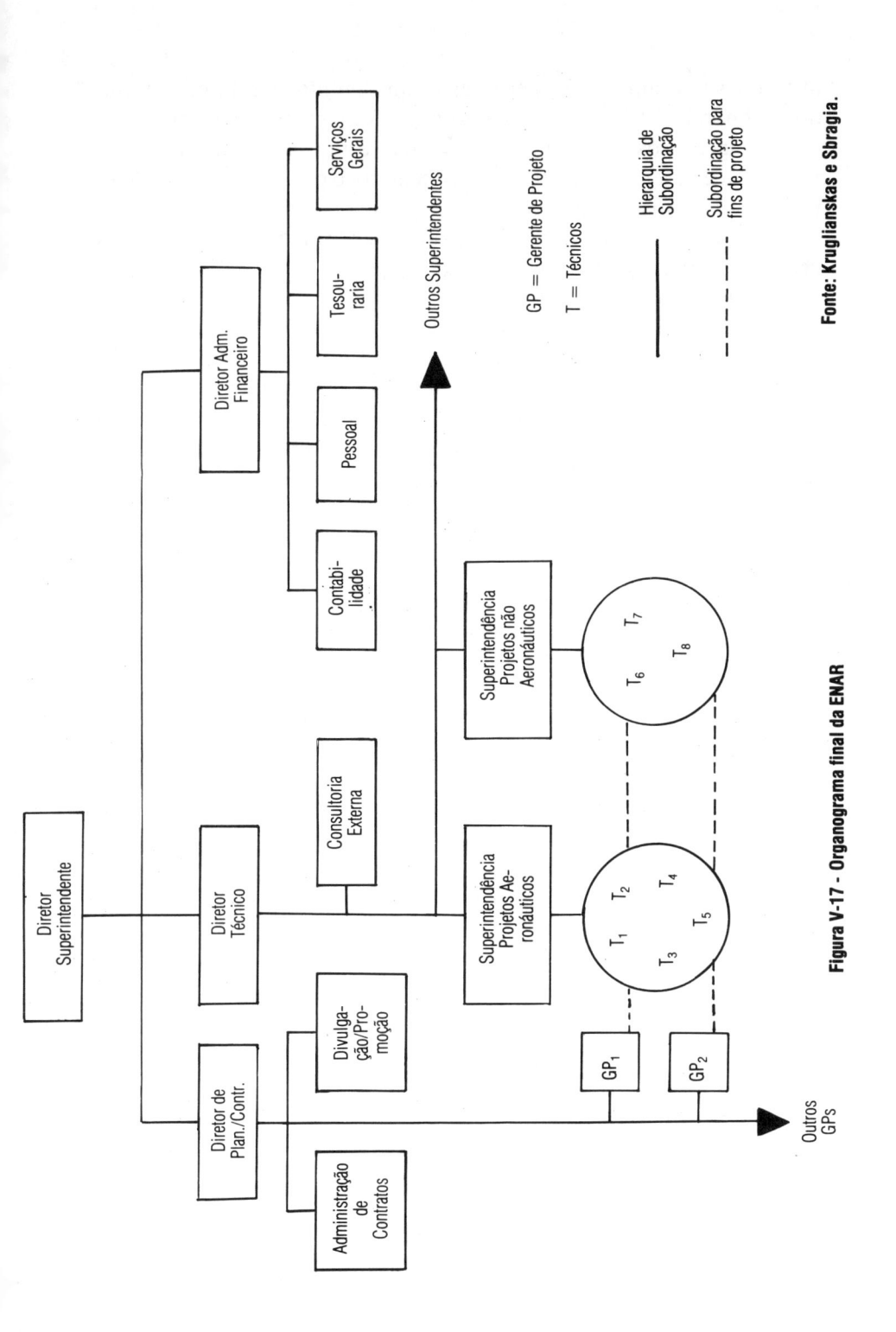

Figura V-17 - Organograma final da ENAR

GP = Gerente de Projeto
T = Técnicos

―――― Hierarquia de Subordinação
- - - - Subordinação para fins de projeto

Fonte: Kruglianskas e Sbragia.

alterações tiveram, em primeiro lugar, um sentido de reforçar a figura do GP em relação à sua proposta original. Ao mesmo tempo, alterava a subordinação dos GP, ficando estes sob a responsabilidade da Diretoria de Planejamento e Controle. Nesse sentido, o organograma da ENAR passou a ter uma nova representação gráfica (Figura V-17).

A seguir foi elaborado um quadro mostrando as atribuições de cada cargo. Este quadro é denominado organograma linear e será apresentado no Capítulo VI.

Este capítulo apresentou exemplos de utilização da Matriz e Institutos de Pesquisa, Indústria Manufatureira e o Setor de Serviços. Cinco estudos de caso ilustrando a implantação da estrutura matricial em situações reais foram apresentados. Estes casos constituem a base para o próximo capítulo que apresentará aspectos relativos ao delineamento e implantação da Matriz.

Referência Bibliográficas :

BERNASCO, Wilma; NEDERHOF, Petra C. de Weerd; TILLEMA, Harry; BOER, Harry. *Balanced matrix structure and new product development process at Texas Instruments materials and controls division*, R&D Management, Oxford, abr 1999, Vol. 29, 2.ed., pp. 121-131.

FARIA, Luciana de Oliveira; FISCHER, Tânia. Privatização, *Mudança e Evolução da Estrutura Organizacional em Três Momentos:* Telebasa, Telebahia e Telemar, XXV ENANPAD, 2001.

MAURER, John G.; NIXON, Judith M.; PECK, Terrance W. *Organization Charts:* Structures of More than 200 Businesses and Non-Profit Organizations, Gale Group, junho, 1996.

PROCTOR, Paul. *Boeing Shifts To 'Platform Teams'*, Aviation Week & Space Technology, Nova York, maio 17 1999, Vol. 150, 20.ed., p. 63.

SANTOS, Antônio Carlos dos. *Estrutura Organizacional no Agribusiness Cooperativo:* o caso das cooperativas produtoras de leite em Minas Gerais, XXV ENANPAD, 2001.

SATO, Geni Satiko. *Estratégia e estrutura organizacional na indústria de alimentos:* o caso Sadia, Tese (Doutorado) –EAESP/FGV, São Paulo: s.n., 1998.

SOBEK II, Durward K.; LIKER, Jeffrey K.; WARD, Allen C. *Another look at how Toyota integrates product development*, Harvard Business Review, Boston, jul/ago 1998, V. 76, 4.ed., pp. 36-49.

TONELLI, Christopher. *Organization and Management Structure of American Furniture Companies*, AKTRIN Furniture Information Center, junho, 1998.

VI

Delineamento e Implantação da Estrutura Matricial

1. Etapas para o delineamento da estrutura
2. Análise das condicionantes da estrutura matricial
3. Seleção e detalhamento do tipo de Matriz a ser adotado
4. Implantação e acompanhamento
5. Considerações finais
   Referências bibliográficas

1. ETAPAS PARA O DELINEAMENTO DA ESTRUTURA

A maior parte das estruturas matriciais hoje em operação evoluíram com base em um processo de tentativas e erros, gerando tensões consideráveis. À medida que o conhecimento sobre este tipo de estrutura aumenta, torna-se possível um procedimento para delinear de forma mais racional o tipo de Matriz mais adequado para uma determinada organização.

Descreveremos a seguir as etapas principais para o delineamento de estrutura matricial, sem termos a pretensão de dar uma "receita", mas, sim, subsídios para escolher a Matriz que mais se ajusta a uma dada situação. Estas etapas serão a base para o desenvolvimento deste capítulo.

A Figura VI-1 mostra as principais etapas deste procedimento. Descreveremos rapidamente essas etapas que serão posteriormente detalhadas neste capítulo.

1.1. Etapa 1: Análise das Condicionantes da Estrutura

O delineamento de uma estrutura depende do contexto organizacional e de um conjunto de fatores denominados condicionantes*:

— estratégia de marketing;
— tecnologia;
— ambiente externo;
— características da atividade;
— fator humano.

---

* Estes fatores são baseados no trabalho de Leavitt (1965), desenvolvidos por Vasconcellos (1978) e Hemsley e Vasconcellos (1981).

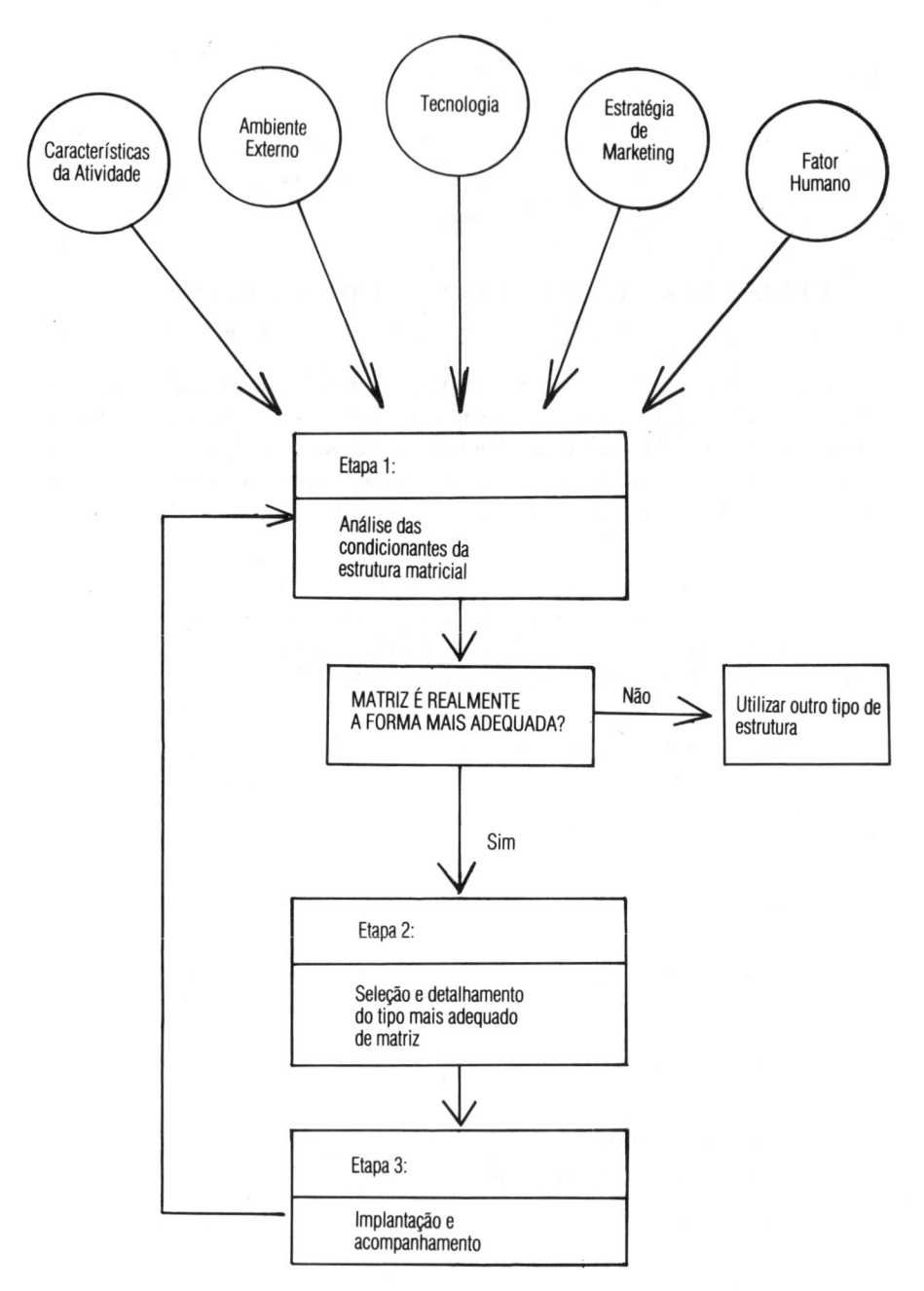

Figura VI-1 – Etapas para o delineamento de uma estrutura matricial.

A primeira etapa do processo de delineamento consiste na análise dos fatores acima para a organização para a qual a estrutura está sendo elaborada. Assim, dependendo da estrutura de marketing adotada, do tipo de tecnologia, das características do ambiente externo e da atividade e finalmente do elemento humano, a Matriz poderá ou não ser a solução mais indicada.

Se a resposta for negativa deverá ser utilizada uma outra forma estrutural. Caso seja positiva, passaremos à etapa seguinte, que é a escolha do tipo de Matriz que melhor se ajusta à organização. Algumas das condições que favorecem o uso da Matriz são:

- existência simultânea de diferentes unidades funcionais e necessidade de elevada integração entre elas, dificultando, portanto, a utilização de estruturas tradicionais;
- elemento humano com um mínimo de preparo para operação matricial;
- necessidade de economia na utilização de recursos humanos e materiais e simultaneamente necessidade de atingimento dos prazos estabelecidos para as atividades integradas.

1.2. Etapa 2: Seleção do Tipo Adequado de Matriz

Conforme já foi mencionado no Capítulo II, há três tipos básicos de estrutura matricial (Hemsley & Vasconcellos, 1981):

- *Matriz Funcional:* quando os gerentes funcionais têm um papel consideravelmente maior em termos de autoridade e responsabilidade sobre recursos.
- *Matriz Projetos:* quando os gerentes de projeto têm um peso maior. Neste caso, os gerentes funcionais "cuidam" dos recursos humanos e materiais enquanto estes não estão alocados a projetos.
- *Matriz Balanceada:* quando há um certo equilíbrio de poder entre os dois eixos da Matriz.

Nesta etapa, a análise das condicionantes deverá servir para selecionar o tipo mais adequado de Matriz à situação em foco. O produto desta etapa deverá ser um organograma e uma explicitação dos níveis de autoridade e responsabilidade dos gerentes de projeto, gerentes funcionais, Alta Administração e demais cargos relevantes.

1.3. Etapa 3: Implantação e Acompanhamento

Se a Matriz foi delineada com a participação de elementos dos vários níveis hierárquicos, o processo de implantação será mais fácil.

Entretanto, um cuidadoso plano de implantação deverá ser elaborado procurando minimizar resistências e preparar adequadamente as pessoas para operar na forma matricial.

Um aspecto útil para o sucesso da Matriz é uma avaliação periódica procurando detectar falhas no sistema e efetuar as correções necessárias. Os três tópicos seguintes apresentarão com mais detalhe cada uma das etapas acima.

2. ANÁLISE DAS CONDICIONANTES DA ESTRUTURA MATRICIAL

Por muitos anos os estudiosos da Administração buscaram o modelo perfeito de estrutura organizacional. Depois de muitos esforços e pesquisas, concluíram que não existe uma "forma melhor" para estruturar uma dada organização, porque as condições são diferentes de caso para caso, fazendo com que a estrutura tenha que se ajustar a estas diferenças. Assim, a abordagem mais correta é aquela que apresenta um conjunto de fatores que permitam analisar uma dada situação e delinear a forma estrutural mais apropriada para ela.

Neste tópico, procuraremos analisar os efeitos das condicionantes da estrutura matricial sobre os tipos de Matriz já mencionados anteriormente. A Figura VI-2 resume o modelo sobre o qual se baseia esta análise (Hemsley e Vasconcellos, 1981).

Procuraremos, a seguir, mostrar como cada condicionante afeta a seleção do tipo mais adequado de Matriz. Este estudo fornecerá subsídio para a terceira etapa, que consiste na seleção da forma matricial a ser adotada. A título de exemplo, faremos esta análise para uso de estrutura matricial na área de Pesquisa e Desenvolvimento Tecnológico; entretanto, o raciocínio será válido com as devidas adaptações, para qualquer ramo de atividade.

2.1. Condicionante: Estratégia de Marketing

A pergunta "qual é o nosso negócio?" é o ponto de partida para o delineamento da estrutura organizacional. A escolha dos produtos/serviços a ser oferecidos condicionaram a estrutura necessária para realizá-los.

AMBIENTE EXTERNO
- Necessidades do Mercado
- Concorrência

TECNOLOGIA
- Interdependência
- Especialização

ESTRUTURA DE MARKETING
- Produtos/Serviços
- Mercados
- Origem dos recursos

MATRIZ FUNCIONAL	MATRIZ	MATRIZ FUNCIONAL

TIPOS DE ESTRUTURA MATRICIAL

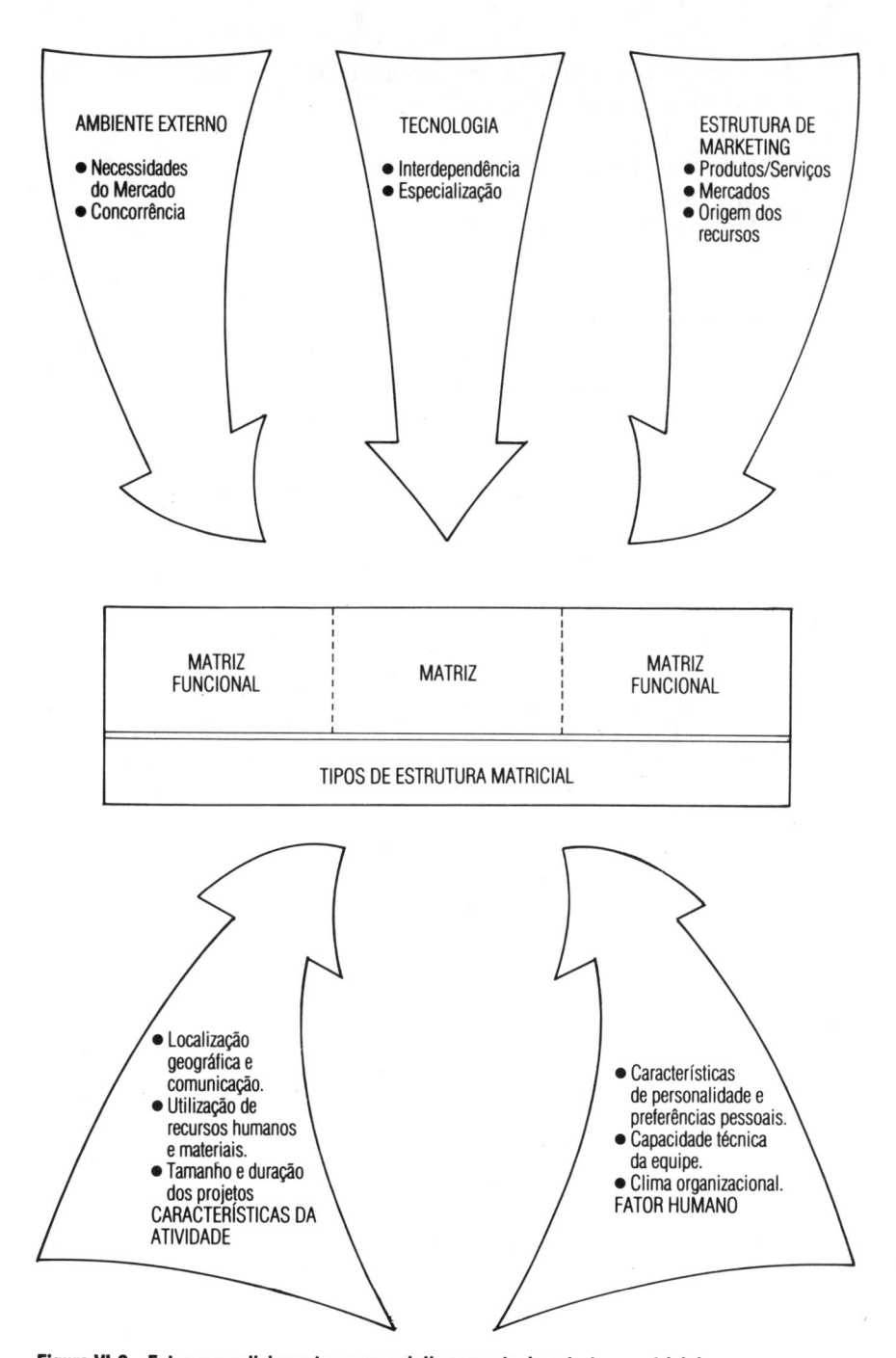

- Localização geográfica e comunicação.
- Utilização de recursos humanos e materiais.
- Tamanho e duração dos projetos

CARACTERÍSTICAS DA ATIVIDADE

- Características de personalidade e preferências pessoais.
- Capacidade técnica da equipe.
- Clima organizacional.

FATOR HUMANO

Figura VI-2 – Fatores condicionantes para o delineamento da estrutura matricial.

Fonte: Hemsley e Vasconcellos (1981).

No caso de Pesquisa e Desenvolvimento a estratégia de marketing pode ser dividida em três aspectos:

— Produtos/Serviços;
— Mercado;
— Origem dos Recursos.

2.1.1. *Produtos/Serviços.* — Uma organização voltada para Pesquisa e Desenvolvimento pode realizar uma ou mais das seguintes atividades: pesquisa básica, pesquisa aplicada, desenvolvimento, testes, análises de rotina e assistência técnica. A Figura VI-3 mostra os conceitos de cada atividade e suas implicações para o delineamento da estrutura.

2.1.2. *Mercado.* — Os principais clientes de um instituto de pesquisa são:

— comunidade científica em geral e especialmente as universidades e outros institutos de pesquisa;
— órgãos governamentais que podem se interessar por um ou mais dos serviços prestados pelos institutos;
— empresas privadas que geralmente se interessam pelos testes, análises de rotina e assistência técnica. Eventualmente, as empresas se interessam por resultados das atividades de pesquisa aplicada e desenvolvimento.

Quando a comunidade científica é o cliente, o produto tenderá a ser mais próximo da pesquisa básica, levando a uma estrutura do tipo Matriz funcional.

É claro que existem várias exceções a esta tendência. A comunidade científica, por exemplo, poderá se utilizar dos serviços de testes e análises do instituto. Assim, essas afirmações devem ser entendidas como tendências gerais que devem ser analisadas para o caso em foco, podendo se confirmar ou não. Voltamos a reforçar que nosso objetivo não é fornecer um conjunto de "receitas" mas, sim, uma forma de pensar sobre estrutura matricial e, portanto, um subsídio para aquele que deverá delinear uma estrutura matricial para uma dada organização.

Quando o cliente é a empresa privada, geralmente se interessa pela pesquisa aplicada e desenvolvimento, levando a uma estrutura do tipo matricial-projetos. A empresa privada, como cliente, exige resultados práticos dentro de cronogramas e orçamentos previstos. Isso torna necessária uma gerência de projetos mais forte, com maior autoridade sobre os recursos humanos e materiais. Esta liderança mais forte tam-

ÁREA DE ATIVIDADE	EFEITO SOBRE A ESTRUTURA
PESQUISA BÁSICA – investigação com o objetivo de aumentar o grau do conhecimento humano. Não há aplicação prática em vista.	Geralmente necessita de alto nível de especialização técnica favorecendo a "Matriz funcional" ou a funcional.
PESQUISA APLICADA – investigação com o objetivo de fornecer conhecimentos que permitam solucionar um determinado problema. DESENVOLVIMENTO – uso de resultados de pesquisas básicas e aplicados para produzir novos materiais, produtos e processos.	Com muita freqüência este tipo de atividade necessita de elevado nível de integração para ser realizada o que favorece a "Matriz Projetos".
TESTES, ANÁLISES DE ROTINA E ASSISTÊNCIA TÉCNICA – serviços de rotina que consistem em importante atividade das Instituições de Pesquisa e Desenvolvimento.	Este tipo de atividade exige em geral pouca integração favorecendo a "Estrutura Funcional" e para certos tipos de assistência técnica a "Matriz Funcional".

Figura VI-3 – Efeitos das áreas de atividades sobre a estrutura.

bém é necessária porque projetos aplicados são geralmente interdisciplinares, exigindo a interação entre as várias áreas técnicas.

2.1.3. *Origens dos Recursos.* — A fonte de recursos para a Instituição de Pesquisa é um fator crítico que determinará a estratégia de mercado, a natureza da atividade e a estrutura organizacional. Quando os recursos são de orçamento, isto é, recursos provenientes do governo para sustentação do Instituto, há uma tendência para a pesquisa básica, o que leva a uma estrutura do tipo funcional. Quando os recursos são provenientes da venda de projetos, geralmente estes têm objetivos específicos, prazos predeterminados e visam a solucionar um determinado problema. Com freqüência, pesquisas aplicadas ou de desenvolvimento envolvem a colaboração de várias áreas técnicas, favorecendo uma estrutura do tipo Matriz Projetos.

A Figura VI-4 resume os efeitos da estratégia de marketing sobre o tipo de Matriz a ser adotado. Devemos lembrar que estes fatores são interdependentes entre si e com as demais condicionantes da estrutura. Assim, devemos evitar analisar estes fatores de maneira isolada.

2.2. Condicionante: Tecnologia

O impacto da tecnologia sobre a estrutura foi estudado por vários autores, como Woodward (1965), Thompson (1967) e Burns e Stalker (1961). No caso específico do tipo de Matriz a ser adotado, dois aspectos destacam-se:

— interdependência funcional;
— especialização.

Analisaremos, a seguir, os efeitos destes fatores sobre a estrutura matricial.

2.2.1. *Interdependência Funcional.* — É o grau em que o trabalho realizado em uma determinada área para um certo projeto está relacionado com o trabalho realizado em outras áreas funcionais para o mesmo projeto. Quanto maior o nível de interdependência, maior a necessidade de integração entre as áreas funcionais, exigindo uma gerência de projeto mais forte, o que favorece a estrutura matricial-projetos. Na situação oposta, isto é, quando o grau de interdependência é baixo, a estrutura funcional-projetos torna-se mais adequada.

FATORES	TIPO DE MATRIZ INDICADA			
	MATRIZ FUNCIONAL	MATRIZ BALANCEADA	MATRIZ PROJETOS
Produtos/Serviços	Pesquisa Básica	Intermediária	Pesquisa aplicada a certos tipos de assistência técnica interdisciplinares.
Mercado (Usuário)	Comunidade Científica	Ambos	Governo e indústria como contratantes de projetos.
Origem dos Recursos	Recursos a "Fundo Perdido"	Ambos	Recursos advindos da venda de projetos contratados.

Figura VI-4 — Influência da condicionante "estratégia de marketing" sobre a escolha do tipo mais adequado de matriz.

Este fator pode ser analisado em termos de fluxo de informações entre as áreas funcionais necessário para desenvolver o projeto. Quanto maior a necessidade de informação, maior a necessidade de integração, favorecendo a estrutura matricial-projetos.

2.2.2. *Especialização*. — Está relacionada com o nível de especialização científica necessário nas áreas funcionais. Quando os pesquisadores estão trabalhando nas fronteiras do conhecimento, um elevado grau de especialização torna-se necessário, favorecendo uma estrutura puramente funcional, a não ser que haja um certo grau de interdependência exigindo uma Matriz Funcional.

À medida que a necessidade de especialização diminui, o gerente de projetos tem condições de assumir maior autoridade e um gerente capaz com conhecimento diversificado poderá até levar a estrutura para uma Matriz Projetos. Isso será bastante facilitado se houver alto grau de interdependência.

A Figura VI-5 resume a influência da condicionante tecnológica sobre a escolha do tipo de Matriz.

TIPO DE MATRIZ INDICADA FATORES	MATRIZ FUNCIONAL	MATRIZ BALANCEADA	MATRIZ PROJETOS
Interdependência funcional	Baixa	Média	Alta
Especialização	Alta	Média	Baixa

Figura VI-5 – Influência da condicionante "tecnologia" sobre a escolha do tipo de matriz mais adequado.

2.3. Condicionante: Ambiente Externo

Ambiente externo é o conjunto de indivíduos, grupos e organizações que estão fora das fronteiras da organização em foco e que influenciam e são influenciados por ela. As condições culturais, políticas, econômicas e sociais também fazem parte do ambiente externo. A Figura VI-6 mostra de forma genérica o ambiente externo de uma organização.

A importância do ambiente externo para a estrutura organizacional foi ressaltada por Lawrence e Lorsch (1970). Emery e Trist (1963) apontam a forma matricial como a mais adequada para ambientes turbulentos. Marcovitch (1977) desenvolveu estudo sobre o relacionamento entre as instituições de pesquisa e um importante elemento do ambiente externo: o usuário dos resultados das inovações tecnológicas.

Para fins da escolha do tipo mais adequado de Matriz, dois aspectos do ambiente externo assumem especial relevância:

— mudanças nos projetos;
— características da competição.

2.3.1. *Mudanças nos Projetos.* — Se o cliente acompanha de perto o desenvolvimento do projeto e solicita freqüentes alterações, haverá necessidade do gerente de projetos reunir a equipe e analisar como estas mudanças afetarão as diversas partes do projeto. Assim, um índice elevado de mudanças favorece a estrutura matricial-projetos que dá maior autonomia ao gerente de projetos.

2.3.2. *Características da Competição.* — Quando as instituições de pesquisa na mesma área estão produzindo resultados de melhor qualidade e, com economia de recursos, então para fazer frente a esta situação, o Instituto de Pesquisa em foco precisa enfatizar estes aspectos. Nestes casos, a estrutura matricial-funcional torna-se mais adequada. Este raciocínio só é válido quando as instituições de pesquisa são particulares e com fins lucrativos. No caso brasileiro, isto é pouco comum. Somente os centros de pesquisa da empresa privada encontram-se nessas condições e representam uma parcela muito pequena da pesquisa realizada. Na maior parte dos casos esta atividade é realizada por instituições governamentais. Embora este fator seja de pouca aplicabilidade para institutos de pesquisa, decidimos mencioná-lo porque o modelo em estudo deverá servir também para outros tipos de organização. Quando a competição é forte em cumprimento dos prazos, a Matriz Projetos torna-se mais conveniente.

A Figura VI-7 resume os efeitos do ambiente externo sobre a escolha do tipo de estrutura matricial.

2.4. Condicionante: Características da Atividade

A estrutura mais adequada para uma organização depende diretamente das características das atividades que serão realizadas. Os aspectos mais relevantes no caso de estruturas matriciais são:

— Localização Geográfica e Comunicações;
— Utilização de Recursos Humanos e Materiais;
— Tamanho e Duração dos Projetos.

Figura VI-6 – Organização e ambiente externo.

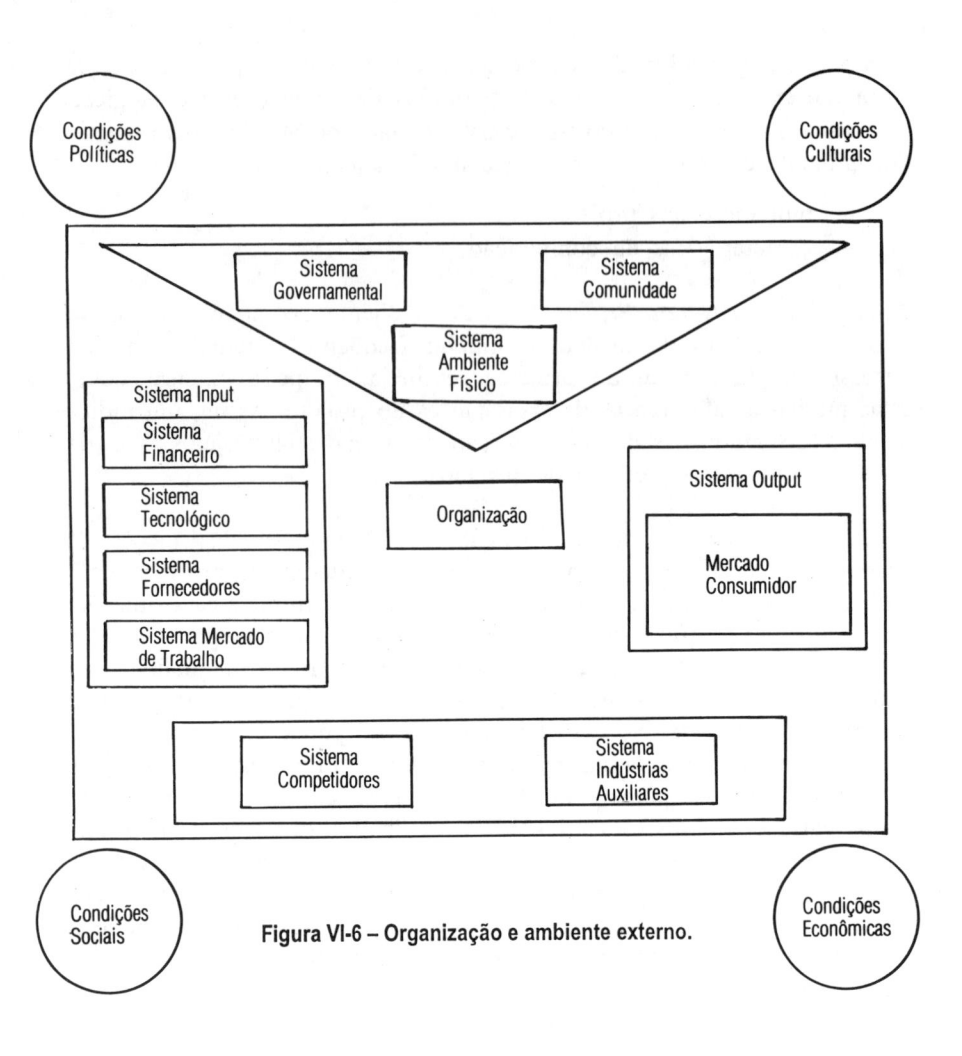

TIPO DE MATRIZ INDICADA FATORES	MATRIZ FUNCIONAL	MATRIZ BALANCEADA	MATRIZ PROJETOS
Grau de mudança nos projetos	Baixo	Médio	Elevado
Característica da competição	Qualidade e economia de recursos são aspectos essenciais	Combinação de ambos	Cumprimento dos prazos é essencial

Figura VI-7 – Influência da condicionante "ambiente externo" sobre a escolha do tipo mais adequado de matriz.

2.4.1. *Localização Geográfica e Comunicações.* — Em muitos casos, a natureza do projeto exige que a equipe trabalhe em local próprio, distante da sede da organização. Nestes casos, a Matriz Projetos é preferível, principalmente quando a comunicação entre o local de trabalho e a sede é difícil, porque a comunicação com o gerente de projeto será mais fácil neste tipo de Matriz.

2.4.2. *Utilização de Recursos Humanos e Materiais.* — Se a natureza da atividade exige recursos humanos e materiais em tempo integral e sem oscilações, então, sob este aspecto, a Matriz Projetos é mais adequada. Caso a utilização de recursos seja parcial, por exemplo, 30% do tempo de um especialista por 2 semanas, depois 10% do tempo por 2 meses e a seguir 60% do tempo, então a Matriz Funcional torna-se mais adequada porque a capacidade ociosa deste especialista será administrada por um gerente funcional que alocará o seu tempo a outros projetos. Quanto mais isso acontece em todos os demais projetos, maior será a necessidade de uma estrutura matricial-projetos.

Estudo realizado em 17 institutos de Pesquisa Tecnológica em São Paulo (Vasconcellos, 1977) mostrou que em média cada pesquisador trabalhava 25% do seu tempo em um único projeto.

2.4.3. *Tamanho e Duração dos Projetos.* — As dimensões dos projetos são fator importante para determinar o tipo mais adequado de Matriz. Quanto maior o projeto em termos de duração e volume de recursos humanos e materiais, maior a tendência para uma estrutura matricial-projetos porque:

— a compra de equipamentos especiais para o projeto pode compensar devido às economias de escala;
— há uma equipe grande de especialistas envolvida no projeto por muito tempo;
— o gerente do projeto tende a ser um especialista de maior nível;
— o peso do projeto para o sucesso da instituição é relativamente maior, exigindo uma maior autonomia do gerente do projeto sobre os recursos.

Por outro lado, projetos de menor duração e dimensões favorecem uma estrutura do tipo matricial-funcional.

As características da atividade refletem a estratégia de marketing adotada pela instituição.

A Figura VI-8 resume os efeitos das características da atividade sobre a escolha da forma estrutural.

FATORES / TIPO DE MATRIZ ADEQUADO	MATRIZ FUNCIONAL	MATRIZ BALANCEADA	MATRIZ PROJETOS
Localização física e comunicação	A maior parte dos especialistas trabalha para o projeto mantendo a mesma localização geográfica. A comunicação com o gerente funcional é imensa.	Parte da equipe em local próprio e parte em instalações próprias do projeto e necessidade de comunicação com ambos.	A maior parte dos especialistas trabalha para o projeto em instalações próprias do projeto, distantes fisicamente das suas áreas funcionais. A comunicação com o gerente do projeto é intensa.
Utilização de Recursos Humanos e Materiais	Pouca e bastante variável.	Situação intermediária.	Elevada e pouco variável.
Tamanho e Duração dos Projetos	Pouca dimensão e curta duração.	Situação intermediária.	Grandes dimensões e longa duração.

Figura VI-8 – Influência da condicionante "características da atividade" sobre a escolha do tipo mais adequado de matriz.

2.5. Condicionante: Fator Humano

O elemento humano constitui a base de toda organização; assim, o sucesso desta depende da compatibilidade entre as características das pessoas e a estrutura organizacional. No caso da forma matricial, os aspectos mais importantes relacionados com o fator humano são:

— Características de personalidade e preferências pessoais;
— Capacidade técnica da equipe;
— Cultura organizacional.

2.5.1. *Características da Personalidade e Preferências Pessoais*. — Um primeiro aspecto importante é a aceitação da ambigüidade de autoridade que caracteriza a forma matricial. Se a aceitação é grande, a Matriz balanceada é possível porque é o tipo de estrutura em que a divisão de poder é maior, levando a um conflito maior por parte dos pesquisadores. Se a aceitação é pequena, devemos procurar um dos tipos externos de Matriz (Funcional ou Projetos), onde o pesquisador terá nitidamente um chefe "principal".

Diferentemente dos fatores vistos até agora, as características de personalidade e preferências vistas é mais uma restrição do que um fator determinante. Em outras palavras, não é porque pessoas têm capacidade de trabalhar em sistemas ambíguos que selecionaremos uma Matriz balanceada. Se a Matriz balanceada é o melhor tipo de estrutura devido às condições de mercado e à natureza da atividade, então a capacidade das pessoas em operar neste tipo de estrutura é um fator que permitirá ou não a sua implantação.

Um segundo aspecto é a estabilidade do grupo de trabalho. Para as pessoas que preferem trabalhar em grupos estáveis, a Matriz Funcional é mais adequada. Por outro lado, outros especialistas preferem interagir com maior variedade de pessoas e atividades. Para estes, a estrutura Matriz Projetos trará uma satisfação maior.

Um terceiro aspecto é a preferência por especialização X diversificação. Os pesquisadores cuja realização depende de alto grau de especialização técnica encontrarão maior satisfação na estrutura Matriz Funcional. Aqueles que preferem conhecer mais superficialmente uma diversidade maior de áreas técnicas ficarão mais satisfeitos em uma estrutura do tipo Matriz Projetos.

Um quarto aspecto é a avaliação de desempenho. Certos profissionais consideram muito importante que sejam avaliados por um especialista na sua área técnica. Isso acontece mais na estrutura Matriz Funcional porque na estrutura Matriz Projetos o peso maior da avaliação cabe ao gerente do projeto que dificilmente poderá ser especialista nas várias áreas técnicas que o projeto abrange.

2.5.2. *Capacidade Técnica da Equipe*. — Quanto menor a capacitação técnica dos especialistas em relação às necessidades, maior a necessidade de uma estrutura na qual o gerente funcional é forte, porque ele terá então condições de dar a devida assistência à sua equipe, assegurando a qualidade do produto final. Assim, a estrutura do tipo matricial-funcional é mais adequada. Na estrutura do tipo Matriz Projetos, dificilmente o gerente do projeto terá condições de dar assistência técnica em todas as áreas do projeto, exigindo portanto uma equipe tecnicamente qualificada.

Em certos casos, após o desenvolvimento técnico da equipe, permite-se uma mudança de uma estrutura matricial-funcional para uma matricial-projetos. Este foi o caso da Açominas descrito no capítulo anterior.

2.5.3. *Cultura Organizacional.* — Este é outro fator que deve ser considerado um pré-requisito para a utilização de um certo tipo de estrutura ao invés de um aspecto determinante. A utilização da Matriz balanceada depende da existência de um clima positivo, caracterizado pela abertura e espírito de colaboração entre as pessoas. Se essa condição não existir, devemos procurar as formas mais extremas de Matriz onde a ambigüidade e os conflitos dela decorrentes são menores.

No tópico sobre implantação da estrutura matricial veremos alguns instrumentos para um clima organizacional favorável.

A Figura VI-9 resume a influência do fator humano sobre a seleção da forma mais adequada de Matriz.

3. SELEÇÃO E DETALHAMENTO DO TIPO DE MATRIZ A SER ADOTADO

3.1. Seleção do Tipo de Matriz

No tópico anterior um conjunto de fatores foram analisados em termos dos efeitos sobre a escolha do tipo de Matriz a ser adotado. É possível que, após esta análise, se chegue à conclusão de que outra forma estrutural deverá ser utilizada.

A estrutura matricial depende de certas pré-condições para ser utilizada com sucesso:

- necessidade de áreas de especialização e de realização de atividades integradas, isto é, que exigem integração entre essas áreas;
- características do fator humano favoráveis à operação em condições de múltipla subordinação e com elevado grau de ambigüidade;
- cultura organizacional favorável à operação matricial;
- necessidade de economia de recursos humanos e materiais;
- funcionamento inadequado da organização atual.

FATORES \ TIPOS DE MATRIZ INDICADOS		MATRIZ FUNCIONAL	MATRIZ BALANCEADA	MATRIZ PROJETOS
Características da personalidade e preferências pessoais da equipe técnica	• Aceitação da múltipla subordinação	• Baixa aceitação	• Aceitação elevada	• Baixa aceitação
	• Estabilidade do grupo de trabalho	• Prefere instabilidade	• Situação intermediária	• Prefere trabalhar com grupos variados
	• Especialização X diversificação	• Prefere especialização	• Situação intermediária	• Prefere diversificação
	Avaliação	• Dá muita importância para que seja avaliado por especialista na sua área técnica	• Situação intermediária	• Não considera importante ser avaliado por especialista na sua área técnica
Capacidade Técnica da Equipe		• Baixa capacidade, havendo necessidade de constante supervisão técnica do chefe	• Situação intermediária	• Alta capacidade, não há necessidade de supervisão técnica
Cultura Organizacional		• Médio para positivo	• Altamente positivo	• Médio para positivo

Figura VI-9 – Influência da condicionante "fator humano" sobre a escolha do tipo mais adequado de matriz.

Neste tópico, adotaremos a premissa de que a Matriz é necessária e discorreremos sobre a seleção do tipo de Matriz e o seu detalhamento.

É importante considerar que não estamos delineando uma estrutura rígida a ser mantida por longo espaço de tempo, mas sim:

- um esboço da estrutura inicial com uma divisão preliminar das atribuições;
- possíveis alternativas para as quais a atual estrutura poderá evoluir.

Com base no tópico 3 sobre as condicionantes da estrutura matricial foi montada a Figura VI-10. Nela são mostradas as condições dos vários fatores que levariam a uma estrutura do tipo Matriz Projetos. A Figura VI-11 mostra a configuração dos fatores que exigiriam uma Matriz Funcional.

Quando o caso analisado apresentar um dos perfis acima, a escolha do tipo básico de estrutura será imediata. Quando houver combinações destes perfis, por exemplo, qualidade e prazos são prioritários, então, haverá necessidade de um tipo intermediário de estrutura: Matriz balanceada. Neste caso, a configuração final da Matriz poderá pender para um dos extremos dependentes da prioridade dada pela Alta Administração aos fatores. Se a prioridade foi igual, teremos uma Matriz balanceada com divisão de atribuições bastante equilibrada entre os eixos "funcional" e "projetos".

Deve ser entendido que a Matriz não tem necessariamente que ser homogênea. É perfeitamente viável termos em uma mesma organização diferentes tipos de Matriz operando simultaneamente porque as condicionantes podem variar dependendo da área ou do projeto em questão. Por exemplo, um projeto pode apresentar as seguintes características:

- curta duração;
- equipe técnica pouco treinada;
- alta oscilação no uso do tempo dos técnicos.

Essas condições pedem uma Matriz mais forte do lado funcional.

Em outro projeto, o perfil apresentado pelas condicionantes poderá exigir uma Matriz mais forte do lado dos projetos. Se esta diversificação é muito grande, a operação da Matriz será extremamente complexa, podendo levar à necessidade de estabelecer certos padrões básicos mesmo que certos projetos não consigam atingir a máxima eficiência.

```
                    ┌─────────────┐
                    │  ESTRUTURA  │
                    │   MATRIZ    │
                    │  PROJETOS   │
                    └─────────────┘
```

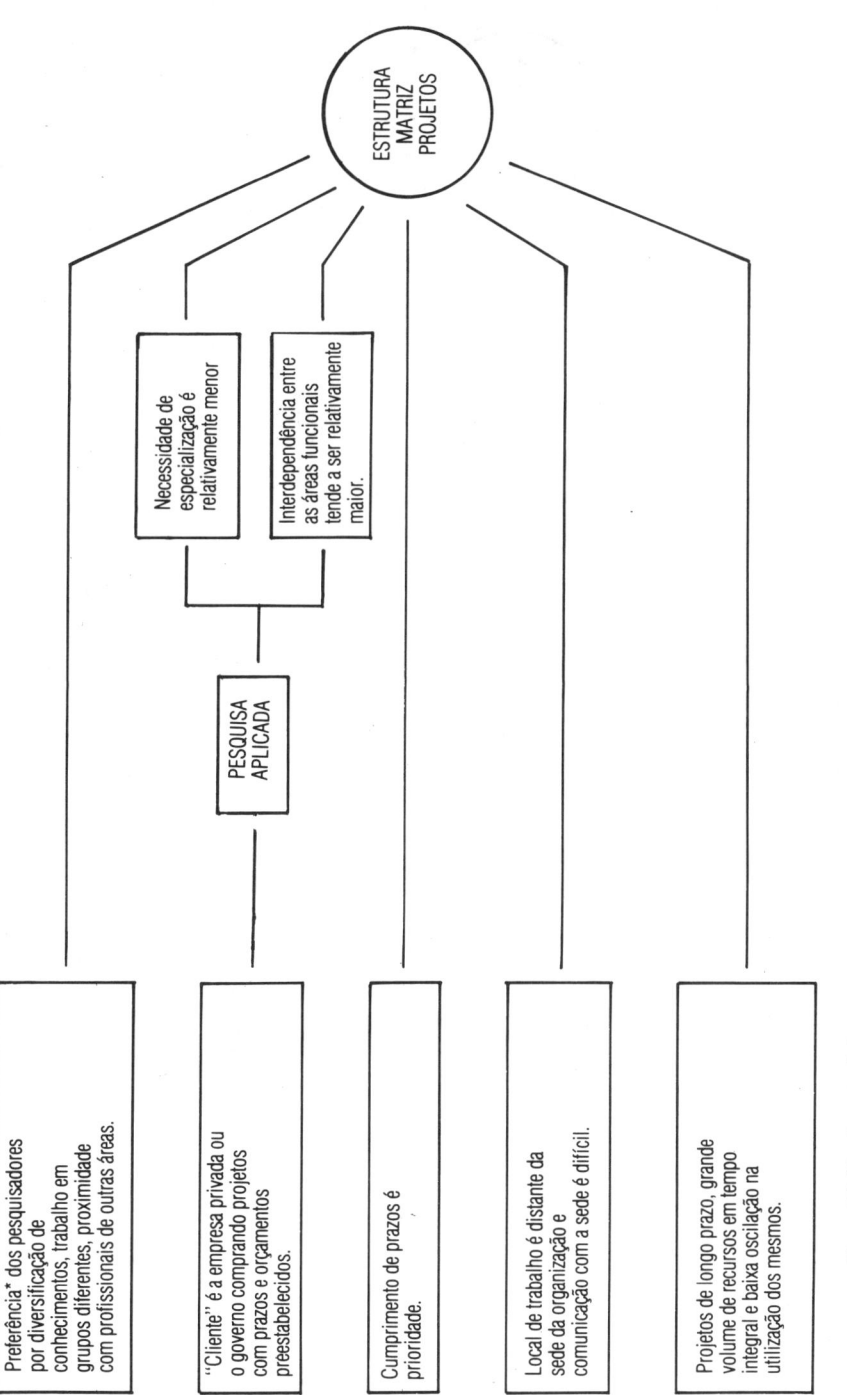

- Preferência* dos pesquisadores por diversificação de conhecimentos, trabalho em grupos diferentes, proximidade com profissionais de outras áreas.

- "Cliente" é a empresa privada ou o governo comprando projetos com prazos e orçamentos preestabelecidos.

- **PESQUISA APLICADA**
  - Necessidade de especialização é relativamente menor.
  - Interdependência entre as áreas funcionais tende a ser relativamente maior.

- Cumprimento de prazos é prioridade.

- Local de trabalho é distante da sede da organização e comunicação com a sede é difícil.

- Projetos de longo prazo, grande volume de recursos em tempo integral e baixa oscilação na utilização dos mesmos.

Figura VI-10 – Características dos fatores que levam a uma estrutura matricial-projetos (caso de institutos de pesquisa).

* Este fator deve ser visto mais como uma restrição do que como uma condicionante.

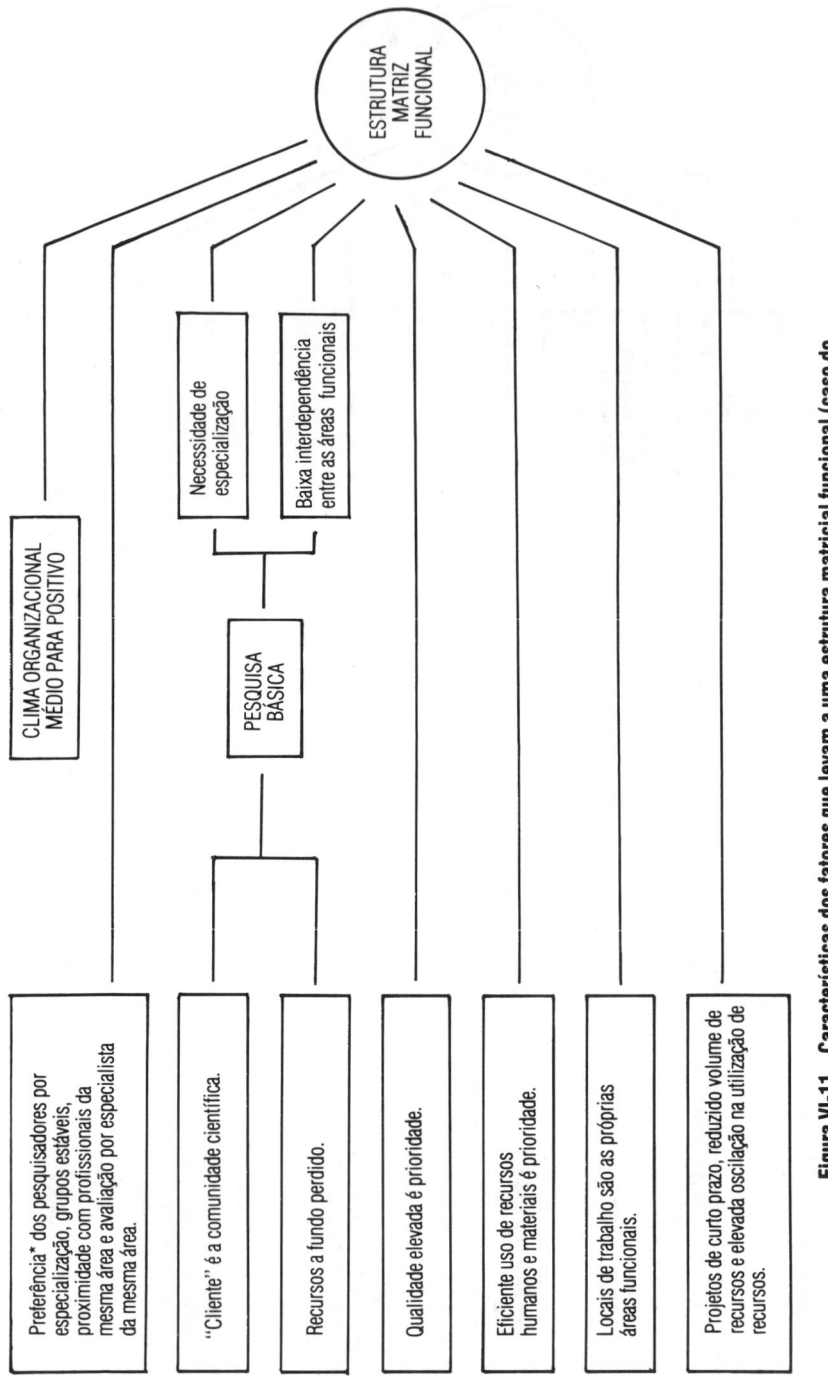

Figura VI-11 – Características dos fatores que levam a uma estrutura matricial funcional (caso do instituto de pesquisa).

* Lembrar que este fator deve ser visto como uma pré-condição (ou facilitador) e não uma condicionante.

- ESTRUTURA MATRIZ FUNCIONAL
  - CLIMA ORGANIZACIONAL MÉDIO PARA POSITIVO
    - Preferência* dos pesquisadores por especialização, grupos estáveis, proximidade com profissionais da mesma área e avaliação por especialista da mesma área.
  - PESQUISA BÁSICA
    - Necessidade de especialização
    - Baixa interdependência entre as áreas funcionais
    - "Cliente" é a comunidade científica.
    - Recursos a fundo perdido.
  - Qualidade elevada é prioridade.
  - Eficiente uso de recursos humanos e materiais é prioridade.
  - Locais de trabalho são as próprias áreas funcionais.
  - Projetos de curto prazo, reduzido volume de recursos e elevada oscilação na utilização de recursos.

3.2. Detalhamento da Estrutura

3.2.1. *Introdução.* — Esta etapa consiste na especificação das atribuições dos vários cargos da estrutura. A experiência tem demonstrado que o organograma é insuficiente para atender às necessidades de clarificação dos vários papéis organizacionais. O manual de procedimentos que apresenta uma lista das atribuições de cada cargo tem sido de pouca utilidade pelas suas dimensões e complexidade de uso.

O organograma linear idealizado por Higmans (Chiavenatto, 1979) mostra de forma sintética as atribuições dos principais cargos através de um quadro de dupla entrada. Este instrumento tem sido utilizado com freqüência crescente para auxiliar a implantação da estrutura matricial.

Reproduziremos, a seguir, parte de um artigo elaborado por Vasconcellos, Kruglianskas e Sbragia (1981) sobre um roteiro para o delineamento do organograma linear. Algumas adaptações foram realizadas tendo em vista o objetivo deste livro.

O organograma linear revela a atividade/decisão relacionada com uma posição ou cargo organizacional, mostrando quem participa, e em que grau, quando uma atividade ou decisão deve ocorrer na organização (Cleland e King, 1968). Ele permite identificar e esclarecer as relações e tipos de autoridade que devem existir quando mais de um responsável contribui para a execução de um trabalho comum.

Um organograma linear tipicamente inclui em sua configuração as seguintes características:

— um conjunto sintético de informações relevantes encontráveis em organogramas e manuais de organizações dispostos na forma de uma tabela;

— um conjunto de posições e/ou cargos organizacionais a ser considerados, que constituem as colunas da tabela;

— um conjunto de responsabilidades, atividades, decisões, etc. dispostos de forma a constituir as linhas;

— os símbolos indicando o grau de extensão de responsabilidade/autoridade de forma a explicitar as relações entre as linhas e colunas, inseridos nas respectivas células da tabela.

Na Figura VI-12, a título ilustrativo, é mostrado o formato de um organograma linear simplificado.

A utilização do organograma linear é bastante vantajosa, não só pelo fato de que ele permite a visualização da responsabilidade pela

Figura VI-12 – Organograma linear simplificado

ATIVIDADE/DECISÃO \ FUNÇÃO/CARGO	GERENTE FINANCEIRO	COORDENADOR DE PROJETOS	DIRETOR ADMINISTRATIVO
Elaborar propostas	o	x	
Controlar orçamento		x	o
Programar mão-de-obra		x	o

o : é consultado   x : decide   **Fonte: Vasconcellos, Kruglianskas e Sbragia.**

função, mas principalmente porque ele possibilita caracterizar a forma pela qual uma posição se relaciona com as demais dentro da organização. O trabalho da Alta Administração é enfocado como um sistema integrado de relações e não como uma série de posições isoladas, como sugerem os organogramas tradicionais e os manuais de organização. Assim, para os processos de planejamento, como, por exemplo, a elaboração do orçamento empresarial, tornam-se mais claros os papéis e as responsabilidades dos participantes não só para efeito de elaboração, como também para a coordenação e controle dos planos.

O organograma linear é especialmente indicado quando temos ambigüidade no processo decisório, decorrentes das características da organização, bem como para identificar áreas onde estas ambigüidades ocorrerão e deverão subsistir até que mais informações estejam disponíveis (Galbraith, 1977). A estrutura matricial, pelo alto grau de ambigüidade que a caracteriza, é um campo fértil para a utilização deste instrumento. Um organograma linear para este tipo de estrutura é apresentado por Vasconcellos (1979).

Uma das importantes razões que recomendam o uso do organograma linear é o fato de serem necessárias para sua elaboração análises bastante objetivas, que trazem à tona inúmeros conflitos para serem discutidos e analisados pelos responsáveis, permitindo assim evitar sua ocorrência no futuro de forma imprevista na vida operacional da organização. Por esta razão o organograma linear, como técnica de análise, é bastante utilizado nas reorganizações de funções e cargos e no estudo e identificação de atividades e decisões.

Cabe uma palavra de advertência quanto às limitações do organograma linear. Ele não constitui uma panacéia para todos os problemas da organização. O organograma linear permite mostrar as diversas fases que compõem um trabalho ou decisão e suas relações com as funções e posições organizacionais. Entretanto, não mostra a qualidade das relações sociais entre os membros da organização e seus respectivos comportamentos nas diversas atividades e decisões. Em outras palavras, estamos lidando com uma técnica que atua ao nível da organização formal, não considerando diretamente os múltiplos e relevantes aspectos da organização informal que subsistem imersos no "iceberg" organizacional.

Embora vários autores tenham ressaltado a importância do organograma linear, pouco foi dito quanto ao procedimento para delineá-lo. Esta é a contribuição deste tópico onde apresentaremos uma metodologia para o delineamento e implantação do organograma linear.

3.2.2. *Metodologia para Delineamento e Implantação do Organograma Linear.* — O procedimento para delinear e implantar um organograma pode ser dividido em três fases, representadas graficamente pela Figura VI-13. Devemos ressaltar que a separação entre as fases é feita apenas para fins didáticos. Na prática, estas etapas estão interligadas, podendo ser quase que simultâneas em alguns instantes.

Fase 1: Informações Básicas*. Na Fase 1 procura-se coletar informações básicas sobre a organização em foco, procurando identificar seu perfil, seu organograma real e os principais problemas e conflitos existentes. Também os objetivos e estratégias em termos de crescimento e diversificação de produtos/serviços e mercados devem merecer uma atenção especial pelos seus efeitos sobre a estrutura. A natureza da atividade e da tecnologia, características do ambiente externo e do fator humano, são outras variáveis importantes no processo.

Fase 2: Construção do Organograma Linear. Esta fase é composta por seis etapas básicas, descritas detalhadamente a seguir.

1. *Formação do Grupo de Trabalho.* — Nesta etapa deverá ser formada uma equipe de trabalho indicada pela Alta Administração para realizar a tarefa.

2. *Identificação das Atividades-Decisões.* — A chave do sucesso do organograma linear é a identificação da lista de atividades/decisões.

---

* Nesta fase foi feita uma alteração no artigo de autoria de Vasconcellos, Kruglianskas e Sbragia (1981). No artigo foram utilizados os seguintes condicionantes: objetivos e estratégias, características da atividade e da tecnologia, ambiente externo e fator humano.

```
┌─────────────────────────────────────────────────┐
│           FASE 1 - INFORMAÇÕES BÁSICAS          │
├─────────────────────────────────────────────────┤
│                                                 │
│  Caracterização do Contexto Organizacional      │
│  Identificação dos Condicionantes Organizacionais│
│                                                 │
│    • Estratégia de Marketing                    │
│    • Características da Atividade               │
│    • Ambiente Externo                           │
│    • Fator Humano                               │
│    • Tecnologia                                 │
│                                                 │
└─────────────────────────────────────────────────┘
                        ↓
┌─────────────────────────────────────────────────┐
│              FASE 2 - DELINEAMENTO              │
├─────────────────────────────────────────────────┤
│                                                 │
│  1. Formação do Grupo de Trabalho               │
│  2. Identificação das Atividades/Decisões       │
│  3. Identificação das Funções                   │
│  4. Identificação das Situações Atual e Desejada│
│  5. Análise                                     │
│  6. Delineamento do Organograma Linear          │
│                                                 │
└─────────────────────────────────────────────────┘
                        ↓
┌─────────────────────────────────────────────────┐
│       FASE 3 - IMPLANTAÇÃO E ACOMPANHAMENTO     │
├─────────────────────────────────────────────────┤
│                                                 │
│  • Discussão e Aprovação da Proposta            │
│  • Planejamento da Implantação                  │
│  • Acompanhamento e Ajustes                     │
│                                                 │
└─────────────────────────────────────────────────┘
```

Fonte: Vasconcellos, Kruglianskas e Sbragia (1981).

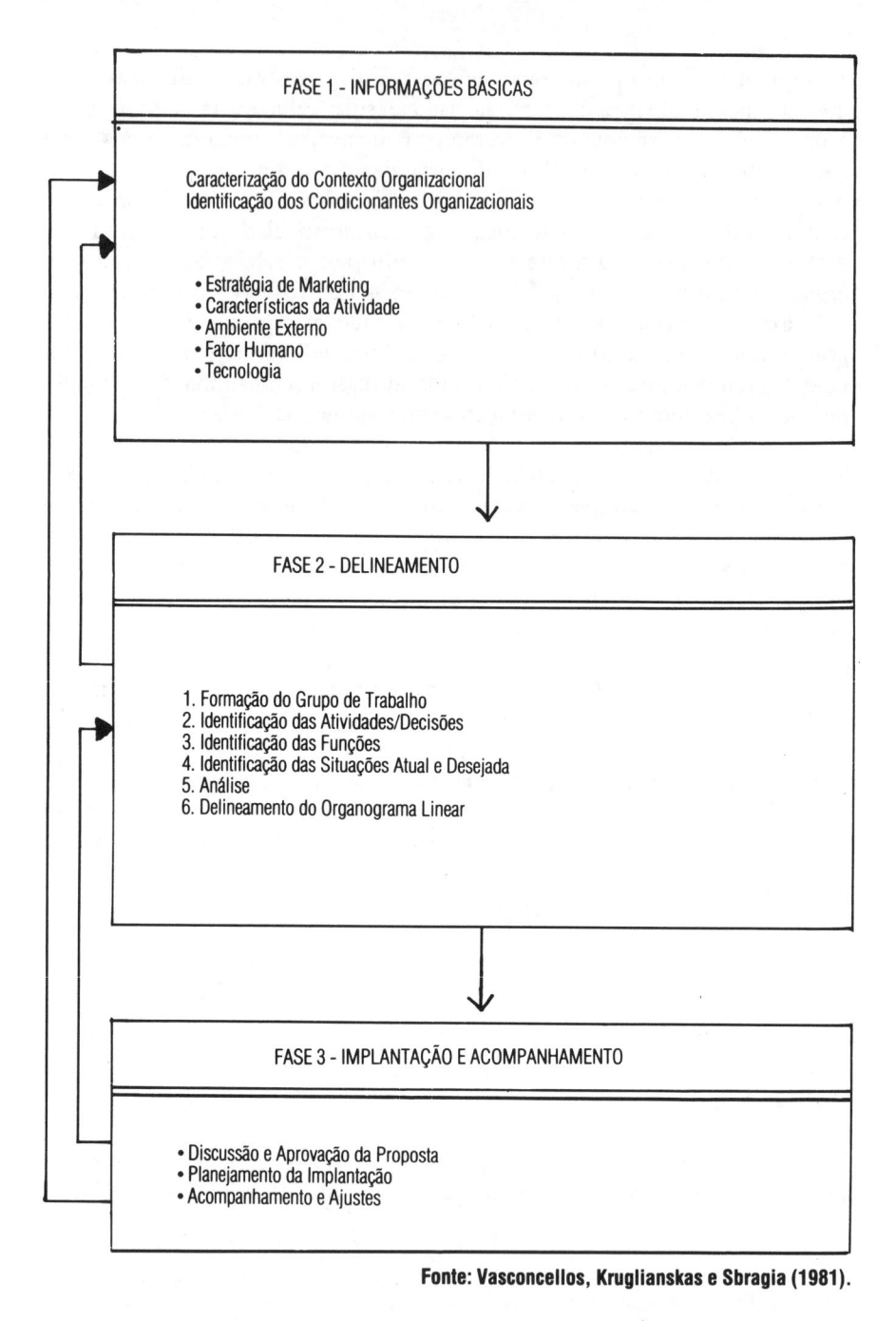

Figura VI-13 – Método para o delineamento e implantação do organograma linear.

OBS.: Esta metodologia parte da premissa que a estrutura básica está definida faltando apenas a definição detalhada de autoridade e responsabilidade.

Se desta lista não constarem todos os elementos importantes, teremos problemas de ambigüidades que levarão a conflitos, duplicação de atividades e ineficiência. Por outro lado, se a lista for longa demais terá sua rigidez aumentada e sua utilização dificultada, tendendo a ser esquecida. Este fato já acontece com manuais de procedimentos muito complexos e detalhados. A lista deve conter somente os aspectos mais importantes, aspectos estes que, se não forem incluídos, levarão a conflitos e desperdícios.

A forma mais eficiente de conseguir uma boa listagem é partir de uma sugestão inicial, que deve ser elaborada com base em outras experiências. A seguir, reuniões individuais e depois com grupos de 3 e 4 pessoas deverão ser realizadas para adaptar a lista das características específicas daquela organização.

3. *Identificação das Funções para as quais o Organograma Linear será Elaborado.* — Esta etapa depende da amplitude pretendida para o organograma linear. Se a finalidade for esclarecida, as funções da Alta Administração, então cargos como Conselho Diretor, Presidente, Assessoria da Presidência e Diretores deveriam ser considerados. Se o trabalho está sendo feito para um departamento, os principais cargos desta unidade deveriam ser considerados. Muitas vezes poderá ser necessário mais de um organograma linear, dependendo do nível e do grau de detalhe desejado. Devemos ter o cuidado de não colocarmos um número excessivo de cargos no mesmo organograma a fim de facilitar sua utilização.

4. *Identificação da Situação Atual e Situação Desejada.* — As duas etapas anteriores permitem montar um quadro de dupla entrada que contém, de um lado, a lista de atividades/decisões e, do outro, os diversos cargos gerenciais envolvidos. O próximo passo é pedir a cada gerente que preencha este quadro duas vezes. Na primeira deverá ser colocada a percepção do gerente sobre a situação atual e na segunda a desejada, isto é, aquela que a seu ver permitiria um melhor desempenho da organização.

5. *Análise das Informações Obtidas.* — As informações obtidas segundo o procedimento anterior devem ser tabuladas e analisadas. As principais finalidades da análise são:

> — identificar se, na situação atual, existe uma percepção comum quanto à distribuição de autoridade, responsabilidade e comunicação. A dispersão elevada tende a aumentar as dificuldades no processo de implantação do organograma linear;

- identificar se há diferença significante entre a situação atual e desejada;
- identificar possíveis discordâncias quanto à situação desejada. Esta análise permite ao consultor antecipar possíveis resistências à implantação do sistema. Desta forma, ele pode melhor lidar com elas.

Nesta fase de análise é útil entrevistar novamente alguns elementos a fim de conhecer as razões pelas quais eles preencheram o quadro desta ou daquela forma.

6. *Delineamento do Organograma Linear.* — Até agora informações foram coletadas sobre como os gerentes vêem a situação ideal conforme a percepção deles. Cabe agora ao grupo de trabalho propor uma sugestão considerando as informações colhidas na Fase 1 e na Fase 2 e analisando a situação sob o ponto de vista da técnica da administração. Esta proposição deve ser elaborada em contato contínuo com a Alta Administração e a seguir discutida com os gerentes das diversas áreas.

Fase 3: Implantação e Acompanhamento. A Fase 3 trata da implantação e acompanhamento da operação do sistema. Esta fase está dividida em três etapas. Novamente cabe ressaltar que estes passos não são estanques. Na prática, há freqüentes interações e simultaneamente nestas etapas.

1. *Discussão e Aprovação da Proposta.* — Nesta etapa o resultado do trabalho é discutido com os vários gerentes. Após ajustes e correções na proposta inicial, o organograma é discutido com a Alta Administração tendo em vista sua aprovação.

2. *Planejamento da Implantação.* — A forma de divulgação e a identificação do indivíduo/grupo responsável pela implantação é a próxima etapa.

3. *Acompanhamento e Ajustes.* — Um mecanismo deverá ser previsto para acompanhar o desempenho do organograma linear corrigindo as falhas apresentadas.

A Figura VI-14 mostra um organograma linear implantado em uma empresa de engenharia pela equipe do PACTo — Programa de Administração em Ciência e Tecnologia do Instituto de Administração da USP.

EXEMPLO PRÁTICO DE ORGANOGRAMA LINEAR

ATRIBUIÇÕES / CARGOS	DIRETOR SUPERINTENDENTE	DIRETOR DE PLANEJAMENTO E CONTROLE	DIRETOR ADMINISTRATIVO FINANCEIRO	DIRETOR TÉCNICO	SUPERINTENDENTES TÉCNICOS	GERENTE DE PROJETO
PROPOSTA						
1. realização de contatos com clientes visando novos empreendimentos	A	C		C	B	C
2. nomeação do Gerente de Projeto	A	B		B	B	A
3. elaboração do plano do projeto		B		C	C	B
PROGRAMAÇÃO						
4. previsão e alocação dos Recursos Humanos necessários		A		C	B	A
5. estabelecimento de pontos de controle na execução		C		B	A	B
6. decisão sobre a subcontratação de serviços externos	B	C	B	B	C	A
INSTRUÇÕES PARA EXECUÇÃO						
7. elaboração de ordens de serviço					A	B
8. decisão sobre mudanças no escopo técnico, em prazos ou no orçamento do projeto	C	B	B	A	B	B
9. contatos com clientes durante a execução do trabalho	C	C		A	C	A
ACOMPANHAMENTO						
10. controle do tempo dos técnicos		C			A	A
11. integração das várias etapas do projeto					B	A
12. controle de prazos, custos e qualidade		B	B		C	A
AVALIAÇÃO						
13. revisão dos relatórios finais de resultados do projeto				A	B	B
14. aprovação do relatório final a ser enviado ao cliente					C	A
15. avaliação de desempenho dos técnicos alocados ao projeto		B	B		A	B

A = responsabilidade + autoridade de decisão
B = necessita ser consultado e informado
C = necessita ser apenas informado

Figura VI-14 - Exemplo prático de organograma linear.

Fonte: Vasconcellos, Kruglianskas e Sbragia (1981).

4. IMPLANTAÇÃO E ACOMPANHAMENTO

A escola clássica da Administração não considerava relevante a fase de implantação de novos sistemas. Os pensadores da época achavam que se uma determinada estrutura fosse bem delineada, e estivesse tecnicamente correta, sua operação seria automaticamente bem sucedida.

A experiência mostrou que isso não é verdade, principalmente no caso de sistemas complexos como a estrutura matricial. A fase de implantação e acompanhamento tem um papel crítico para o sucesso da Matriz. Os aspectos mais importantes que serão tratados a seguir são:

— Preparação dos Recursos Humanos;
— Administração dos Conflitos;
— Tempo de Existência e Estrutura Atual da Organização;
— Avaliação e Ajustes.

4.1. Preparação dos Recursos Humanos

O sucesso da operação da Matriz depende mais das pessoas do que em qualquer outro tipo de estrutura organizacional. Isso acontece devido ao elevado grau de ambigüidade e potencial de conflitos desta forma de estruturar.

Este aspecto coloca um peso elevado no desenvolvimento dos recursos humanos. O processo alcança a fase de seleção das pessoas que ocuparão posições-chave na gerência da organização. Entre outros, alguns critérios importantes são:

— elevado grau de tolerância com relação à incerteza e ambigüidade;
— habilidade de desempenhar papéis diferentes;
— habilidade para relacionar-se com pessoas novas em situações novas;
— habilidade para trabalhar em equipe;
— capacidade de aceitar mudanças;
— conhecimento sobre a operação matricial e experiência com este tipo de estrutura.

Infelizmente não é fácil avaliar este tipo de capacitação através de medidas tradicionais de seleção de pessoal. A sensibilidade do gerente neste caso será um fator crítico. À medida em que a experiência com a Matriz aumenta, o processo de seleção será facilitado. No Brasil é mais difícil encontrar pessoas com experiência matricial devido à pouca existência deste tipo de estrutura.

Além de cuidados no processo de seleção, programas de treinamento devem ser utilizados no sentido de preparar as pessoas para a operação matricial. O treinamento pode ser classificado em informático e comportamental.

O primeiro tipo procura dar ao participante uma visão geral da Matriz, as razões para sua existência, suas vantagens e desvantagens, o problema da administração de conflitos mostrando a importância das habilidades comportamentais para o bom desempenho na forma matricial. A Figura VI-15 mostra um roteiro para um seminário de três dias sobre o assunto.

Um segundo tipo de treinamento está relacionado com as técnicas comportamentais para operar na Matriz. Esta categoria de treinamento abrange um grande "spectrum" de acordo com o grau de profundidade a que se quer chegar. Assim, temos desde seminários sobre Liderança e Coordenação de Recursos até experiências em "Treinamento de Sensibilidade" que chegam a alterar profundamente as características comportamentais do participante.

À medida em que utilizamos técnicas mais profundas, os resultados são maiores e os riscos também. Se estes seminários não são conduzidos por pessoas especialmente habilitadas, poderão causar danos irreparáveis às pessoas e à organização.

Uma experiência que tem sido realizada com sucesso em diversas empresas brasileiras é a análise transacional que leva o participante a uma auto-análise de sua capacitação gerencial.

Lippit descreve diversas medidas de formação de "espírito de equipe" especialmente recomendadas para estruturas matriciais.

A TRW Systems é mais conhecida pela ênfase que deu ao treinamento de seus empregados em áreas como: relacionamento pessoal, resolução de problemas em grupos, liderança, espírito de equipe, etc... De acordo com Kolodny, a rotação de pessoal na TRW, como conseqüência dos programas de desenvolvimento pessoal, foi reduzida de 17% em 1962 para 7% em 1966 enquanto que a média da indústria neste último ano foi de 20%. O vice-presidente da TRW ressalta: "A fim de conseguirmos realizar a tarefa uma estrutura administrativa inovadora chamada matricial foi desenvolvida. Entretanto, só operou de forma eficaz quando o programa de desenvolvimento organizacional foi posto em prática" (*Business Week,* 1971).

TÓPICOS PARA UM SEMINÁRIO SOBRE ESTRUTURA MATRICIAL

DIA 1 - GERÊNCIA DE PROJETOS
- Conceitos Básicos
- Operação da Gerência de Projetos
- Planejamento e Controle de Projetos
- Liderança e Trabalho em Equipe

DIA 2 - ESTRUTURA MATRICIAL
- Limitações da Estrutura Funcional
- Limitações da Estrutura Por Projetos
- Vantagens e Desvantagens da Forma Matricial
- Operação da Matriz
- Tipos de Matriz e quando Usá-los

DIA 3 - IMPLANTAÇÃO DA ESTRUTURA MATRICIAL
- Resistências à Implantação e como Superá-las
- Preparação das Pessoas
- Administração dos Conflitos
- Técnicas Comportamentais mais Importantes

Figura VI-15 – Exemplo de um roteiro para um seminário sobre estrutura matricial.

No Brasil o processo de implantação da Matriz não tem incluído esforços significantes de treinamento de recursos humanos. A nosso ver, isso explica, em parte, os inúmeros problemas que as organizações estruturadas matricialmente vêm enfrentando. A Figura VI-16 mostra o resultado de pesquisa realizada em instituições de pesquisa operando matricialmente (Vasconcellos, 1977).

MEDIDAS TOMADAS	RESPOSTAS AFIRMATIVAS	%
Houve diversas reuniões nas quais o sistema de trabalho foi explicado.	53	25,1
Houve uma só reunião para este fim.	11	5,2
Foi distribuído um documento com estas informações.	16	7,6
Tudo aconteceu de maneira bastante informal e os problemas foram sendo resolvidos à medida em que apareciam.	127	60,2
Houve um programa de treinamento sobre o novo sistema.	3	1,4
Outros	1	0,5
	211	100

Figura VI-16 – Medidas tomadas na implantação da estrutura matricial.

Pode-se observar que somente em 7,6% dos casos foi distribuído um documento escrito sobre o novo sistema e em 1,4% dos casos houve um programa de treinamento. A maior parte das respostas (60%) indica uma implantação "...bastante informal e os problemas foram sendo resolvidos à medida que apareciam" (Vasconcellos, 1977).

Concluindo, é fundamental a sintonia entre os recursos humanos e a mudança para a Matriz. Os dois processos devem caminhar simultaneamente e de forma integrada, sendo cada um vital para o sucesso do outro.

4.2. Administração dos Conflitos

Parte dos conflitos na Matriz são causados pelos esforços dos gerentes de projeto e gerentes funcionais de atingirem seus objetivos. Pela própria natureza da Matriz, estes objetivos são conflitantes, isto é, os gerentes funcionais procuram a melhor alocação dos recursos humanos e materiais entre os vários projetos, procurando consolidar as áreas técnicas enquanto os gerentes de projeto procuram a alocação mais adequada para a realização de seus projetos procurando satisfazer os clientes.

Seria muito fácil eliminar estes conflitos. Bastaria eliminar os gerentes de projeto transformando a Matriz em uma estrutura funcional; entretanto, não haverá ninguém para integrar as várias áreas e defender os interesses do cliente. Outra alternativa seria eliminar os gerentes funcionais. Neste caso, não haveria ninguém se preocupando suficientemente com a formação de uma capacitação técnica na organização e com a utilização mais eficiente dos recursos humanos e materiais.

Assim, em qualquer das alternativas o conflito seria eliminado à custa da eficiência (e talvez da sobrevivência) da organização. O conflito é inerente à Matriz porque é uma forma de estrutura que procura solucionar um problema conflitante na sua natureza, isto é, desenvolver áreas especializadas utilizando os recursos de forma eficiente e altamente integrados, possibilitando a realização de atividades interdisciplinares.

O conflito, portanto, é positivo para a organização desde que bem administrado. Parte do conflito é causado por interesses e disputas pessoais, fazendo com que, após um certo nível, ele passe a prejudicar a eficiência organizacional.

No Capítulo III vimos as razões de conflito; neste tópico trataremos de um conjunto de medidas para manter o nível de conflito dentro de limites aceitáveis (Figura VI-17).

4.2.1. *Definição de Objetivos.* — Conflitos ocorrem com maior freqüência quando o gerente de projeto e o gerente funcional têm percepções diferentes quanto aos objetivos a ser atingidos. A definição clara e divulgação dos objetivos da organização como um todo, assim

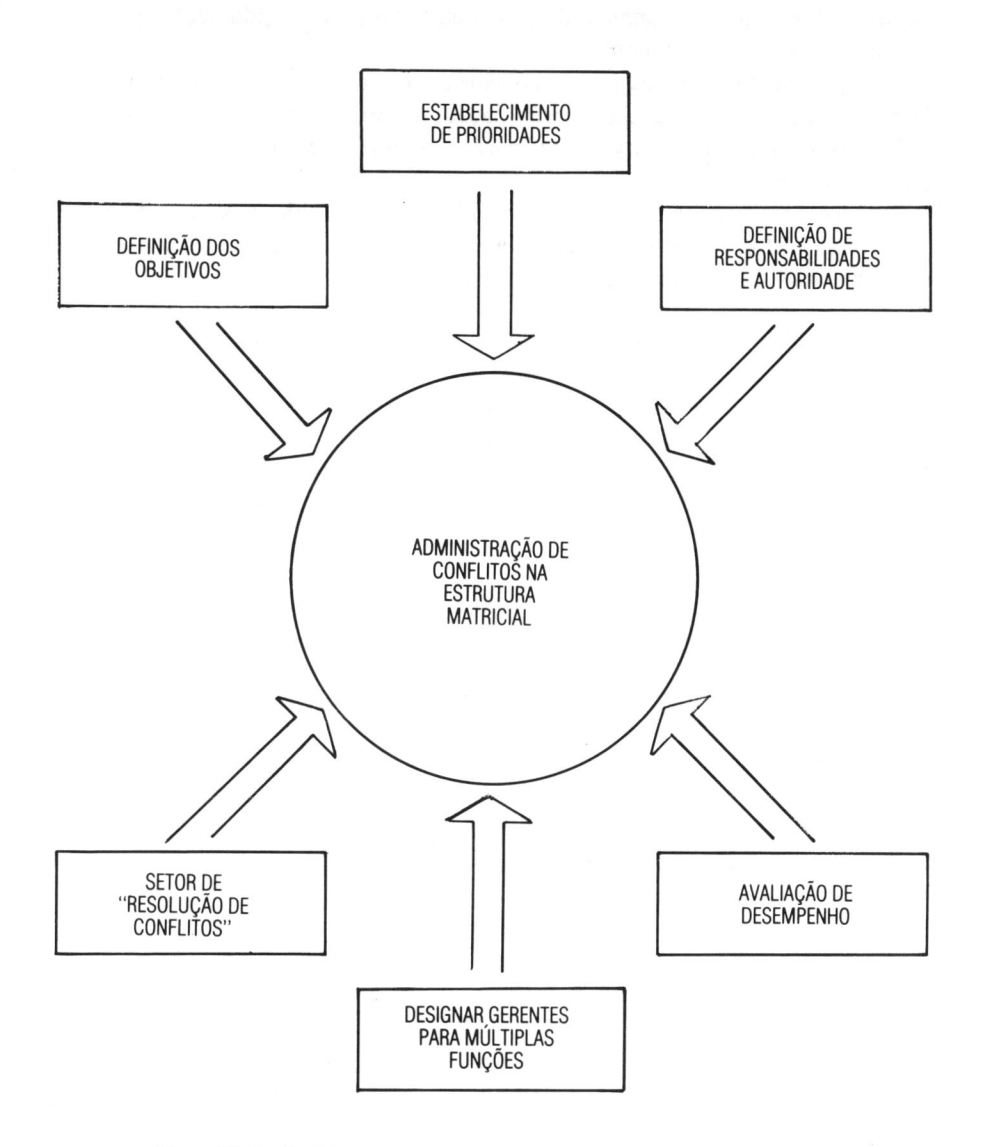

Figura VI-17 – Medidas para administração dos conflitos na estrutura matricial.

como os das áreas funcionais e de projetos, é um passo fundamental para a redução do nível de conflitos.

É preciso também que haja concordância com os objetivos estabelecidos. Lewin mostrou que participação no processo de fixação dos objetivos é um fator importante para o comprometimento do grupo para com eles.

Deve ser ressaltado que a determinação dos objetivos das áreas funcionais e dos projetos depende de uma clara definição e divulgação dos objetivos da organização como um todo.

4.2.2. *Estabelecimento de Prioridades.* — Um problema crítico enfrentado pelo gerente funcional é a necessidade de atender às solicitações dos vários gerentes de projeto em volume maior do que os escassos recursos de que dispõe. Quando a organização estabeleceu e divulgou prioridades, esta tarefa fica bastante facilitada, principalmente quando houve participação dos gerentes funcionais e de projetos na fixação destas.

4.2.3. *Definição de Responsabilidades e Autoridade.* — Conforme discutido no Capítulo III, estudo realizado em institutos de Pesquisa e Desenvolvimento (Vasconcellos, 1977) mostrou que a indefinição de autoridade e responsabilidade foi apontada como causa de conflito entre o gerente de projeto e o gerente funcional por 33% dos entrevistados. Este nível aumentou para 52% no caso dos 10 maiores projetos.

Quando as atribuições não estão definidas há uma tendência para o gerente funcional achar que a decisão cabe a ele porque envolve a área técnica sob sua responsabilidade.

O organograma linear apresentado neste capítulo é um instrumento útil para clarificar as atribuições na estrutura matricial.

4.2.4. *Avaliação de Desempenho.* — Na estrutura matricial, a avaliação de desempenho tem dois aspectos principais. O primeiro refere-se à avaliação dos gerentes de projeto e funcionais pela Alta Administração. À medida em que a Matriz se consolida, a organização adquire capacidade de desenvolver projetos integrados de dimensões cada vez maiores. Se as necessárias precauções não são tomadas, os gerentes funcionais podem sentir-se "diminuídos" porque os gerentes de projeto podem passar a ser vistos como aqueles que realizam as "grandes e importantes" atividades na organização.

O sistema de avaliação de desempenho pode contribuir para reduzir o impacto deste problema se a Alta Administração considerar sempre o resultado de um grande projeto interdisciplinar como um esforço de equipe para o qual contribuíram de forma significativa as várias áreas funcionais. À medida em que este esforço das áreas é reconhecido e premiado, a resistência dos gerentes funcionais à Matriz tende a diminuir.

Se um dos critérios de avaliação pela Alta Administração for "grau de cooperação" com os gerentes de projeto e "habilidade do gerente de projeto" em lidar com os gerentes funcionais, será ainda mais fácil e bem sucedida a operação da Matriz, com menos freqüência de conflitos.

Um segundo aspecto importante da avaliação de desempenho para a redução de conflitos na Matriz refere-se à avaliação dos especialistas por todos os seus "chefes" e não somente pelo gerente funcional da área à qual ele está alocado. Desta forma, haverá maior interesse do especialista em procurar atender a todos os seus "patrões" ao invés de jogar um chefe contra o outro, como acontece quando os cuidados necessários não são tomados na operação matricial.

4.2.5. *Designação de Gerentes para Múltiplas Funções.* — Geralmente, a Matriz se desenvolve a partir de uma estrutura funcional. Um dia, os gerentes das áreas técnicas vêem-se obrigados a dividir os "seus" recursos humanos e materiais com os gerentes dos projetos interdisciplinares. Uma forma de reduzir o impacto deste problema é permitir ao gerente funcional acumular o cargo de gerente de um dos projetos interdisciplinares.

Estudo realizado em São Paulo (Vasconcellos, 1977) mostrou que somente em 26% dos casos o gerente do projeto acumulava responsabilidade funcional. As principais vantagens desta medida são:

— projetos integrados envolvem a colaboração de diversas áreas funcionais; assim, um gerente funcional terá mais facilidade em conseguir contribuições das outras áreas;
— em certos casos o gerente funcional, pela sua especialidade técnica, é o líder natural do projeto;
— uso de uma capacidade gerencial disponível;
— o gerente funcional tende a colaborar melhor com outros gerentes de projetos interdisciplinares quando ele próprio já esteve (e estará) nesta situação;
— maior motivação para o gerente funcional, que se sente participando de forma mais ativa para o sucesso da organização.

Kolodny (1976) enfatiza a redução de conflitos através da designação de gerente para múltiplas funções. Entretanto, cuidados especiais devem ser tomados para evitar que certos problemas aconteçam:

— o gerente funcional passa a gerenciar mais projetos que o tempo e capacidade disponíveis. Nessas condições ele passa a ser um mau gerente funcional, um gerente de projetos negligente ou ambos. É muito comum, nessas situações, ele indicar um elemento de sua confiança que passa a ser o "responsável" pelo projeto mas sem a autoridade necessária para tanto;

— o gerente funcional, quando acumula a gerência de um ou mais projetos integradores, poderá dar preferência aos "seus" projetos ao alocar os recursos humanos e materiais de sua área.

As desvantagens acima apresentadas de forma nenhuma invalidam a idéia, devendo ser consideradas como cuidados especiais a serem tomados.

4.2.6. *Setor de "Resolução de Conflitos".* — Mesmo que todos os cuidados para reduzir o nível de conflitos sejam tomados, ele sempre existirá pela própria natureza da Matriz. Davis (1974) propõe a criação de uma unidade intermediária entre a Alta Administração e os gerentes de projeto e funcionais. Esta unidade terá delegação de autoridade para solucionar os conflitos antes que eles cheguem aos níveis superiores.

A Lockheed Georgia Company, uma das divisões da Lockheed Aircraft Corporation, instalou este setor com as funções de programação, coordenação e avaliação (Corey e Star, 1971). Os pré-requisitos para o sucesso de um setor de "resolução de conflitos" são:

— O Apoio da Alta Administração;
— Seleção das Pessoas Adequadas;
— Eficiente Sistema de Informação.

No Brasil, unidade semelhante foi criada em uma empresa de engenharia de grande porte com a finalidade de assistir à Alta Administração nas atividades de planejamento, coordenação, controle e resolução de conflitos.

4.3. **Estrutura Atual e Tempo de Existência da Organização**

Dois aspectos que afetam de forma acentuada a implantação da Matriz são a estrutura atual e a idade da organização. A estrutura atual é um fator importante porque determinará o grau de mudança necessária para se chegar à Matriz; em outras palavras, uma análise da estrutura atual poderá antecipar os focos de resistência à implantação da nova forma estrutural.

Se a Matriz é uma evolução da estrutura funcional podemos esperar resistências por parte dos gerentes funcionais que sentirão sua autonomia ameaçada. Quanto mais antiga a organização, mais sedimentada estará a estrutura funcional, sendo maior a dificuldade de implantação da Matriz.

Se a Matriz é uma evolução da estrutura por projetos (caso mais raro), a resistência virá do gerente de projetos. Entretanto, essa resistência tenderá a ser menor porque, geralmente, em estruturas por Projetos os gerentes estarão habituados a dividir os recursos com outros projetos. É muito difícil encontrarmos uma estrutura Por Projetos com projetos totalmente estanques e auto-suficientes como as áreas funcionais. Assim, as estruturas Por Projetos já têm um certo nível de operação matricial, sendo mais fácil a mudança. Neste caso também a organização mais antiga oferece maior resistência a mudança. A Figura VI-18 resume o efeito destes dois fatores sobre a implantação da Matriz.

ESTRUTURA ATUAL \ IDADE DA ORGANIZAÇÃO	ANTIGA	NOVA
FUNCIONAL	Implantação muito difícil devido à resistência do gerente funcional	Implantação difícil devido à resistência do gerente funcional.
POR PROJETOS	Implantação relativamente fácil embora haja resistência do gerente de projetos.	Implantação fácil com relativamente pouca resistência dos gerentes de projeto.

Figura VI-18 – Efeitos da idade e da estrutura atual da organização sobre a facilidade de implantação da matriz.

Deve ser lembrado que os especialistas também podem oferecer resistência à Matriz, principalmente em organizações mais antigas e naquelas em que o especialista tem mais autonomia para trabalhar no que gosta.

4.4. Avaliação da Matriz e Ajustes

Esta tarefa pode ser realizada de duas formas: avaliação dos resultados obtidos e compatibilidade entre a estrutura e as condicionantes organizacionais.

A primeira abordagem procura avaliar a Matriz através dos resultados que a organização apresenta. Assim, cinco perguntas básicas deverão ser feitas:

1 — *As tarefas interdisciplinares estão sendo realizadas eficientemente?* Uma das principais vantagens da Matriz é permitir integração entre as diversas áreas funcionais. Se os projetos estão sendo realizados nos prazos previstos, dentro dos custos orçados, e se o cliente está satisfeito, então temos indicadores positivos para desempenho da Matriz.

2 — *A organização está conseguindo formar e desenvolver capacitação técnica nas áreas funcionais?* Outra vantagem da Matriz é criar condições para o desenvolvimento técnico das várias áreas. Se programas de treinamento estão sendo desenvolvidos com sucesso e se a especialização tem permitido um aprimoramento da qualidade técnica dos projetos, estes são indicadores positivos para o desempenho da Matriz.

3 — *Há uma utilização eficiente dos recursos?* Outra indicação favorável à forma matricial selecionada é o bom aproveitamento dos recursos humanos e materiais evitando capacidade ociosa e duplicação de esforços.

4 — *O nível de conflitos é aceitável?* Um dos grandes problemas da estrutura matricial é o aumento do nível de conflitos que não apresenta um mal em si, mas que, a partir de certo ponto, poderá ser muito prejudicial ao sucesso da organização. Um nível de conflito alto demais pode ser conseqüência de pouca definição de autoridade e responsabilidade entre as várias funções da Matriz.

5 — *A estrutura responde a mudanças ambientais com necessária flexibilidade?* Se alterações propostas pelo cliente são rapidamente introduzidas nos projetos, se novas oportunidades no ambiente são eficientemente aproveitadas, se as ameaças de uma política governamental têm seu impacto reduzido devido a uma rápida adaptação estrutural, temos indicadores favoráveis ao "matrix design" selecionado. Devemos estar cientes que os elementos acima expostos são indicadores

indiretos, isto é, se eles são negativos é sinal de que uma Matriz mal delineada pode ser a causa do problema, mas não necessariamente, visto que outras variáveis podem estar afetando estes resultados. Analogamente, mesmo que as respostas a estas questões básicas sejam positivas isso não significa que a estrutura não pode ser aprimorada.

A Figura VI-19 mostra um instrumento que pode ser utilizado periodicamente por uma equipe de analistas com objetivo de avaliar o desempenho da Matriz.

PERGUNTAS CRÍTICAS	SIM	NÃO	OBSERVAÇÕES
1. Os prazos estão sendo cumpridos?			
2. Os projetos estão sendo desenvolvidos dentro dos orçamentos?			
3. A qualidade é satisfatória?			
4. Os clientes estão satisfeitos?			
5. A capacitação técnica está sendo consolidada?			
6. Os recursos humanos e materiais estão ociosos?			
7. O nível de conflitos está dentro de limites aceitáveis?			
8. A estrutura tem respondido rapidamente a mudanças ambientais?			
9. Há um nível adequado de formalização das atribuições?			

Figura VI-19 – Exemplo de um roteiro para avaliar a estrutura matricial.

A segunda abordagem para avaliar a estrutura matricial consiste na análise da consistência entre as condicionantes organizacionais e a estrutura.

Este método já foi explicado no item 2 deste Capítulo e complementa o anterior porque aborda diretamente o problema estrutural.

Com base na análise feita, os necessários ajustes na estrutura deverão ser feitos. A fase de ajuste deverá ser feita voltando-se à Fase 1 de análise das condicionantes, iniciando o ciclo novamente.

5. CONSIDERAÇÕES FINAIS

Inicialmente, foi apresentado um roteiro de três etapas para o delineamento da estrutura matricial. A primeira consiste na análise do contexto e das condicionantes organizacionais: a estratégia de marketing adotada, o tipo de tecnologia, as características da atividade, o ambiente externo e o fator humano. Na etapa seguinte o tipo de Matriz a ser utilizado é determinado e detalhado. Este detalhamento consiste na identificação das atribuições dos vários cargos da Matriz. Um instrumento para esta finalidade é o organograma linear que foi discutido em profundidade. Finalmente, foi abordada a terceira fase do processo de delineamento da estrutura matricial: a implantação e acompanhamento. Foi ressaltada a importância de preparação das pessoas para operar na Matriz.

Considerando as experiências vividas no Brasil e em outros países, as principais falhas que se comete no delineamento e implantação da forma matricial são:

— excesso de informalidade e indefinição de atribuições;
— falta de um programa de desenvolvimento de recursos humanos principalmente na área comportamental;
— falta de explicação do que é a Matriz, para que serve e como opera;
— falta de um sistema de avaliação de desempenho compatível com as necessidades da Matriz;
— falta de habilidade ao lidar com as resistências advindas da implantação;
— falta de participação dos vários níveis da organização no processo de mudança;
— falta de um sistema de acompanhamento para avaliar e ajustar a Matriz;
— escolha do tipo errado de Matriz;

— escolha errada de pessoas;
— falta de nível adequado de descentralização de autoridade.

Muito deverá ser descoberto sobre a complexidade de delineamento e implantação da forma matricial. Não tivemos a pretensão de oferecer fórmulas mágicas nem respostas absolutas mas, sim, um conjunto de instrumentos para auxiliar o administrador na tarefa de encontrar e implantar a estrutura mais adequada às necessidades de sua organização.

Referência Bibliográficas:

GALBRAITH, Jay R. *Designing Organizations:* An Executive Briefing on Strategy, Structure, and Process, Jossey-Bass Inc., Publishers, abr 1995.

KROUG, Georg von; CUSUMANO, Michael A. *Three Strategies for Managing Fast Growth,* MIT Sloan Management Review, Winter 2001, Vol. 42, n. 2, pp. 53-61.

LASLO, Zohar; GOLDBERG, Albert I. *Matrix structures and performance:* The search for optimal adjustment to organizational objectives, IEEE Transactions on Engineering Management, Nova York, maio 2001, Vol. 48, Issue 2, pp. 144-156.

MINTZBERG, Henry. *Structure in Fives:* Disigning Effective organizations. Englewood Cliffs, New Jersey: Prentice-Hall, 1983.

MINTZBERG, Henry; HEYDEN, Ludo Van der. *Organigraphs:* Drawing how companies really work, Harvard Business Review, Boston, set/out 1999, Vol. 77, 5.ed., pp. 87-94,

MOHRMAN, Susan Alberts; LAWLER III, Edward E.; GALBRAITH, Jay R. *Tomorrow's Organization* - Crafting Winning Capabilities in a Dynamic World.

CLARKE, Thomas; MONKHOUSE, Elaine. *Repensando a Empresa*, São Paulo: Pioneira, 1995.

GONÇALVES, José E. L. *Processo, que processo*? RAE Revista de Administração de Empresas, Vol. 40, n. 4, Outubro/Dezembro 2000.

HAMER, Michael; CHAMPY, James. *Reengineering the Corporation*. Nova York: Harper Business, 1993.

GALE CENGAGE Learning

Negócios

Bases de dados • eBooks • Coleções digitais
Publicações periódicas acadêmicas • Livros impressos

Bases de Dados

Academic OneFile
Base de dados de periódicos eletrônicos, multidisciplinares e de perfil acadêmico que apresenta grande quantidade de artigos com texto completo. A interface é amigável e oferece tradução on-line.

Informe Acadêmico
Coleção de periódicos em língua espanhola de todas as áreas do conhecimento, provenientes de diversas revistas publicadas pelas mais renomadas instituições acadêmicas da Ibero-América.

Business & Management Practices
Valorosa ferramenta para estudo dos conceitos, processos, métodos e estratégias em administração de empresas.

Small Business Resource Center
Fonte de informação para projetar, iniciar e operar pequenos negócios. Oferece informação sobre administração, financiamento, marketing, recursos humanos, franquias, contabilidade e impostos.

Business and Company Resource Center
Oferece perfis de empresas, marcas e produtos, preços das ações, relatórios de investimentos, estatísticas industriais, notícias de indústrias, artigos de revistas especializadas e análise de mercado.

eBooks

Personal Money Management and Entrepreneurship
Economic Indicators Handbook
Everyday Finance: Economics
World Economic Prospects
Encyclopedia of Management
Encyclopedia of Small Business

Small Business Sourcebook
Advanced Project Management eBook Bundle
Encyclopedia of Business and Finance
Encyclopedia of Small Business
International Directory of Business Biographies

Livros impressos

China and the Challenge of Economic Globalization
Information Technology and Economic Development
Everyday Finance: Economics
Economic & Business Handbook
Personal Money Management and Entrepreneurship

Worldmark Encyclopedia of National Economies
Encyclopedia of Leadership
Management and Service
21st Century Management: A Reference Handbook
International Encyclopedia of Hospitality Management

Para mais informações: www.galecengage.com
ou gale.brasil@cengage.com

IMPRESSÃO E ACABAMENTO
YANGRAF
GRÁFICA E EDITORA LTDA.
WWW.YANGRAF.COM.BR
(11) 2095-7722